ENZYKLOPÄDIE
DEUTSCHER
GESCHICHTE
BAND 35

ENZYKLOPÄDIE
DEUTSCHER
GESCHICHTE
BAND 35

HERAUSGEGEBEN VON
LOTHAR GALL

IN VERBINDUNG MIT
PETER BLICKLE
ELISABETH FEHRENBACH
JOHANNES FRIED
KLAUS HILDEBRAND
KARL HEINRICH KAUFHOLD
HORST MÖLLER
OTTO GERHARD OEXLE
KLAUS TENFELDE

FÜRSTLICHE HERRSCHAFT UND TERRITORIUM IM SPÄTEN MITTELALTER

VON
ERNST SCHUBERT

2. Auflage

R. OLDENBOURG VERLAG
MÜNCHEN 2006

Bibliografische Information der Deutschen Bibliothek
Die Deutsche Bibliothek verzeichnet diese Publikation in der Deutschen
Nationalbibliografie; detaillierte bibliografische Daten sind im Internet
über <http://dnb.ddb.de> abrufbar.

© 2006 Oldenbourg Wissenschaftsverlag GmbH, München
Rosenheimer Straße 145, D-81671 München
Internet: oldenbourg.de

Das Werk einschließlich aller Abbildungen ist urheberrechtlich geschützt. Jede
Verwertung außerhalb der Grenzen des Urheberrechtsgesetzes ist ohne Zustimmung des Verlages unzulässig und strafbar. Das gilt insbesondere für Vervielfältigungen, Übersetzungen, Mikroverfilmungen und die Einspeicherung und Bearbeitung in elektronischen Systemen.

Umschlaggestaltung: Dieter Vollendorf
Umschlagabbildung: Belehnung Adolf von Cleves; entnommen aus einer um
1465/70 entstandenen Handschrift der Konzilschronik des Konstanzer Bürgers
Ulrich Richental († 1437).

Gedruckt auf säurefreiem, alterungsbeständigem Papier (chlorfrei gebleicht)
Gesamtherstellung: Oldenbourg Druckerei Vertriebs GmbH & Co. KG, Kirchheim

ISBN-13: 978-3-486-57978-9
ISBN-10: 3-486-57978-9

Vorwort

Die „Enzyklopädie deutscher Geschichte" soll für die Benutzer – Fachhistoriker, Studenten, Geschichtslehrer, Vertreter benachbarter Disziplinen und interessierte Laien – ein Arbeitsinstrument sein, mit dessen Hilfe sie sich rasch und zuverlässig über den gegenwärtigen Stand unserer Kenntnisse und der Forschung in den verschiedenen Bereichen der deutschen Geschichte informieren können.
Geschichte wird dabei in einem umfassenden Sinne verstanden: Der Geschichte in der Gesellschaft, der Wirtschaft, des Staates in seinen inneren und äußeren Verhältnissen wird ebenso ein großes Gewicht beigemessen wie der Geschichte der Religion und der Kirche, der Kultur, der Lebenswelten und der Mentalitäten.
Dieses umfassende Verständnis von Geschichte muß immer wieder Prozesse und Tendenzen einbeziehen, die säkularer Natur sind, nationale und einzelstaatliche Grenzen übergreifen. Ihm entspricht eine eher pragmatische Bestimmung des Begriffs „deutsche Geschichte". Sie orientiert sich sehr bewußt an der jeweiligen zeitgenössischen Auffassung und Definition des Begriffs und sucht ihn von daher zugleich von programmatischen Rückprojektionen zu entlasten, die seine Verwendung in den letzten anderthalb Jahrhunderten immer wieder begleiteten. Was damit an Unschärfen und Problemen, vor allem hinsichtlich des diachronen Vergleichs, verbunden ist, steht in keinem Verhältnis zu den Schwierigkeiten, die sich bei dem Versuch einer zeitübergreifenden Festlegung ergäben, die stets nur mehr oder weniger willkürlicher Art sein könnte. Das heißt freilich nicht, daß der Begriff „deutsche Geschichte" unreflektiert gebraucht werden kann. Eine der Aufgaben der einzelnen Bände ist es vielmehr, den Bereich der Darstellung auch geographisch jeweils genau zu bestimmen.
Das Gesamtwerk wird am Ende rund hundert Bände umfassen. Sie folgen alle einem gleichen Gliederungsschema und sind mit Blick auf die Konzeption der Reihe und die Bedürfnisse des Benutzers in ihrem Umfang jeweils streng begrenzt. Das zwingt vor allem im darstellenden Teil, der den heutigen Stand unserer Kenntnisse auf knappstem Raum zusammenfaßt – ihm schließen sich die Darlegung und Erörterung der Forschungssituation und eine entsprechend gegliederte Auswahlbiblio-

graphie an –, zu starker Konzentration und zur Beschränkung auf die zentralen Vorgänge und Entwicklungen. Besonderes Gewicht ist daneben, unter Betonung des systematischen Zusammenhangs, auf die Abstimmung der einzelnen Bände untereinander, in sachlicher Hinsicht, aber auch im Hinblick auf die übergreifenden Fragestellungen, gelegt worden. Aus dem Gesamtwerk lassen sich so auch immer einzelne, den jeweiligen Benutzer besonders interessierende Serien zusamenstellen. Ungeachtet dessen aber bildet jeder Band eine in sich abgeschlossene Einheit – unter der persönlichen Verantwortung des Autors und in völliger Eigenständigkeit gegenüber den benachbarten und verwandten Bänden, auch was den Zeitpunkt des Erscheinens angeht.

Lothar Gall

Inhalt

I. *Enzyklopädischer Überblick* 1
  1. Die äußere Gestalt des Fürstentums 1
    1.1 „Deutsche lande, Heiliges Reich und fürstliche Herrschaft 1
    1.2 Erscheinungsformen der Landesherrschaft: Geistliche Wahlstaaten – Grafschaften – städtische Territorien 6
    1.3 Die Neugestaltung von Gebot und Gebiet: Ämter, Amtleute und Kastner 14
    1.4 Landesteilungen und Kommerzialisierung der Landesherrschaft 19
  2. Institutionelle und personale Strukturen der Herrschaft 27
    2.1 Von der Vasallenpflicht zur Institution: Räte und Rat 27
    2.2 Die Verschriftlichung der Herrschaftspraxis und die Anfänge der Kanzlei 29
    2.3 „Mehret uns die Nahrung": Finanzielle Grundlagen der Herrschaft 33
    2.4 Landesherrschaft und Kirche 38
  3. Stände, Steuer, Staatlichkeit 41
    3.1 Ständische Rechte und die verschiedenen Konturen einer landständischen Verfassung 41
    3.2 Von der Bede zur Landessteuer 45

II. *Grundprobleme und Tendenzen der Forschung* 51
  1. Ablagerungen der Forschungsentwicklung: Die fragile Terminologie 52
    1.1 Der lange Weg zum Ausdruck „Territorialstaat" und seine Problematik 52
    1.2 Der vermiedene Staatsbegriff: Landeshoheit und Landesherrschaft 55

1.3 Beschreibende Terminologie: Personenverbandsstaat und institutioneller Flächenstaat 57
1.4 Die vermeintliche Lösung: „Land und Herrschaft". 59

2. Gestalt und Charakter fürstlicher Herrschaft 61

   2.1 Grundherrschaft und Verfassung 61
   2.2 Der Fürst und seine Gerichtsbarkeit 67
   2.3 Herrscher und Vasallen – die Wandlungen des Lehnswesens 71
   2.4 Der Fürst und seine Städte 73
   2.5 Residenzbildung als Aussage der Verfestigung von Herrschaft 77

3. Der Beitrag fürstlicher Herrschaft zur Entwicklung des modernen Staates 80

   3.1 Ansätze transpersonaler Herrschaftslegitimation . . 82
   3.2 Ausbau der Institutionen und Anfänge der Bürokratisierung. 87
   3.3 Der weite Weg zur fürstlichen Gesetzgebung. . . . 88

4. Der Fürst und die Landstände 92

   4.1 Die sogenannte „landständische Verfassung". . . . 92
   4.2 „Die Stände sind das Land". Ansätze einer Repräsentationsverfassung? 95

5. Übergeordnete Beziehungen: Dynastie, interterritoriale Systeme und das Reich. 100

6. Zusammenfassung: Gibt es einen spezifisch spätmittelalterlichen Fürstenstaat? 104

III. Quellen und Literatur 109

   A. Gedruckte Quellen 109

   B. Literatur 111

   0. Allgemeine und landesgeschichtlich übergreifende Darstellungen. 111

   1. Ausbildung der Landesherrschaft, „Territorienbildung" 115

   2. Mobilisierung, Teilungen und Konsolidierung der Landesherrschaft. 117

3. Institutioneller Ausbau des Fürstentums 118
   3.1 Rat, Verwaltung, zentrale Behörden. 118
   3.2 Die Kanzlei 120
   3.3 Lokalverwaltung: Burgen und Ämter 121
   3.4 Finanzen und Steuern 122
   3.5 Gerichtsbarkeit und Gesetzgebung 124
   3.6 Abschluß des inneren Ausbaus: Residenzbildung . 125

4. Personale Strukturen fürstlicher Herrschaft 126
   4.1 Das „landesherrschaftliche Kirchenregiment" . . . 126
   4.2 Das Lehnrecht und seine Veränderungen 126
   4.3 Die Landstände 127

5. Königtum und Fürstenherrschaft 130

Register. 130

I. Enzyklopädischer Überblick

1. Die äußere Gestalt des Fürstentums

1.1 „Deutsche lande", Heiliges Reich und fürstliche Herrschaft
Von einem „Deutschland" spricht niemand im Spätmittelalter; die Zeitgenossen gebrauchen den Plural: *„deutsche lande"*. Diese Bezeichnung, die erst langsam im 16. Jahrhundert durch den Singular „Teutschland" abgelöst wird, kennzeichnet ein allgemeines Bewußtsein von der regionalen Vielfalt des deutschen Sprachgebietes. Was aber versteht man unter „deutschen landen"? Es gibt nur wenige Aufzählungen, wie etwa die um 1240 entstandene des Bartholomaeus Anglicus: *„Brabantia, Belgica, Bohemia, Burgundia, Franconia, Flandria, Frisia, Karinthia, Lotharingia, Missena, Ollandia, Rinchovia, Recia, Saxonia, Sclavia, Selandia, Suevia, Thuringia, Westvalia"*. Da solche Aufzählungen zu den Seltenheiten gehören, findet es 1422 ein Zeitgenosse erwähnenswert, daß in einer Urkunde Sigmunds alle deutschen Lande genannt seien. Die entsprechende königliche Urkunde hatte in der Tat *„deutsche lande"* definiert, *„mit namen in Swaben, Beyern, Franken, am Reyn, in Elsass, in der Wederawe, in Hessen, Doryngen, Sachsen, Westfalen, Myssen, Bravant, Holland, Seeland, Gulch, Gelre"*.

    Eindeutig ist: *„deutsche lande"* benennt nicht die Vielzahl der Territorien; es benennt teilweise die alten Stammesgebiete, ergänzt durch einige traditionsreiche Marken. Lediglich am Niederrhein kann fürstliche Herrschaft namenbildend werden. Die heute gängige Auffassung, Deutschland setze sich aus zahlreichen Fürstenstaaten zusammen, wird von den damaligen Zeitgenossen nicht geteilt. Sie denken in anderen Raumbegriffen und nehmen dabei die fürstliche Herrschaft nicht wahr. Der Ausdruck *„deutsche lande"* verblaßt im 15. Jahrhundert, der Begriff „Deutsche Nation" wird in der zweiten Hälfte dieses Jahrhunderts nahezu die offizielle Reichstitulatur, und die Entwicklung zum Singular „Deutschland" bahnt sich an. Die Gründe liegen auf der Hand: Der unpolitische Begriff „Land" beginnt, den konkreten Raumbenennungen, die nunmehr vom Fürstentum mitbestimmt und teilweise geprägt sind, zu weichen. Das Neue aber siegt noch nicht vollständig

„deutsche lande"

Landschaftsnamen und Fürstentümer

über das Alte, wie sich an der Bildung von Reichskreisen in den Jahren 1500 und 1512 ablesen läßt.

Raumdefinitionen der Reichskreise

Die maximilianeischen Ordnungen wählten den Begriff „Kreis", der damals wie „Gezirk" bzw. „Zirkel" als unpolitische Raumbezeichnung in Gebrauch war, sie kannten „Land" nur noch als Synonym für „Gebiet", kannten als einzige Erinnerung an die Stammesgliederung das *„Landt zu Schwaben"*. Faktisch jedoch läßt sich bei den ersten drei im Jahre 1500 genannten Reichskreisen das Nachwirken alter Raumvorstellungen nachvollziehen: Franken, der kleinste „Zirkel", wird in Reminiszenz an das fränkische Recht des Königs als erster genannt, Bayern und Schwaben bilden eigene Reichskreise. Der vierte Kreis hingegen, erst 1512 als „kurrheinischer" präzisiert, ist, von Hessen bis zur Pfalz reichend, ebenso eine neu geschaffene Einheit wie der fünfte, der Westfalen und den Niederrhein umspannt. In dem sechsten Kreis werden, zentriert um altsächsisches Gebiet, alle Herrschaften von der Ostsee bis Thüringen zusammengefaßt. Die Kreiseinteilung des Augsburger Reichstages von 1500 wurde 1512 sowohl rechtlich als auch räumlich präzisiert, indem zehn Kreise an die Stelle der alten sechs traten. Die habsburgischen Lande bildeten – eine Sonderstellung der königlichen „Hausmacht" beseitigend – zwei neue Kreise (Österreich und Burgund), die rheinischen Kurfürsten erhielten ihren eigenen „Zirkel", und der überdimensionierte sächsische Kreis wurde in einen ober- und einen niedersächsischen geteilt.

Land, Fürstentum, Hochstift in der Reichssteuerordnung 1427

Trotz aller Unvollkommenheiten zeigt die maximilianeische Reichseinteilung den erheblichen Fortschritt in der Raumerfassung deutscher Lande im Vergleich etwa zu den Steuerbezirken, nach denen 1427 das Reich gegliedert werden sollte. Damals kannte und nannte man noch bei dem Anschlag einer Hussitensteuer das *„Land zu Beyern"*, sprach von *„den landen Sachsen, Meißen, Türingen und Hessen"*. Dabei wußte man, daß diese Lande mit den entsprechenden Fürstentümern nicht deckungsgleich waren, sprach man doch z. B. von den *„herzogen von beyern, die in Beyern gesessen sint"*. Der Begriff „Land" schillert so stark, daß er auch synonym für Bistum gesetzt wird. Die Städte sind 1427 Fixpunkte der Orientierung (die rheinischen Lande werden schlicht in das Gebiet *„nitwendig Cölne"* und *„obwendig Cölne"* eingeteilt), die Hansestädte werden als eigene politische Gemeinschaft aufgefaßt. 1500 und 1512 hingegen dienen nur noch die Fürstentümer, die 1427 kaum der Erwähnung wert befunden worden waren, der Orientierung. Dabei werden die Bistümer immer als erste genannt, z. B. gehen die unbedeutenden Hochstifte Havelberg und Lübeck dem Herzog von Sachsen voran. Und das dürfte mehr als nur Reverenz vor dem geistlichen Stand gewesen sein; denn im Gegensatz zu den weltlichen Herrschaften können die geistlichen schon seit dem 13. Jahrhundert Raumbezeichnungen bilden: Sie haben sich als dauerhafte Größen den Zeitgenossen früher und deutlicher als die immer wieder geteilten weltlichen Herrschaften eingeprägt.

Ein schlichtes Ergebnis läßt sich aus der maximilianeischen Kreiseinteilung ableiten: Es gibt weder den Modellfall eines deutschen Territoriums – so oft dieser auch in monographischen Untersuchungen behauptet oder stillschweigend unterstellt wurde –, noch gibt es das große, das dominante Fürstentum als territorialen Typus. Weil das Fürstentum nur vom Reich her verstanden wurde (was in der alten Diskussion um den angeblichen Gegensatz von Partikular- und Zentralgewalt gröblich verkannt wurde), konnte die Reichsverfassung überterritoriale Raumnamen prägen. Durch die Kreiseinteilung wanderte „Franken" mainaufwärts, wurde die Bezeichnung „Niedersachsen" durchgesetzt.

Es gibt das typische Fürstentum nicht

Selbst die notwendigerweise stark vereinfachende Aufzählung der in den einzelnen Reichskreisen versammelten Herrschaftsträger läßt die unterschiedlichen territorialen Profile in „deutschen landen" erkennen. Vor allem wird der Unterschied von Regionen mit geschlossener und solchen mit zersplitterter Herrschaftsbildung sichtbar. Schwerlich ist ein größerer Gegensatz vorstellbar als der zwischen wittelsbachischen oder habsburgischen Herzogtümern und der klein- bis kleinsträumigen Herrschaftswelt Schwabens und Frankens. Bis zum Ende des Alten Reiches wirkte nach, daß die alten Stammesherzogtümer Schwabens und Frankens untergegangen waren, während das bayerische Herzogtum, wenngleich von Österreich getrennt, weiter bestand. Zur größeren Geschlossenheit hat aber auch das Aussterben großer Herren- und Grafenfamilien beigetragen, deren Erbe die Wittelsbacher und Habsburger antraten. Von 33 Herrenfamilien im österreichischen Raum um 1200 blühten um 1400 nur noch dreizehn und um 1450 allein noch neun. Zum kontrastierenden Vergleich mag die Herrschaftsordnung in Thüringen dienen, wo die großen Herrenfamilien überlebten, und die Herrschaften der Reuß, der Vögte von Plauen, von Gera oder von Schleitz, der Grafen von Henneberg in ihren verschiedenen Linien eine Arrondierung der wettinischen Besitzungen noch nicht einmal ansatzweise zuließen.

Geschlossenheit und Zersplitterung von Fürstentümern

Hinter dem Gegensatz von flächenmäßiger Geschlossenheit und Zersplitterung, wie er sich in den Aufzählungen der Kreisordnungen niederschlägt und wie er dann im buntscheckigen Kartenbild der Geschichtsatlanten erscheint, verbergen sich unterschiedliche historische Prozesse. Über solche Unterschiede täuscht z. B. der westlich und östlich

Ursachen für die Kleinräumigkeit der Herrschaftsbildung

der Weser von historischen Karten erweckte Eindruck der Kleinräumigkeit hinweg. Er ist westlich der Weser durch dynastische Herrschaftsbildung des Hochmittelalters vorgegeben: Inmitten der Grafschaften Ravensberg, Diepholz, Lippe, Oldenburg oder der kleinen Tecklenburg, Lingen und Bentheim konnten die mit nur geringer Stiftungsmasse ausgestatteten Hochstifte Minden und Paderborn keine dominante Macht entwickeln. Östlich der Weser, in den welfischen Landen hingegen, ist die Kleinräumigkeit, etwa die des kleinen welfischen Herzogtums Grubenhagen mit seinen getrennten Besitzkomplexen um Osterode und Einbeck, nicht durch hochmittelalterliche Herrschaftsbildung, sondern durch spätmittelalterliche Erbteilungen herbeigeführt worden.

Beispiele aus Nord- und Süddeutschland sollten belegen, welch verschiedenartige Entwicklungen dem nur assoziativ gewonnenen Befund von groß- und kleinräumiger Staatlichkeit zugrunde liegen. Bei den Herrschaften, die östlich der Elbe im Zuge der sogenannten deutschen Ostkolonisation entstanden sind, der Mark Brandenburg, Pommern und Mecklenburg sowie den wettinischen Herrschaften, wohin der Raumname Sachsen infolge der Kurwürde zu wandern begann, suggeriert das Kartenbild Flächenherrschaft. Daraus hat die Forschung sogar einen Vorsprung in der staatlichen Entwicklung folgern wollen. Das ist, von der Verkennung der vergleichsweise geringen Wirtschaftskraft dieser Lande einmal ganz abgesehen, vor allem deswegen problematisch, weil die Vorstellung einer Flächenstaatlichkeit täuscht. Tatsächlich zerfallen wettinische, askanische aber auch mecklenburgische und pommersche Fürstentümer in einzelne Gebiete, die sich ihrer eigenen Rechtsgestalt bewußt sind. Darauf hat ein Fürst Rücksicht zu nehmen. Er kann zum Beispiel nicht eine Steuer über seine ganze, in den historischen Atlanten mit einheitlicher Farbe gestaltete Herrschaft ausschreiben, sondern er muß sich mit Adel und Städten der einzelnen Gebiete auseinandersetzen. Anhand der sogenannten Bedeverträge der Markgrafen von Brandenburg mit ihren einzelnen „Ländern" wie dem Land Lebus, dem Land Gardelegen usw. läßt sich zeigen, daß ein institutioneller Vorsprung im 14. Jahrhundert nicht existierte. (Wohl aber hatten die östlichen Gebiete vom Raum her eine Entwicklungsmöglichkeit zur intensivierten Staatlichkeit, die in der Frühen Neuzeit in Brandenburg genutzt, in wettinischen Landen hingegen durch Erbteilungen verspielt wurde.)

Allein jene Herrschaft, die zwar rechtlich nicht zum Reich gehörte, aber den Namen „deutsch" im Titel führte, der Staat des Deutschen Ordens, hatte fast schon eine Gebietsherrschaft entwickelt; aber der Orden konnte die Auffassung, daß alle Herrschaftsrechte von ihm ausgeübt oder delegiert würden, lediglich in seinem preußischen Kernland durchsetzen. Es hatte also seine Berechtigung, wenn der Orden selbst von seinen „Ländern" *(terrae)* sprach.

Fürstliche Herrschaft – diese generalisierende Aussage läßt sich als eine von wenigen machen – erstreckt sich nicht über ein als geschlossene Fläche zu definierendes einheitliches Gebiet. Das Kunstwort „Territorialstaat" führt in die Irre; falsche Assoziationen stellen sich ein, wenn aus den notwendigerweise schematisierenden Herrschaftskarten der historischen Kartographie auf Flächenstaatlichkeit geschlossen wird. Fürstliche Herrschaft ist die Wahrnehmung einzelner Herrschaftsrechte, die räumlich eng beieinander liegen können, aber nicht unbedingt müssen. Eine zielbewußte, über längere Zeit verfolgte Arrondierungspolitik gibt es nicht. Nicht einer inneren Logik der Landesherrschaft folgte die Vergrößerung oder die Verkleinerung von Fürstentümern, sondern dem biologischen Zufall. Heirat, Geburt und Tod in den Herrscherfamilien wirkten viel stärker auf die äußere Gestalt eines Fürstentums ein als eine angebliche „Territorialpolitik".

„Territorialstaat": ein irreführender Begriff

„Territorialpolitik": ein fragwürdiger Ausdruck

Durch die Zufälligkeiten der Erbfolge entstand als Signatur der deutschen Herrschaftswelt das Nebenland, der vom Stammland abgelegene größere Besitzkomplex. Ein Verhältnis wie das der Pfalz zur Oberpfalz kennen viele Herrschaften. In geistlichen Fürstentümern (z. B. Bamberg-Kärnten, Mainz-Eichsfeld) ist das gleiche Problem aus den Besonderheiten der ältesten Stiftungs- und Schenkungsgeschichte entstanden. Der Adel eines solchen Nebenlandes spielte am Hof des Herrschers keine Rolle. Übergreifende, die Gebiete verklammernde Landtage oder Ständetage gab es ebensowenig wie übergreifende Landesbehörden. So konnte P. MORAW feststellen: „Die Personalunion blieb das Grundmodell des Territorienkomplexes. Daher gab es das sehr große Territorium im Reiche nicht."

das Nebenland und die Personalunion

Wie problematisch es ist, die fürstliche Herrschaft räumlich beschreiben zu wollen, zeigt schon die Geschichte des entscheidenden Stichwortes. Das Lehnwort Grenze von slawisch *„granica"*, erstmals 1262 in einer Thorner Urkunde begegnend, bürgert sich in der Sprache nicht ein. Gobelinus Person stellt Ende des 14. Jahrhunderts fest, in alten Zeiten hätte man die *„divisiones provinciarum"* nach Flüssen, Bergen, Wäldern und Meeren vorgenommen, aber der gemeine Mann der Gegenwart (*„vulgares moderni"*) trenne die Gebiete nach Sprachunterschieden (*„differencias idio^matum"*). Vom Fürstentum ist nicht die Rede. Erst Luther macht die Deutschen mit dem territorialen Inhalt des Begriffs Grenze vertraut, der zu seiner Zeit noch eher unbestimmt als „Umkreis", als *„Ende, daran ein lant keret"*, verstanden wurde.

die unbekannte Grenze

„territorium non clausum" Selbst die natürlichen Grenzen waren für das Fürstentum unnatürlich – und das hat seine Gründe. 1428 stellt Kurfürst Ludwig III. von der Pfalz fest, daß „wir und andere fürsten, graven, fryen herren, ritter und knechte und auch gemeinschaffte der stedte an manchen enden zusammen stößende und an ettlichen enden fast untereinander gemenget sind". Solche Zustände wird die frühneuzeitliche Juristenlehre „ungeschlossenes Territorium", *„territorium non clausum"*, nennen. Zugleich hatte der Kurfürst deutlich gemacht, warum „Grenze" so schwierig zu bestimmen war: Es ging dabei zugleich um das Verhältnis der einzelnen Herrschaftsträger zueinander. Deshalb war das Vorbild der Diözesangrenzen nicht auf die weltliche Herrschaft übertragbar. Die Kirche kannte die Hierarchisierung, die weltliche Herrschaft aber nicht. Die Frage der Grenze umschließt also nicht nur das Problem der an eine Fläche gebundenen Souveränität, sondern auch das der innerherrschaftlichen Abstufungen.

1.2 Erscheinungsformen der Landesherrschaft: Geistliche Wahlstaaten – Grafschaften – städtische Territorien

Zahl und Bedeutung geistlicher Fürsten Bei der Diskussion um die Natur des mittelalterlichen Fürstenstaates stand fast stets die weltliche Herrschaft im Mittelpunkt – eine problematische Einseitigkeit angesichts der von JULIUS FICKER ermittelten Zahl von 92 geistlichen Reichsfürsten im 13. Jahrhundert, von denen bis zur Reformation noch 89 Bestand hatten. Etwa ein Sechstel des Reichsgebietes war geistlicher Herrschaft untertan. Geht man nicht von der nüchternen Zahl, sondern – mit PETER MORAW – vom politischen Gewicht aus, wie es sich äußerlich im großen Hofstaat manifestiert, wird die Einseitigkeit vollends sichtbar. Um 1375 gab es 29 größere weltliche Fürstenhöfe, und ihnen standen 47 Höfe von Reichsfürsten bischöflichen oder erzbischöflichen Ranges gegenüber.

Unterschiede von weltlichem und geistlichem Fürstentum Die verfassungsgeschichtliche Forschung unterstellte zumeist, daß spätmittelalterliche Staatlichkeit unterschiedslos auf weltliche und geistliche Herrschaften anzuwenden sei. Das ist richtig, was die unmittelbare Herrschaftspraxis, also etwa die Kriegsführung, die Einnahme und Verrechnung von Grundrenten angeht; es ist aber nicht richtig, was die Struktur der Staatlichkeit betrifft. Die Unterschiedlichkeit erweist sich in vier Bereichen: In der Unveräußerlichkeit des Kirchenguts, die der Mobilisierung von Herrschaftsrechten engere Grenzen setzte, in der Begründung der Herrschaft aus dem Wahl-, nicht aus dem Erbrecht, in der Stellung des Domkapitels innerhalb der Landesherrschaft und nicht zuletzt in der Bedeutung einer Bischofsstadt für die Residenzbildung.

Ein Bischof war ein geistlicher Fürst (der Titel Fürstbischof jedoch sollte hier als eine erst im 18. Jahrhundert gebräuchlich gewordene Titulatur vermieden werden), aber seine „Fürstlichkeit" war doch eine andere als die eines weltlichen Herren.

Ein Hochstift, die weltliche Gestalt eines Bistums, von dem es räumlich durchaus zu unterscheiden ist, war zwar kein über die Zeiten hin unveränderbares Gebilde, aber Erwerbungen, Entfremdungen, in Außenlagen kleinere Verkäufe und Tauschverträge bewirkten nie so einschneidende Veränderungen wie in weltlichen Gebieten. Pfandsetzung kam bei weltlichen und geistlichen Fürsten vor, bei letzteren wahrscheinlich sogar häufiger, um das kirchenrechtliche Veräußerungsverbot zu umgehen, aber: Die Kommerzialisierung und Mobilisierung der Landesherrschaft fand in der *Germania Sacra* fast nur in dieser eingeschränkten Form der Pfandsetzung statt. Vor allem: Der Unteilbarkeitsbestimmungen bedurfte es hier nicht; ein Hochstift konnte nicht geteilt werden. Aufs Ganze gesehen, etwas vereinfacht gewiß, blieb ein Hochstift in seiner territorialen Substanz gefestigter als eine weltliche Herrschaft. Das bedeutete aber auch: Der Umfang der zumeist frühmittelalterlichen Schenkungsmasse entschied bis zum Untergang der Reichskirche über die einzelne Gestalt dieser geistlichen Fürstentümer. Ein gering dotiertes Hochstift wie Eichstätt blieb stets ein armes, vom Hochadel wenig begehrtes Bistum. Vor allem die Hochstifte in den Kolonisationsgebieten östlich der Elbe waren und blieben im Vergleich zu den rheinischen und fränkischen Bischofskirchen nur karg ausgestattet.

<small>die festere Gestalt des Hochstifts</small>

Die fast schon territoriale Gestalt eines Hochstifts schützte nicht vor innerer Zerrüttung. Die Erbfolge in den weltlichen Herrschaften war, soviele räumliche Veränderungen sie auch im Gefolge hatte, doch immer noch das weniger problematische Prinzip als das der Wahl. Die Gefahr schismatischer Elektionen war stets gegeben. Vor allem die Zeit des avignonesischen Papsttums, als fast jedes Bistum von kurialen Provisionsansprüchen heimgesucht wurde, war erfüllt von Wirren. Der zu Avignon Ernannte mußte sich mit dem vom Domkapitel Erwählten in langwieriger Söldner- und auch Juristenfehde auseinandersetzen. Diese inneren Wirren hatten die Zerrüttung der Stiftsgüter zur Folge, sie belasteten die bischöfliche Herrschaft auch für die Zukunft. In der ersten Hälfte des 15. Jahrhunderts wird in vielen Hochstiftern offenbar, was als Krise der Reichskirche bezeichnet werden kann: Die Einnahmen des Bischofs sind verpfändet, die Ausübung der Herrschaft ist nicht mehr gewährleistet, die drückende Schuldenlast führt zu schweren inneren Auseinandersetzungen.

<small>Gefahren schismatischer Bischofswahlen</small>

<small>Krise der Reichskirche</small>

der Bischof und die führenden Familien des Stifts

Es entspricht gewiß keiner generalisierbaren Regel, wenn um 1500 der sogenannte Revolutionär vom Oberrhein behauptet, ein geistlicher Fürst, der sein Land nur durch Wahl, nicht durch Erbe besäße, hätte kein Erbarmen mit dem Land. In einem Punkt aber hat dieser halbgelehrte Wirrkopf recht. Die innerherrschaftlichen Systeme von Fürstennähe und Fürstenferne bestimmter Familien, die in weltlichen Herrschaften generationentief vererbten Klientel- und Patronageverhältnisse, waren von einem neugewählten Bischof stets neu zu knüpfen.

die Bedeutung der Domkapitel

Die Domkapitel bewirkten eine weitere Besonderheit geistlicher Wahlstaaten. Das betraf sowohl die institutionelle als auch die personelle Seite. Die Domherren besetzten die Schlüsselstellen in der Verwaltung, ihnen ging es nicht nur um die reichsten Pfründen, sondern auch um Teilhabe am Regiment. Das wichtigste Moment ist dabei die Wahlkapitulation, die Herrschaftsbindung des Neugewählten, wie sie nach ersten Ansätzen im 14. Jahrhundert etwa seit dem ersten Drittel des 15. Jahrhunderts kontinuierlich festgelegt wird – im Gegensatz zu den Verhältnissen in weltlichen Fürstentümern, in denen Herrschaftsverträge zu den singulären, zu den Krisenerscheinungen eines Landes gehören. In der Geschichte der Wahlkapitulationen spiegelt sich: Im 14. Jahrhundert wuchsen die Domkapitel der *Germania Sacra* in ihre Rolle als Herrschaftsträger neben dem Bischof hinein; um 1500 waren sie integrierter Teil der Landesherrschaft geworden.

die Domkapitel und die führenden Familien des Landes

Die Rolle des Domkapitels wirkte auf die personalen Beziehungen eines geistlichen Wahlstaats ein. Die großen Familien des Landes suchten nicht den Fürstenhof, suchten nicht die Nähe des Herrschers, sondern die Aufnahme eines der Ihren in das Kapitel, um ihre Interessen in der Verwaltung des Landes gewahrt zu wissen. Das komplizierte Aufnahmeverfahren, die Verfügung über freigewordene Präbenden nach einem ausgeklügelten Turnus, weisen auf Rivalitäten und Konkurrenz adeliger Familien zurück. Da der Kreis der Berechtigten geburtsständisch definiert war, spiegelte die personale Zusammensetzung eines Domkapitels die in einer Region wirksamen Kräfte wider.

Drei sich überlagernde, aber voneinander zu unterscheidende Raumorientierungen charakterisieren also einen geistlichen Wahlstaat: Der geistliche Jurisdiktionsbereich des Bistums, der herrschaftliche Geltungsbereich des Hochstifts und der weitgehend regional zu beschreibende Einzugsbereich der ein Domkapitel beherrschenden großen Familien des Landes.

Residenzbildung in den Hochstiften

Was in weltlichen Herrschaften erst ein mühsam ins Werk gesetzter, langsam sich vollziehender Prozeß gewesen war, sollte in den geistlichen Fürstentümern vorgegeben sein: die Residenz. Den Bischof band sein Amt viel stärker an die Stadt, die seinem Stift den Namen gegeben hatte, als es in weltlichen Herrschaften üblich war. Selbst als er seine geistlichen Funktionen nicht mehr persönlich ausübte, sondern sich durch Weihbischof oder Generalvikar vertreten ließ, blieb doch die Bischofskirche, in der die Gebeine des Stiftsheiligen und die kostbarsten Reliquien lagen, der Mittelpunkt seiner Herrschaft. Lange bevor in weltlichen Herrschaften die fürstliche Grablege ein Kriterium für Residenzbildung geworden war, war es üblich, einen Bischof in der Bischofskirche zu begraben. Dazu kam ein weiteres, die Residenzbildung forcierendes Moment: An die Bischofskirche gebunden war die Dombruderschaft, aus der sich die Domkapitel entwickelten. Die Bischofskirche war also jener Mittelpunkt, um den sich Verwaltung kristallisierte. Im Spätmittelalter jedoch, in Ansätzen seit der zweiten Hälfte des 13. Jahrhunderts erkennbar, zeichnete sich eine Entwicklung ab, die von der Residenzstadt wegführte.

Bischofsstädte entwickelten sich zu blühenden Handelsstädten, nicht nur wegen ihrer Mittelpunktslage, sondern auch, weil der liturgischen Messe die merkantile folgte. Reichtum sammelte sich hier in einer kleinen Oberschicht, und diese Oberschicht trug zugleich die kommunale Verselbständigung, die sich in den rheinischen Bischofsstädten seit der Mitte des 13. Jahrhunderts Bahn bricht, und die schließlich dem Bischof die Stadtherrschaft streitig macht – erfolgreich in den Bischofsstädten Köln, Mainz, Speyer, Worms bis hinunter nach Basel und Konstanz, in Augsburg ebenso wie in Straßburg. Andernorts gelang dem Bischof der Sieg über die Bischofsstadt wie im Jahre 1400 in Würzburg. Aber die Regel gilt: Nur in solchen Städten konnte der Bischof die Stadtherrschaft behaupten, die in ihrer wirtschaftlichen Entwicklung stagnierten oder zurückgeblieben waren wie Bamberg, Passau oder Halberstadt. Freie Städte waren in der „Pfaffengasse" des Rheins entstanden, unterschieden von einer Reichsstadt, unterschieden auch von den „landsässigen" Städten. Ihre Sonderstellung zeigt zugleich die Sonderstellung eines hochstiftischen Territoriums innerhalb der fürstlichen Herrschaftswelt. *Hochstift und Freie Stadt*

Die Eigentümlichkeiten geistlicher Wahlstaaten führten dazu, daß diese, selbst dort, wo sie nicht in eine tiefe Krise gerieten, doch als expansive Herrschaftsfaktoren ausfielen. Die Lasten aber, die einem Hochstift aufgebürdet wurden, waren wesentlich höher als die eines weltlichen Fürstentums; traditionell höhere Leistungen für das Reich und erhebliche Abgaben an die Kurie. Deshalb ist es kein Zufall, daß die frühesten Landessteuern in geistlichen und nicht in weltlichen Herrschaften ausgeschrieben wurden. *Belastungen der Hochstifte*

10 I. Enzyklopädischer Überblick

Grafen und Edelfreie

Im allgemeinen werden die Herrschaften der Edelfreien und Grafen bei der Darstellung deutscher Staatlichkeit nur am Rande behandelt. Allzu offenkundig scheint deren Bedeutungslosigkeit angesichts der Kleinheit ihrer Gebiete. Weiterhin hatte das Aussterben bedeutender Geschlechter, der Katzenelnbogen, der Henneberg, der Rieneck usw. dazu geführt, daß ihre bedeutenden raumprägenden Leistungen vergessen wurden. Aber noch um 1400 war mehr als ein Drittel der deutschen Lande nicht von fürstlichen, sondern von edelfreien und gräflichen (von „dynastischen", wie wir sie der Kürze halber im folgenden bezeichnen) Gebotsbereichen bestimmt. Ganze Regionen sind von ihnen geprägt worden. Und weiterhin: Vor allem in Mittel- und Oberdeutschland verklammern gräfliche Gebotsbereiche Geschichtslandschaften: Die Grafen von Henneberg blicken nach Thüringen und Franken, die von Hohenlohe nach Franken und Schwaben. Die Beispiele ließen sich vermehren. Nur anzudeuten ist: Die Dynasten bildeten bis zur Mitte des 14. Jahrhunderts die wichtigste und einflußreichste Schicht im Königsdienst, dominierten noch die Reichskirche. Ihr Einfluß, der erst langsam im Verlauf des 14. Jahrhunderts von dem der Ritterschaft abgelöst wird, reichte weit über ihr Herrschaftsgebiet hinaus.

die Bedeutung dynastischer Herrschaftsbildung

Trennung von Fürsten und Grafen

Dynastische Herrschaft ist noch im frühen 14. Jahrhundert allenfalls von der Größe, aber nicht von der Struktur her vom Fürstentum zu unterscheiden. Jedoch verstärkt sich jetzt die bereits um 1200 erkennbare Tendenz, daß die ursprünglich standesgleiche Schicht des Hochadels sich in Fürsten und Grafen aufzuspalten beginnt. Deshalb werden mächtige Geschlechter danach streben, den Fürstenrang – wie die Henneberger (1310), die Burggrafen von Nürnberg (1363) und die Nassauer (1366) – oder sogar den Fürstenstand sich vom Reichsoberhaupt bestätigen zu lassen. Fürstenrang: In den genannten Privilegien geht es um die reichspolitische Verantwortung der Dynasten, um die Teilhabe am Königsgericht, im königlichen Rat und am königlichen Hof. Die Abschließung fürstlicher Heiratskreise sollte keine Folgen für die Rechtsstellung der genannten Grafengeschlechter haben. Fürstenstand: Zu Reichsfürsten wurden erhoben Savoyen 1310/1313, Geldern 1317/1339, Jülich 1336, Mecklenburg 1348, Luxemburg 1354, Berg 1380, Kleve 1417, Cilli 1430/36. Dabei ging es entweder um eine engere Bindung an das Königtum oder, wie bei Savoyen und Mecklenburg, um eine Inkorporation in das *Regnum* oder, wie bei den niederrheinischen Grafen, die sogar die Herzogswürde erhalten, um die titularmäßige Sanktionierung eines längst eingetretenen Zustands, der diese Großen weit über die übrigen edelfreien „*nobiles*" dieses Raumes erhoben hatte. Die Erhöhung Württembergs zum Herzogtum 1495 bildet den

Fürstenrang und Fürstenstand

1. Die äußere Gestalt des Fürstentums

Abschluß dieser Entwicklung. (Wir übergehen die mit der Erhebung der Grafen von Cilli einsetzenden Fürstenerhebungen, welche die Könige aus Familieninteresse vollzogen hatten.)

Die Erhebungen von Grafengeschlechtern zu Fürsten bedeuten für diese einen Gewinn an Ansehen, aber keinen Zuwachs an Macht. Um letzteren konnte es auch gar nicht gehen. Die äußere Größe eines Herrschaftsgebietes allein ist noch kein Kriterium für „Macht"; denn die fürstliche Gebotsgewalt ist aus mehreren kleineren Raumeinheiten mit jeweils gewachsener Rechtsindividualität zusammengesetzt; mit ihr konnte sich eine größere dynastische Herrschaft durchaus messen, wenn sie aus ihrer Einheitlichkeit bei kleinerem territorialem Umfang Zentralitätsgewinne zu erzielen vermochte. Meistens ist nur eine bedeutendere Stadt, eine festere Burg Rückhalt ihres Gebietes; die Residenzbildung bahnt sich früher an. Weiterhin sind Dynasten viel stärker bei der Erschließung ihrer Gebiete engagiert als die Reichsfürsten. Die Konzentration der Herrschaft konnte, wie etwa das Beispiel der Grafen von Katzenelnbogen im Vergleich zu den Landgrafen von Hessen verdeutlichen mag, um 1400 in dynastischen Gebieten weiter fortgeschritten sein. Dynastische Herrschaftspraxis ist charakterisiert durch den direkten Zugriff auf das Land im Gegensatz zu dem indirekten, über die Privilegierung gehandhabten Zugriff der Landesherrn. Wir müssen uns mit einem Beleg begnügen, in dem sich noch ausgangs des Mittelalters dieser ältere Unterschied ausdrückt. Während die Fürsten den „Bergsegen" nur indirekt abschöpften, haben sich seit 1472 mehrere Grafen von Mansfeld und von Henneberg mit technischen und kaufmännischen Unternehmern in Gesellschaften zum Betrieb von Saigerhütten zusammengeschlossen.

Entwicklungsvorsprünge der Grafschaften

Daß Fürsten und kaum noch Dynasten um 1500 die hochadelige Macht repräsentierten, war nicht von der Weite des Gebietes, sondern von der Ausweitung der Dynastie vorherbestimmt. Die Fürsten waren weniger als die Dynasten gezwungen, ihre Herrschaft in der Hand nur eines Nachfolgers zusammenzuhalten und die Nachgeborenen mit kirchlichen Pfründen zu versorgen; deswegen waren ihre Häuser überlebensfähiger. Wo aber Grafen im Interesse ihrer Dynastie zu Teilungen schritten, drohte Ohnmacht. Deshalb hatte der um 1300 noch so mächtige Grafenadel an Rhein, Main und Donau im Verlauf des 14. Jahrhunderts seine dominierende Stellung eingebüßt. Zum Beispiel war die Grafschaft Löwenstein mehrfach geteilt worden, und die einzelnen Herrschafsrechte um Löwenstein, Murrhardt und Bönnigheim wurden hin- und hergeschoben, bis sie zwischen 1441 und 1453 an Kurpfalz verkauft werden mußten.

genealogische Gefährdung dynastischer Geschlechter

Aufstiegs- und Abstiegsmobilität

Die lange Regierungszeit eines Grafen, die glückliche Heirat garantieren das Überleben eines Hauses, häufige Herrschaftswechsel verbunden mit Erbschaftsstreitigkeiten führen den Ruin herbei. Genealogisches Glück bedingte den Aufstieg der Württemberger, genealogisches Unglück hingegen den Abstieg der im Ostalpenraum so mächtigen Grafen von Görz, die zwischen 1335 (Krain und Kärnten) und 1500 (Lienz mit dem Pustertal und die Herrschaft Görz) an die Habsburger verloren.

die abnehmende Bedeutung der Grafen nach 1300

Um 1400 bereits sind es nur noch vergleichsweise wenige Geschlechter, die daran erinnern, in welchem Maße noch hundert Jahre zuvor Grafen die deutsche Herrschaftswelt geprägt hatten, und um 1500 zeigt sich auf den Reichstagen, wo die Grafen nur noch eine untergeordnete Rolle spielen, daß die reichspolitische Bedeutung jener Schicht, die um 1300 in der Hauptsache die Königsherrschaft getragen hatte, geschwunden war.

Herrschaftsbildung der Reichsstädte

Letztlich verweist das Schicksal der Grafen auf die Gefahr der Abstiegsmobilität im Prozeß der spätmittelalterlichen Herrschaftsbildung. Den Gegensatz dazu mag man in einer verfassungsgeschichtlichen Eigenart des deutschen Spätmittelalters im europäischen Vergleich erblicken, daß auch Reichsstädte (vor allem in Oberdeutschland) ein eigenes Herrschaftsgebiet aufbauen konnten, das Dörfer und Marktflecken umfaßte. Selbst mittelgroße Reichsstädte wie Schwäbisch Hall, Gmünd, Rottweil und Rothenburg vermochten ein beträchtliches Landgebiet zu erwerben, übertroffen an Größe, beinahe kleineren Fürstentümern entsprechend, nur von dem der Städte Straßburg, Ulm (in dessen Landgebiet um 1530 32.000 Menschen wohnten) und – seit dem bayerischen Erbfolgekrieg 1504 – Nürnberg. In einem solchen Gebiet (es war in Schwäbisch Hall 330 km^2 groß, hier lebten etwa viermal so viele Menschen wie in der Stadt) übte der Rat eine direkte Herrschaft aus. Es fällt auf, daß sich Augsburg mit einem relativ kleinen Landgebiet bescheidet.

Territorium als Abschluß der Stadt-Umland-Verflechtung

Eine solche reichsstädtische Herrschaft kann durchaus als Territorium angesprochen werden; denn anders als die Fürstentümer ist sie durch klare Grenzen – z. B. die Rothenburger Landwehr – definiert, verfügt über eine innere Geschlossenheit und bildet damit auch – völlig untypisch – ein eigenes Wirtschaftsgebiet; denn die Bildung eines Territoriums durch eine Stadt ist der Abschluß ihrer Verflechtung mit dem Umland. Schon lange bevor Lauf 1504 durch die Reichsstadt Nürnberg erworben worden war, wurde hier nach Nürnberger Maß gemessen, nach Nürnberger Gewicht gewogen. Bauherren, Goldschmiede und Steinmetzen übernehmen die reichsstädtischen Kunstformen, äußeres

1. Die äußere Gestalt des Fürstentums

Zeichen für wirtschaftliche Hintergründe; denn Nürnberger Kapital beherrscht die Messing- und Drahtindustrie in Lauf, Nürnberger besitzen die Hammerwerke an der Pegnitz.

Die Städte des deutschen Nordens haben sich nicht um ein eigenes Landgebiet bemüht, haben ihre Landwehren nicht durch Kauf zum geschlossenen Territorium erweitert. Darin zeichnen sich Unterschiede im Verhältnis von Stadt und Umland ab. Norddeutsche Ratsherren trieben eine Pfandschloßpolitik, erwarben im weiteren Umland feste Adelssitze und Burgen, sicherten damit die wichtigsten Straßen und schützten sich vor Adelsfehden. Weder an Geld noch an Gelegenheit fehlte es norddeutschen Kommunen, um ein eigenes Landgebiet zu erwerben; es fehlte lediglich die Notwendigkeit.

norddeutsche Pfandschloß- und süddeutsche Territorialpolitik

Genealogische Zufälle entschieden über das Schicksal dynastischer Herrschaften, Rationalität des Geldes über den Aufbau reichstädtischer Territorien. Genealogie und Kommerzialisierung von Herrschaftsrechten lassen sich in diesen beiden Beispielen als die Kräfte erkennen, die maßgeblich auf den Prozeß der Verfassungsbildungen im späten Mittelalter eingewirkt haben. Und weiterhin ist noch der zumeist unterschätzten Bedeutung des Königtums zu gedenken. Dies erweist sich noch um 1500 als wirksam bei der damals bereits in Ansätzen erkennbaren letzten eigenständigen Herrschaftsbildung auf deutschem Boden, jener der Reichsritterschaft. Diese entsteht an Rhein, Main und Donau aus den damals neu definierten Fragen der Reichssteuer des Gemeinen Pfennigs, welchen die Ritter, sich dem König mehr als ihren Lehensherren zugehörig fühlend, nicht ihren Herren erlegen wollen. Die Nähe zum König schützte sie in ihren Bestrebungen; ein alter Grundsatz in den königsnahen Landschaften des deutschen Südwestens und des Mittelrheins. Dieser Königsnähe verdankten etwa die zahlreichen reichsunmittelbaren Stifte und Klöster Oberschwabens ihre Rechtsstellung. Wenn in den Regionen von Mittel- und Oberrhein, von Main und Donau die territoriale Zersplitterung, die sogenannte Kleinstaaterei, am größten ist, dann gilt es zu bedenken: Es waren die gleichen Regionen, in denen für Otto von Freising die „*vis maxima regni*" lag, und die noch im 18. Jahrhundert als „das Reich" bezeichnet wurden. Hier erweist sich, daß Territorienbildung immer auch ein Prozeß gewesen ist, in den die Frage der Königsnähe und der Königsferne hineinspielt.

Königsnähe und Herrschaftsbildung: Die Reichsritterschaft

Einer der vielen Besonderheiten der deutschen Herrschaftswelt sei eigens gedacht. Im Siedlungsraum des friesischen Stammes an der Nordseeküste hatte sich keine Fürstenherrschaft etablieren können; hier wird die „friesische Freiheit" zunächst noch in Gestalt der genossen-

Gegensatz: Die „friesische Freiheit"

schaftlichen „*Redieven*" (Ratgeber, *consules*)-Verfassung, gewissermaßen in Bauernrepubliken bewahrt, Herrschaftsformen einer adelsanalogen Bauernoligarchie. Diese Sonderform ist selbst dann nicht mit staatlichen Begriffen zu beschreiben, nachdem im 15. Jahrhundert friesische Häuptlinge Herrschaften eigenen Rechts ausgebaut und die „friesische Freiheit" umgeformt hatten, ein Prozeß, als dessen Ergebnis die Grafschaft Ostfriesland (1464) und die Herrschaft Jever entstanden. Die friesische Freiheit an der Nordseeküste hatte seit dem ausgehenden 11. Jahrhundert den benachbarten Hochadel verlockt, in diesem scheinbaren Machtvakuum eine eigene Herrschaft zu etablieren. Doch bis zum Sieg der Dithmarscher in der Schlacht bei Hemmingstedt (1500) scheiterten die Herren immer wieder mit ihren kriegerischen Versuchen.

„Kleinstaaterei" Ganz verschieden waren die Kräfte, welche zur sogenannten deutschen Kleinstaaterei geführt hattten. Zur negativen Bewertung, wie sie die ältere Forschung vollzog, besteht kein Anlaß; denn das größere Fürstentum ist nicht unbedingt die bessere Herrschaft. Zur gleichen Zeit, als etwa in der Grafschaft Katzenelnbogen eine vorzüglich administrierte Landesherrschaft die Forsten schützte und bäuerliche Intensivkulturen förderte, war die Mark Brandenburg nach dem rückblickenden Urteil des Kurfürsten Albrecht Achilles „ein halb verlorenes Land".

Geld, Genealogie und Königsnähe als verfassungprägende Kräfte lassen daran zweifeln, ob die spätmittelalterliche Herrschaftswelt tatsächlich so entstanden sein kann, wie es in Dutzenden von Arbeiten zur Entwicklung einer fiktiv gesetzten Landeshoheit unterstellt wird: Als ein gesetzmäßiger, im Wesen der jeweils untersuchten Herrschaft liegender Vorgang, als Entelechie von Macht.

1.3 Die Neugestaltung von Gebot und Gebiet: Ämter, Amtleute und Kastner

unterschiedliche Setzung von Maß und Gewicht

Die fürstliche Herrschaft bildete selbst dort, wo das Kartenbild Flächenstaatlichkeit vortäuscht, keine Einheit. Das erwies sich schon im Alltag für jedermann darin, daß mit verschiedenen Maßen und Gewichten gerechnet werden mußte. Und dabei galt die Setzung von Maß und Gewicht sogar als Herrschaftsrecht. In jedem Fürstentum mußten Handwerker, Kaufleute und Bauern die verschiedenen Hohl-, Gewichts-, Längen- und Flächenmaße kennen, die von Stadt zu Stadt, ja sogar von Dorf zu Dorf wechselten (jedoch proportional im Duodezimalsystem umrechenbar blieben). Die nicht selten beklagte Verwirrung durch die Konkurrenz verschiedener Maße lag nicht an der Vielfalt der deutschen Territorienwelt, sondern an der innerterritorialen Struktur. Die Setzung von Maß und Gewicht war entweder grundherrlich gebunden oder kommunalisiert, aber nicht einheitlich vom Fürsten geregelt.

Von dem einfachen Beispiel verschiedener Maßeinheiten in einem Herrschaftsgebiet ausgehend, eröffnet sich ein Zugang zum zentralen Problem des fürstlichen Herrschaftsraumes, zur Gerichtsbarkeit. Ebenso wie der Fürst nur Herr von Münze, Maß und Gewicht, nicht aber ihr Gestalter ist, wird er auch nur als Herr der Gerichte, nicht aber als derjenige betrachtet, der die Richtschnur festlegt. Herr der Gerichte – das bedeutet immer: Nutzung. Das Gericht, in dem Geldbußen und Strafen verhängt wurden, war als Einkunftstitel dem Fürsten wichtig, nicht aber als „territorialpolitisches" Instrument. Weiterhin ist Gerichtsbarkeit im umfassenden Sinne, „Verwaltung" einbeziehend, zu begreifen. Zu unterscheiden ist ein Legitimierungsbereich, in dem der Herrscher durch die Bannleihe die Gerichtsbarkeit verleiht, und ein Sanktionsbereich, in dem er etwa Maß und Gewicht setzen und Gebote erlassen kann. Um letzteren Bereich geht es. Er ist, wie die Wortgeschichte verdeutlicht, die herrschaftsbildende Seite der Gerichtsbarkeit: Gebot und Gebiet hängen sprachlich und sachlich zusammen. Gebot und Gebiet konkretisieren sich aber nicht primär im umhegten Gericht, sondern in einer neuen, „verwaltenden" Institution, dem Amt.

<small>Gebot und Gebiet – die Gerichtsherrschaft</small>

<small>Gericht und Verwaltung: Das Amt</small>

In auffallender Zeitgleichheit treten um 1300 in allen deutschen Landen die Ämter auf, teilweise das Neue unter hergebrachten Namen wie Vogtei oder Gericht verbergend. Das Amt wird die Basis spätmittelalterlicher Herrschaftsverwaltung. Im Vergleich zu älteren Raumeinheiten handelt es sich um einen kleineren Bezirk, bisweilen nur drei bis vier Kirchspiele umfassend, in dem die landesherrlichen Abgaben erhoben, im Namen des Fürsten Recht gesprochen, die Polizeigewalt ausgeübt und die bäuerliche Heerfolge eingefordert wird. Unter den vielfältigen Funktionen des Amtes ist für die werdende Staatlichkeit am wichtigsten geworden, daß es das Rückgrat der Finanzverwaltung wurde: Ohne Ämter konnten keine neuen Landessteuern durchgesetzt und erhoben werden.

<small>Entstehung der Ämter</small>

<small>Aufgaben</small>

Damit die Kompetenz eines Amtmannes beschrieben und abgegrenzt werden konnte, mußten die Ämter räumlich eindeutig definiert sein; dabei konnten adelige und kirchliche Immunitäten auch zu Enklaven werden. Bezeichnenderweise wird das Amt in der lateinischen Quellensprache flächenhaft definiert, wird mit „*districtus*" übersetzt, „*officiatus*" und „*districtus*" werden einander zugeordnet. Das um-

<small>flächenmäßige Umschreibung</small>

grenzte Amt ist zugleich ein berechenbarer Einkunftstitel. Nicht beliebige Gebietsteile, sondern Ämter unterlagen vorwiegend der Verpfändungspraxis, weil hier das Pfandobjekt eindeutig beschrieben war. Ausbau und Verpfändung einzelner Ämter konnten deshalb wie zum Beispiel im Erzstift Köln oder in wettinischen Landen Hand in Hand gehen. Analog erfolgen auch Teilungen der Landesherrschaft nach Maßgabe der Ämtergliederung

Überwindung der Ministerialenverwaltung

Ämterbildung bedeutete eine institutionelle und personale Neuerung im Herrschaftsaufbau. Waren im Hochmittelalter Ministeriale mit der Wahrnehmung von Herrschaftsaufgaben beauftragt worden, so mußte dies durch neue Formen abgelöst werden, nachdem sich die Familien der Ministerialen in den Lehensverband ihres Herrn eingliedern konnten. Der Ministerialität, der Dienstmannschaft, die sich im 13. Jahrhundert zur Ritterschaft entwickeln sollte, ging es vor allem um das Erbrecht, genauer die Vererbung von Rechtstiteln, die mit der Beauftragung von Herrschaftsrechten verbunden waren. Weil dies aber unvermeidlich zu einer Entwertung des Herrschaftsauftrages zu Lasten des Herren führen mußte, sollte diese Entwicklung bei den Ämtern vermieden werden. Bestallungsbriefe, förmliche Einsetzung mit dem – meist nur theoretischen – Recht der Absetzung, sollten die Verfügungsgewalt der Herrscher sichern. Die neuen „*officia*" sind bereits um 1300 genauestens von Begriffen wie „*beneficium*" oder „*foedum*" unterschieden.

„officium" und Lehen

Burg und Amt

Mit Neubildungen vermischen sich im Mittelalter üblicherweise Traditionen; das neue, spätmittelalterliche Amt ist zugleich Fortsetzung hochmittelalterlicher Herrschaftspraxis. Nicht nur, daß es die Nachfahren der bedeutendsten Ministerialfamilien sind, die als Amtleute fungieren. Diese neuen Institutionen sind auch ohne die Burgen und oft ohne die militärische Bedeckung einer Burgmannschaft nicht zu denken. In Thüringen ist die Burgwardverfassung, die Organisation der Hand- und Spanndienste innerhalb eines Burgbanns, Sonderteil der Amtsverfassung.

Überlagerung älterer Gerichtseinheiten

Alt und neu in der Ämtergliederung läßt verstehen, warum diese nicht gleichmäßig ein Herrschaftsgebiet als Fläche strukturieren konnte, oder einfacher ausgedrückt: warum ein fürstliches Gebiet vor dem 16. Jahrhundert nicht zur Gänze mit Ämtern überzogen war; denn dort, wo bereits im Hochmittelalter territorial definierte Gerichts- und zugleich frühe Verwaltungseinheiten entstanden waren, sei es um Burgen, sei es um Städte, blieben diese bestehen, wurden nur formal in die Ämtergliederung einbezogen. Da Rechts- und Friedenswahrung die zentralen Aufgaben des Amtmannes bildeten, mußten ältere Gerichtsordnungen eingebunden werden. In Westfalen und überhaupt im deutschen Nordwesten bauten die Ämter auf den Go-Gerichten, der institutionellen Neubildung des Hochmittelalters, auf. Die alten kölnischen Landgerichte wurden ebenso in die Ämter integriert wie die Hessens. Das Amt Meißen wird die alte slawische Supanverfassung überformen usw. Das Amt also beruht nicht auf administrativer Planung. Es faßt alte Rechte umformend zusammen. Insofern ist es keine Wortklauberei, sondern eine genaue Definition, wenn W. SCHLESINGER feststellt, das Fürstentum „war nicht in Ämter eingeteilt, sondern setzte sich aus ihnen zusammen". Fürstentum: aus Ämtern zusammengesetzt

Unfertigkeit als Charakteristikum spätmittelalterlicher Institutionen betrifft auch die Ämter. Selbst dort, wo sie um die Mitte des 14. Jahrhunderts eine Herrschaft gliedern, ist ihr Netzwerk nicht dicht geknüpft; vereinheitlichte mitnichten ein fürstliches Gebiet, sondern respektierte Privilegien und Immunitäten, nahm auf Gerichtsrechte anderer Herren Rücksicht. Sogar in Bayern, wo selbst das adelige Dorfgericht vom herzoglichen Pfleger abhängig ist, bleiben doch die Hofmarken des Adels und der Kirche Immunitäten. Weiterhin ist selbst innerhalb der gleichen Herrschaft Amt von Amt unterschieden, gibt es große und kleine, reiche und arme Ämter, solche, die der fürstlichen Verwaltung sehr nahe stehen, und solche, die kaum mehr als ihre eigenen Administrationskosten eintragen. Unfertigkeit der Amtsorganisation

Daß die Ämter ein fürstliches Gebiet nicht gleichmäßig gliederten, nicht netzartig eine Raumordnung schufen, löst den Widerspruch auf, daß zwar das Amt, nicht jedoch das Fürstentum klare Grenzen kannte; nur dort, wo Ämter zweier Nachbarn aneinanderstießen, gab es wirklich eine Grenze. (Deswegen sind sie in den Randzonen meist kleiner, weil sich die Herrschaft dadurch besser sichern ließ.) Entstehung von Grenzen durch Ämterbildung

Welche Bezeichnung ein Amtmann auch trug, ob Vogt oder Pfleger, er handelte im Namen und das hieß auch: anstatt des Fürsten. Das Sprichwort verdeutlicht diese Stellvertretung: „Was die Amtleute anheben, müssen die Fürsten verantworten". Das hieß aber umgekehrt, daß der Stellvertreter die Kritik an der Herrschaft auf sich zog: „Die Ämter sind Gottes und die Amtleute des Teufels", kommentierte ein anderes Sprichwort. Wegen der gewährten Selbständigkeit sah ein Adeliger keine Probleme, wenn er eine solche begehrte Stelle annahm: „Amt bringt Samt". Erst seit Mitte des 15. Jahrhunderts zeichnet sich die Tendenz ab, die Kompetenzen zu begrenzen; jetzt werden die Bestallungsbriefe detaillierter. der Amtmann als Stellvertreter des Fürsten

Eine Kontrolle der Ämter konnte nur durch den Fürsten oder seine Räte erfolgen; denn es gab allenfalls in Ansätzen eine Mittelbehörde, Seltenheit von Mittelbehörden also einen dreistufigen Verwaltungsaufbau, der etwa den lothringischen „Bellistümern" entsprach. Die bayerischen Vitztum-Ämter, die im 15./16. Jahrhundert zu Rentmeister-Ämtern umgewandelt werden, können als Zwischeninstanz, als Vermittlung zwischen Lokal- und Hofverwaltung verstanden werden, aber wenn das Vorbild der bayerischen Herzöge von den Pfälzer Vettern übernommen wird, können die entsprechenden Ämter zu Heidelberg, Neustadt und in der Oberpfalz sich nur bis ins frühe 15. Jahrhundert halten, denn angesichts der territorial zersplitterten Kurpfalz hatte eine Zwischeninstanz als Stellvertretung des Herzogs nicht den gleichen Effekt wie in Bayern oder (in Gestalt einer Landeshauptmannschaft) in der Steiermark. Die in Thüringen bisweilen mit ähnlichen Funktionen begegnenden, das hessische Vorbild nachahmenden Landvögte werden ebenfalls nicht zu festen Instanzen.

Amtspersonal Mit geringem Personal kamen die Ämter aus. Dem Amtmann halfen bei der Wahrnehmung seiner „Polizei"-Gewalt die Büttel, die Schergen oder Gerichtsknechte, in der Rechtssprechung hingegen war er auf die genossenschaftlich gebundenen Gerichtsformen, auf die Schöffen, die nicht er, sondern die Gerichtsgemeinde wählte, angewiesen. *Kastner* Für die alltäglichen Geschäfte wird der Kastner, der Kellner oder, wie er am Niederrhein heißt, der Schlüter zum wichtigsten Mann. Er führt die Rechnungen, er hat die Aufsicht über die herrschaftlichen Eigengüter, über das, was später „Domäne" heißt, er organisiert die bäuerlichen Dienste, die Scharwerkspflichten, die Hand- und Spanndienste, er treibt Grundrenten und Steuern ein. Dabei muß er gutes und „quades" (schlechtes) Geld unterscheiden können, er muß damit fertig werden, daß angesichts des Massenzahlungsmittels Pfennig das Geld in Tuchsäcken und Schüsseln transportiert wird, aber in größere Münze umgerechnet werden muß. Er allein kennt die Gemengelage der Herrschafts- und Gerichtsrechte, die räumlich oft nicht deckungsgleich sind, er weiß, was fürstliches Eigen und was zu respektierendes fremdes Gut ist.

Amtmann und Kastner Das Nebeneinander von Amtmann und Kastner reflektiert zugleich das Nebeneinander von Gerichtsrechten und Grundrenten, die Aufgabe, die Hintersassen zur Steuerleistung und ebenso auch zur Reisfolge, zum Heeresaufgebot heranzuziehen; es zeigt also die ganze Spannweite des Gericht, Finanzen und Verwaltung vereinenden Amtes. Von diesem Nebeneinander her läßt sich auch das Prinzip des adeligen Zugriffs auf die Ämter erkennen. Fast allenthalben ist der Amtmann ein Adeliger, oft ein kampferprobter Haudegen. Eine Ausnahme bildet Württemberg im 15. Jahrhundert. Darin spiegelt sich die Eigenart der damaligen Grafschaft mit ihrer bis zur Feindschaft reichenden Distanz zur schwäbischen Ritterschaft. Im Gegensatz zum Amtmann ist der Kastner nicht adelig. Überall, wo geschrieben wird, zeigt sich die Ritterschaft desinteressiert.

1.4 Landesteilungen und Kommerzialisierung der Landesherrschaft

Weder von der Rechtsgestalt der Herrschaft her bildete ein Fürstentum einen einheitlichen Gebotsbereich, noch von seinen Einkünften her. Es gab Ämter, aus denen dem Fürsten viele Gefälle zuflossen, die er auch infolgedessen häufig mit seinem Hoflager heimsuchte, und Ämter mit nur geringen Überschüssen. All die nur anzudeutenden Unterschiede und Unebenheiten in der Binnenstruktur einer Herrschaft hätte, so ist zu unterstellen, der Wille des Herrschers ausgleichen können. Lange wurde als Zeugnis eines solchen Willens das Landbuch der Mark Brandenburg verstanden, das Karl IV. 1373 bis 1375 schaffen ließ. Es steht – darin für die Adelswelt untypisch – auf der Höhe der Schriftlichkeit und der Rechenhaftigkeit der Zeit. Rechentabellen und ein Verzeichnis der arabischen Zahlen vereinfachen den in der Praxis oft schwierigen Prozeß, die Güterverzeichnisse mit ihren römischen Ziffern und Zahlenangaben in die Realität umzusetzen. Auffallend ist hier weiterhin die Sicherheit, mit der die geographische Situation eingefangen ist, wie Verwaltung und Finanzen bis in den letzten Hof hinein verfolgt werden. Diese erstaunliche Leistung einer Inventarisierung von Herrschaftsrechten ist verblüffenderweise kein Ausdruck der Landesherrschaft. Der Kaiser, der die Mark Brandenburg durch delegierte Hauptleute und Landschreiber mehr schlecht als recht verwalten ließ, der im Lande keinen Hof und keine Hofämter installierte, hat die Absicht dieses Inventars selbst offenbart: „*Res enim totum valet, quantum vendi potest*". Ihn interessierte also nur der Wert dieses Landes für einen eventuellen Verkauf. Die Berechenbarkeit von Herrschaftsrechten erfolgt nicht in staatlicher Absicht, sondern aus einer Praxis, die insbesondere im 14. Jahrhundert einen Hauptinhalt von „Territorialpolitik" ausmachte: Kauf und Verkauf von Herrschaftsrechten.

<small>die Absicht des Landbuchs der Mark Brandenburg</small>

Keine Geschichte eines spätmittelalterlichen Fürstentums ist ohne Berücksichtigung von Käufen und Verkäufen, von Pfandsetzung und Pfandlösung zu schreiben. So selbstverständlich ist dies den Zeitgenossen, daß z. B. 1409 bei einer welfischen Landesteilung verabredet wird, bei Veräußerungen die Objekte zunächst dem Bruder zum gleichen Preis anzubieten. Das markanteste Beispiel der Kommerzialisierung von Landesherrschaft bildet 1292 der Kauf Thüringens durch König Adolf von Nassau, ein reichsgeschichtlicher Einzelfall, der aber das

<small>Geld als Umtauschfaktor von Herrschaftsrechten</small>

landesgeschichtlich Grundsätzliche aussagt: Fürstliche Herrschaft ist in Geld auszudrücken: Monetarisierung von Herrschaft. 1379 zahlte der Habsburger Albrecht III. seinem Bruder Leopold 100.000 fl. „auf seinen Theil" und ebenso wird 1432 in den welfischen Landen, als eine gleichwertige Teilung nicht zu erreichen ist, der Kompromiß über Ausgleichszahlungen erreicht.

Die Kommerzialisierung von Herrschaftsrechten kann aber nicht nur aus der Perspektive des neuzeitlichen Staatsdenkens als auffallender Vorgang gewertet, er muß auch aus dem Zusammenhang adeliger Wirtschaftspraxis des 14. Jahrhunderts verstanden werden. Schon das Handelsbuch der Holzschuher zeigt um 1300, wie Kaufleute dem Adel des Umlandes Schulden kreditieren. Was anfangs des 14. Jahrhunderts noch in bescheidener Form erscheint, kann sich im Laufe des späten Mittelalters zu politischen Konsequenzen auswachsen. Der Adel des Zürcher Umlandes ist ausgangs des 14. Jahrhunderts bei den Patriziern so tief verschuldet, daß selbst angesehene Dynasten, die Grafen von Rapperswil oder die von Toggenburg und die Herren von Landenberg-Greifensee gezwungen sind, Herrschaftsrechte als Pfand zu geben. Doch – und das ist ein typischer, im ganzen Reich zu beobachtender Vorgang – vermeidet dann in der Folgezeit das große Kapital die Geldanlage auf hochadelige Herrschaftsrechte; denn das hatte meist langwierige Prozesse nach sich gezogen, erschien riskant. Der Kauf ganzer Dörfer war bei geklärten Besitzverhältnissen zwar noch erstrebenswert, nicht aber die Pfandleihe; deshalb drängte seit dem ausgehenden 14. Jahrhundert das Kapital auf den städtischen Geldmarkt – mit dem Ergebnis, daß etwa um 1400 der Zins für Ewigrenten von 10 % auf 5 % sank. Auch das dürfte seinen Teil dazu beigetragen haben, daß im 15. Jahrhundert die Verkäufe und Verpfändungen von Herrschaftsrechten (mit Ausnahme der hochverschuldeten Reichskirchen an Rhein, Main und Donau) zurückgehen, daß eine gewisse Beruhigung, bisweilen schon Konsolidierung eintritt.

Und auch das steht hinter der Kommerzialisierung und Mobilisierung von Landesherrschaft: Es gilt Ansprüche von Verwandten abzufinden, Mitgift und Heimsteuer zu zahlen – kurz: die Bedürfnisse der Dynastie lassen keine Unantastbarkeit eines Staatsgebietes zu. Der auch reichspolitisch so folgenreiche Luxemburger Erbfolgestreit 1438–1443 wurzelte darin, daß die Grafschaft 1409 zum Pfand für die Mitgift der Elisabeth von Görlitz, der Nichte König Wenzels, gesetzt worden war. Eine so geartete Mobilisierung von Herrschaftsrechten hat ein Widerlager im zeitgenössischen Rechtsdenken. Auch bei den Bauern werden Erbansprüche gern in Formen des Pfandschaftsrechts ausgedrückt.

Randnotizen:
die Rolle des städtischen Kapitals

Erbabfindung durch Pfandsetzung

Denn weder bei den Bauern noch bei den Herren reichte die zu mobilisierende Geldmenge zur monetären Abfindung. Pfandsetzung war der Ausweg, den Bauern und Herren gleichermaßen wählten. Die Kommerzialisierung von Herrschaftsrechten blieb weitgehend eine Signatur des 14. Jahrhunderts und entspricht der Mobilität grundherrschaftlicher Eigentumsrechte, die ebenfalls erst im 15. Jahrhundert zum Stillstand kommt. Äußeres Zeichen für die neue Stabilität ist die Ämtergliederung, die in dem Zustand, den sie zwischen 1500 und 1600 erreicht hat, bis zum Ende des Alten Reiches erhalten blieb. Das Ende der Mobilisierung von Herrschaftsrechten wurde nicht zuletzt von der neuen, im 15. Jahrhundert vom Fürstentum durchgesetzten Form der Landessteuer herbeigeführt, wodurch herrschaftsgefährdender Geldbedarf leichter aufgefangen werden konnte. Das ist aber nicht so zu verstehen, als hätten die neuen Steuern zu einer finanziellen Gesundung des Fürstentums, das in der Regel um 1500 hoch verschuldet war, geführt; sie haben aber seine Kreditwürdigkeit gesichert. *Konsolidierung des Fürstentums im 15. Jh.*

Es gab Gewinner bei dem Prozeß der Kommerzialisierung von Herrschaftsrechten. Seit dem Interregnum hatten die Grafen von Württemberg durch Käufe ihr Herrschaftsgebiet erweitert. Das erscheint auf den ersten Blick als planmäßiger Vorgang einer konzentrischen Arrondierung; aber das wäre eine Vereinfachung. So wurden z. B. 1324/25 Hoheitsrechte im abgelegenen Elsaß erworben. Vor allem aber: Diese glückliche Erwerbspolitik ist von der Genealogie und auch von dem genealogischen Zufall nicht zu trennen. Nur im Verlauf einer überdurchschnittlich langen Regierungszeit konnte Eberhard II. (1344–1392) als Schöpfer des württembergischen „Großterritoriums" aus einer dynastischen Herrschaft unter vielen die dominante, die fürstengleiche Grafschaft des deutschen Südwestens formen. Genealogie und Geld entschieden über Herrschaftsstrukturen. Die charakteristische Signatur der württembergischen Grafschaft bildete die institutionalisierte Fläche in der Zusammenfassung von Stadt und Amt. Aber nur sieben Städte hatten die Grafen im Spätmittelalter gegründet. Nicht als Stadtgründer, sondern als Stadtkäufer schufen sie ihr Territorium: Drei Städte erwarben sie im 13. Jahrhundert, 47 im 14. und weitere zehn im 15. Jahrhundert. *Württemberg als Gewinner der Veräußerungspraxis*

Vom großen zum kleinen Beispiel. Abt Ulrich Rösch von St. Gallen (1463–1491) hatte in enger Anlehnung an die Eidgenossenschaft die große klösterliche Grundherrschaft zu einem fast geschlossenen Herrschaftsgebiet umgeformt. Käufe wie die der Grafschaft Toggenburg (1468) waren dabei das wichtigste Mittel. Auch der Erfolg des Ulrich Rösch war abhängig von seinem langen Abbatiat. Die Regel ist *das Beispiel der Abtei St. Gallen* wohl aufzustellen: Weniger persönliche Energie und Tugend als ein langes Leben ist Voraussetzung für einen erfolgreichen „Territorialpolitiker".

Verpfändungen in Amtmannsweise

Von der Verpfändung eines Amtes ist die Verpfändung in Amtmannsweise zu unterscheiden, wo im Grunde auf Zeit eine weltliche Pfründe vergeben wurde. Diese häufige Praxis bedeutete zugleich eine Bindung des Adels an die Interessen des Landesherrn. Wie gefährlich aber dieses Prinzip sein konnte, wenn es sich gewohnheitsrechtlich verfestigte, zeigt die Vorgeschichte der Hildesheimer Stiftsfehde 1519, als der Bischof den Adel durch den Versuch gegen sich aufbrachte, die in Amtmannsweise vergebenen Schlösser wieder an sich zu ziehen. Die Verpfändung in Amtmannsweise steht der Praxis sehr nahe, verdienten Vertrauensleuten des Fürsten ein Amt als Belohnung zu übertragen.

Überschneidungen von Lokal- und Zentralverwaltung

Selbst „Pfründenhäufung" kam vor; Hofdienst und Amtmannschaft können ineinander übergehen und damit belegen, daß eine genaue Trennung von Zentral- und Lokalverwaltung die personalen Bedingungen des Herrschaftsaufbaus verkennt.

Die Kommerzialisierung und Mobilisierung von Herrschaftsrechten zeigt, daß fürstliche Herrschaft, sei sie Territorialstaat genannt, sei sie mit Begriffen wie Landeshoheit oder Landesherrschaft beschrieben, kein statisches Gebilde war. Vorstellungen von Staat, Unverletzlichkeit des Staatsgebiets und Überzeitlichkeit von Staat werden von der spätmittelalterlichen Herrschaftspraxis widerlegt; sie werden weiterhin widerlegt durch die vielfachen Teilungen der Fürstentümer. Die Praxis der Herrschaftsteilungen besagt, daß die Fürsten im Spätmittelalter Dynastie und Familie als das Primäre, das Land hingegen als das Sekundäre, als das Herrschaftsobjekt, betrachteten. Bei diesen Teilungen sind folgende Formen zu unterscheiden: Die Totteilung, die eine klare Zertrennung des Herrschaftsgebietes bedeutet, wie etwa 1379 im habsburgischen Haus, als die Länder einer albertinischen und einer leopoldinischen Linie zugewiesen werden. Daneben steht die Realteilung, die bestimmte Gemeinschaftsrechte, z. B. das Patronat über Familiengrablegen, beläßt. So haben die Welfen bei ihren vielen Landesteilungen fast stets die Pfründenbesetzung am Blasius-Stift in Braunschweig und mehrfach auch die (allerdings ausgehöhlte) Stadtherrschaft über Braunschweig als gemeinsame Verantwortung der verschiedenen Linien angesehen; bei wettinischen Teilungen wurde das „feste Haus Meißen" der Dynastie als Gemeinschaftsbesitz vorbehalten.

Landesteilungen und ihre Rechtsformen

gemeinsames Regiment

Daß Landesteilungen eine besondere Spielart der Mobilisierung von Herrschaftsrechten darstellen, wird besonders an der Nutzteilung deutlich, die eine gemeinsame Regentschaft bei individueller Aufteilung der Einkünfte vorsieht, die, lehenrechtlich als Mutschierung definiert, gewissermaßen eine Kombination der beiden anderen Teilungsformen darstellt. So hatten die Askanier Johann I. und Otto II. dreißig Jahre lang gemeinsam die Mark Brandenburg regiert, ehe sie zu einer Realteilung schritten. Daß solche Regierungsformen nicht nur möglich erschienen, sondern auch möglich waren, bestätigt, daß nicht Regierung, nicht Staatsverantwortung im neuzeitlichen Sinne, sondern konservierende Bewahrung des Rechts und vor allem die Nutzung der Einkünfte Herrschaft ausmachten. Der Staatsgedanke war noch nicht formuliert.

Weil es um die Nutzungen des Landes und nicht um seine Herrschaft geht, kann die Teilungspraxis den Gebräuchen von Bauern und Bürgern entsprechen. Der Ältere teilt, der Jüngere wählt (so z. B. bei der wettinischen Hauptteilung 1485), oder das Los entscheidet. Widerspiegelung bäuerlicher Praxis auch darin, daß auf eine Mutschierung hinauslaufende Teilung für drei, sechs oder (wie z. B. 1436 die Chemnitzer Teilung) für neun Jahre vereinbart wird, für die gleichen Fristen, in denen auch Meierverträge vereinbart werden. Die Dreifelderwirtschaft bestimmt die Zeitdauer. *(bäuerliche und fürstliche Teilungspraxis)*

Die Biologie gestaltet die deutsche Herrschaftswelt. Dieses bereits herausgestellte Prinzip begegnet unter dem Eindruck der Teilungen in neuer Variante. Zum Beispiel führt Söhne-Reichtum in wettinischen Landen im ausgehenden 14. Jahrhundert zu mehr Teilungen. Aus genealogischen Gründen sind manche Teilungen folgenreich geworden wie die wittelsbachische 1255, andere waren schnell überwunden. Als 1267/69 das Herzogtum Braunschweig geteilt wurde, sind bis 1918 die Besitzungen des lüneburgischen und braunschweigischen Zweiges des Welfenhauses nie wieder zusammengewachsen. Umgekehrt kamen in Hessen nach 1308, 1458, 1483 die ober- und niederhessischen Teile der Landgrafschaft bald wieder zusammen. Keine der vielen Teilungen im badischen Haus war von langer Dauer. Schließlich konnte Markgraf Christoph I. (1475–1515) alle Herrschaftsteile wieder zusammenfügen. Das Haus Habsburg war nicht nur glücklich in seiner Heiratspolitik, sondern auch in dem rechtzeitigen Aussterben mancher Zweige der Dynastie. Deshalb konnte schließlich Maximilian 1490 die gesamte habsburgische Ländermasse wieder in seiner Hand vereinigen. *(Verläufe von Landesteilungen und Genealogie)*

In der Geschichte der Landesteilungen nimmt Bayern, nimmt die wittelsbachische Dynastie eine Sonderstellung ein. Die 1255 gegen jedes Reichsrecht vollzogene Teilung des Herzogtums hatte die Lande Ober- und Niederbayern als eigenständige Herzogtümer mit einem eigenen Identitätsbewußtsein entstehen lassen. Selbst Kaiser Ludwig, der *(Folgen der bayerischen Teilung von 1255)* seit 1340 über beide Teile herrschte, konnte sie nicht mehr als ein natürlich zusammenhängendes Land, sondern nur noch in Personalunion als zwei selbständige Herrschaften behandeln. (Zugleich erklärte er in der sogenannten Pragmatischen Sanktion von Deggendorf die Unteilbarkeit Niederbayerns, das 1331 in drei Linien zerfallen war.) Beide Landesteile behielten ihre unterschiedlichen Ratskollegien. Die ottonische Handfeste von 1311 galt nur für Niederbayern, das Rechtsbuch Ludwigs 1335 bzw. 1346 nur für Oberbayern. Das bildete den tieferen Grund dafür, daß die nur durch Personalunion zu verklammernde Einheit Bayerns nach dem Tode des Kaisers schnell wieder verspielt wurde und schließlich in eine – in dieser Schroffheit den deutschen Dynastien fremde – Familienfeindschaft, in die krisenhafte „Vierherzogszeit" (1392–1402) mit dem Höhepunkt eines Krieges zwischen den Vettern (1397/98) mündete. Auch die folgende Generation führte die ererbten Rivalitäten erbittert weiter. Der bayerische Krieg um Ludwig den Bärtigen und der Straubinger Erbstreit bilden nur den spektakulärsten Ausdruck der Rivalitäten, die bis 1438 die Politik der Herzöge von Bayern-Ingolstadt, Bayern-München und Bayern-Landshut beherrschten.

Zusammenschlüsse von Herrschaften am Niederrhein

Die Biologie gestaltete den Fürstenstaat nicht nur, was die Teilungen, sondern auch was ihren Gegensatz, die Zusammenführung von Herrschaften, anbetraf. Als 1393 Wilhelm von Jülich Geldern als Erbe seiner geldrischen Mutter übernimmt, beginnt die von W. JANSSEN so genannte „Epoche der dynastisch vermittelten Territorienzusammenschlüsse, die für die niederrheinische Geschichte des ausgehenden 14. bis beginnenden 17. Jahrhunderts so charakteristisch sind". 1423 wird Jülich mit Berg und Ravensberg vereinigt, die schon seit 1299 in Personalunion regiert wurden. Damit war die Bildung eines niederrheinischen Großterritoriums (aus ursprünglich gräflicher Wurzel) vorbereitet, die 1511 bzw. 1521 zum Abschluß kam, als die bereits 1391 zusammengeschlossenen Kleve und Mark dazu gewonnen wurden.

Herrschaft als Besitz einer Familie

Von den genealogischen Zufällen abgesehen, ergibt sich als Aussage der Geschichte von Landesteilungen: Die Herrschaft gehört nicht personal einem Fürsten, sie ist Besitz einer Dynastie. Insofern ist Landesherrschaft nicht von den Bedingungen einer bäuerlichen Hausherrschaft unterschieden. Versorgungsdenken hier wie dort. So werden Leibgedinge bei Teilungen immer ausgenommen, so regeln 1437 die wettinischen Herzöge die Ausstattung ihres für eine kirchliche Karriere vorgesehenen Bruders Sigismund von Sachsen, dem zahlreiche Gefälle zugewiesen werden, bis er eine fette Pfründe erhalten würde.

Das ganze Mittelalter hindurch war bekannt, daß die Herrschaft schwächt, wer sie teilt. So warnt ausgangs des 14. Jahrhunderts, die habsburgischen Teilungen vor Augen, Peter Suchenwirt davor und zieht das Gleichnis von den Holzstäbchen heran, die sich im Bündel nicht zerbrechen lassen. Auch in das Recht ging dieses Denken ein. Der Sachsenspiegel hatte die Teilbarkeit von Reichslehen ausschließen wollen, die Goldene Bulle 1356 die Unteilbarkeit der Kurfürstentümer festgeschrieben. Mühsam fanden sich die weltlichen Kurfürsten mit dieser Bestimmung der Goldenen Bulle ab. Nicht das Gesetz Karls IV., sondern die Rupertinische Konstitution von 1395 (genau genommen: ihre Rezeption) schuf für die Pfalz eine verbindliche Erbfolgeregelung. In Sachsen wurde mit dem „Kurkreis" und in der Pfalz mit dem „Kurpräzipuum" ein engeres, unteilbares Herrschaftsgebiet definiert, um die davon nicht eingeschlossenen Teile an die nachgeborenen Söhne ausgeben zu können.

<small>Unteilbarkeit der Kurfürstentümer</small>

<small>Kurpräzipuum</small>

Die Geschichte des Kurpräzipuum zeigt, wie schwer die Teilungspraxis und die ihr zugrunde liegende Auffassung, daß Herrschaft eine Summe von nutzbaren Einzelrechten darstelle, zu überwinden war. Dies gelang im wesentlichen erst im 15. Jahrhundert auf zwei Wegen, die in einer dynastischen und einer ständischen Richtung unterschieden werden können.

Der dynastische Weg zielt auf Hausvertrag oder Hausgesetz; denn eine Regelung der Nachfolge der Herrschaft kann als fürstliche Satzung wie die *„Dispositio Achillea"* (1473) im brandenburgischen Hause oder als Vertrag zwischen den Anspruchsberechtigten wie zwischen den württembergischen Linien festgestellt werden. Im Grunde war auch die berühmte Fälschung des *Privilegium maius* als Hausgesetz – also nicht als Vereinbarung, sondern als Satzung – angelegt, wie das *Vidimus* von 1416 mit der Bestimmung verdeutlicht, *„qui senior fuerit, dominium habeat dicte terre"*, was dann in der Übersetzung für die Handregistratur Friedrichs III. 1446 lautet: *„ Under den herczogen von Osterreich welher der elitst ist, den haben dye egenanten lande zu eynem herren"*.

<small>Primogenitur durch Hausgesetz</small>

Bis hin zu dem wohl berühmtesten Hausgesetz, der *„Dispositio Achillea"* zeigt sich, daß eine solche Satzung nicht nur der Einsicht, sondern auch der entsprechenden günstigen genealogischen Situation bedurfte; denn selbst ein Albrecht Achilles konnte erst nach dem Tode seiner Brüder die zukunftsweisende Regelung durchsetzen. Daß die Welfen erst 1683 die Primogenitur einführten, hat nichts mit Mangel an Einsicht zu tun, sondern mit dem Fehlen einer entsprechend günstigen dynastischen Konstellation.

<small>Regelung der Erbfolge und genealogische Konstellation</small>

Der zweite Weg zur Überwindung der Landesteilungen, der ständische, geht auf die Furcht der Großen vor inneren Konflikten zurück.

<small>Stände und Unteilbarkeits-Regelung</small>

So hatten schon 1347 Städte und Ritterschaft der Grafschaft Mark gegen die Teilung ihrer Herrschaft protestiert. Die große habsburgische Teilung von 1379 nahm Vorläuferbestimmungen von 1355 und 1364 auf, die geradezu eine Pflicht von Landherren und Städten zu Widerstand für den Fall verbrieften, daß einer der fürstlichen Brüder gegen den Vertrag verstoße. Dahinter steht ein ständischer Wille, dem etwa die Brabanter *Joyeuse Entrée* 1356 Ausdruck verlieh, als dieser berühmte Herrschaftsvertrag den Fürsten verpflichtete, das Land „*ohngesundert ende onghemindert*" zu bewahren, und der im 15. Jahrhundert seinen Niederschlag im nicht minder berühmten Ripener Vertrag von 1460 mit seinem „*ewig tosamende ungedeelt*" für die Herzogtümer Schleswig und Holstein fand. Wenn die Unteilbarkeitsregelung, das „*pactum fundamentale*" Adolfs I. für Kleve und Mark, wenn die bayerische Primogeniturordnung von 1506 von den Landständen mitbesiegelt wird, so ist das ein Reflex auf die Rechte zur Mitbestimmung der Stände bei Landesteilungen, wie wir sie ebenso in anderen deutschen Landen finden, etwa in – um zwei weit auseinanderliegende Fürstentümer zu benennen – Mecklenburg oder Württemberg.

das Beispiel Württemberg

Im Falle Württembergs zeigt sich, daß beide Richtungen, die dynastische und die ständische, eingeschlagen werden mußten, um den Weg zur Unteilbarkeit der Grafschaft freizumachen. Hier hatte ein Hausgesetz, der 1361 abgeschlossene „Nürnberger Vertrag" zwischen Eberhard II. und seinem Bruder Ulrich die Unteilbarkeit des Landes festgeschrieben, falls die eine Linie die andere beerben konnte. (1380 wurde in der benachbarten Markgrafschaft Baden das gleiche Verfahren vereinbart.) Doch im Gegensatz dazu wurde die vereinigte Grafschaft 1442 erneut geteilt. Nachdem die Folgen der Teilung erkennbar wurden, mußte auf Druck der Stände 1473 der Uracher und 1482 der Münsinger Vertrag geschlossen werden. Formell als Hausverträge gehalten, sind beide von den Ständen sanktioniert und schließlich im Eßlinger Vertrag 1492 bekräftigt worden. Jetzt erst, nach Überwindung des Teilungsgedankens war die Dynastie mit einem Territorium konfrontiert.

Stände und Hausverträge

Günstige genealogische Konstellationen und ständischer Zwang haben mit der Überwindung des Teilungsgedankens dem Gedanken der Unantastbarkeit des Herrschaftsgebiets den Boden bereitet, haben damit auch zu einer um 1500 erkennbaren größeren Stabilität der deutschen Herrschaftswelt geführt. Diese ist jetzt genauer kartierbar, während es unmöglich sein dürfte, eine aufschlußreiche Herrschaftskarte deutscher Lande um 1300 zu erstellen.

2. Institutionelle und personale Strukturen der Herrschaft

Zwei Prinzipien haben der spätmittelalterlichen „Verwaltungsgeschichte" eine neue Signatur gegeben. Erstens der Dienstvertrag, der – wie die Geschichte des Amtmanns zeigte – den Gefahren der Erblichkeit eines Amtes begegnen sollte, und zweitens die herrschaftliche Instrumentalisierung der Schrift durch die Herren; dies faßten die Zeitgenossen in das Sprichwort: „Die Feder regiert das Schwert".

2.1 Von der Vasallenpflicht zur Institution: Räte und Rat

Zu helfen und zu raten war Pflicht des Lehnsmannes gewesen. Zu raten ist Ausdruck eines personalen Verhältnisses und bleibt darin Aussage für Herrschaftsnähe. So kann es im späten Mittelalter den institutionalisierten Rat mit Ressorttrennung und Aufgabenteilung, mit festen Arbeitsstunden und -pflichten nicht geben. Die Tendenzen dazu sind zwar im 15. Jahrhundert erkennbar, aber den Behördencharakter allzu früh anzusetzen, heißt die Langsamkeit der Entwicklung zur Professionalisierung der Politik zu verkennen.

Daß sich innerhalb der fürstlichen „*familia*" eine besondere Gruppe von „*consiliarii*" gebildet hat, wird schon Ende des 13. Jahrhunderts in vielen Herrschaften sichtbar: in Bayern, in welfischen und habsburgischen Landen, in der Mark Brandenburg, in Württemberg. Seit dem frühen 14. Jahrhundert begegnet mit ansteigender Tendenz in Fürstenurkunden die Formel, daß sie „*mit rade unser rete*" erlassen worden seien. In Bayern wird bis etwa 1350 in rund 10 % der Urkunden einer Mitwirkung des Rates gedacht. Die nächste Entwicklungsstufe führt zu dem „geschworenen Rat", einem schon institutionell abgegrenzten Gremium. Wenn, etwa von 1400 an, sich allmählich ein permanent tagender Rat bildet, darf dies nicht überschätzt werden; denn dafür werden zum Beispiel in Württemberg zwei „tägliche Räte" für ausreichend gehalten. Der „tägliche Rat" kennt immer noch keine Trennung von Ressorts, die Dienstverträge wissen nichts von einer Kompetenzverteilung. Das war schon deshalb nicht möglich, weil trotz der Tendenz zum permanent tagenden Rat dessen Mitglieder immer wieder durch das Land reisen mußten, um Rechtsfälle und Herrschaftsansprüche zu untersuchen.

der Rat um 1300

„geschworener Rat"

Fehlen einer Ressortbildung

Levold von Northof beschreibt als vorbildliches Regiment eines Fürsten nicht nur die Taten der Grafen von der Mark, sondern auch die ihrer Räte. Denn diese waren nicht willfährige Werkzeuge, sondern zur Treue verpflichtete, aber ansonsten weitgehend unabhängige, selbständig handelnde Herren. (Nur deshalb konnte ein Fürst hohen Herren den Ratstitel auch ehrenhalber verleihen, nur deshalb waren Reichsfürsten stolz darauf, vom Kaiser mit der Würde eines *„consiliarius"* ausgezeichnet zu werden.)

Verantwortlichkeit des Rates

Patronage und Verwandtschaft sicherten das Kollegialitätsprinzip, im *„consilium principis"*. Dieses Prinzip konnte jedoch nicht immer die Erscheinung des dominanten Rates verhindern, der sich von dem „Favoriten" des 18. Jahrhunderts dadurch unterscheidet, daß er nicht nur der Günstling ist, sondern der, wie ihn die Quellen nennen, *„secundus"*, der zweite Herrscher. Der „Favorit" ist von der Gunst des Fürsten, der *„secundus"* von der Verselbständigung des Ratsgremiums her definiert. In Kleve wird zwischen 1432–1448 der Rentmeister Heinrich Nyenhuis von Zeitgenossen als *„secundus dominus territorii Clivensis"* bezeichnet. Ende des 15. Jahrhunderts hatte in Hessen Hans von Dörnberg als Hofmeister eine solche Stellung inne. Ein „zweiter Herrscher" ist seit etwa 1470 der Obermarschall Hugold von Schleinitz am kursächsischen Hofe. Er bewahrte das Siegel seiner Herren und konnte dieses, ohne die wettinischen Brüder zu informieren, einem anderen Rat auf Dienstreise mitgeben.

Verwandtschaft und Kollegialitätsprinzip

der „secundus"

Erst langsam gelangen mit dem 15. Jahrhundert auch Nichtadelige in den fürstlichen Rat. Schon zu Beginn dieses Jahrhunderts sind sie in niederrheinischen Herrschaften nachweisbar. Aber nicht als Bürgerliche werden sie aufgenommen, sondern als Gelehrte. Manche von ihnen werden die ersten, die von der Politik als Beruf leben. Als Professionalisierung der politischen Praxis sei der Vorgang benannt, der den adeligen Lehnsmann als geborenen Berater des Fürsten verdrängt und an seine Stelle den „Experten", den gelehrten Rat setzt. Das jedoch, was dieser auf der Universität gelernt hatte, das römische, das kanonische Recht, war für die territoriale Praxis nur bedingt tauglich. Mit gelehrten Räten schmückte sich ein Fürst ebenso wie mit teuer gekleideten Kriegsleuten.

Gelehrte Räte

Professionalisierung der politischen Praxis heißt auch, daß der angesehene Prälat nicht mehr der selbstverständliche Berater seines Fürsten ist; vielmehr verschwindet er im Verlauf des 15. Jahrhunderts aus den sich langsam abschließenden Ratsgremien. Nicht als Geistlicher, sondern als studierter Jurist ist der Kleriker dann noch im Rat vertreten. Die einflußreichen Juristen des 15. Jahrhunderts vom Typ eines Gregor Heimburg, eines Martin Mair, gingen nacheinander verschiedene Dienstverhältnisse ein, und es war auch nicht ungewöhnlich, Aufträge,

vom geistlichen Ratgeber zum Klerikerjuristen

ja sogar feste Jahresrenten von anderen Fürsten entgegenzunehmen. Die damit verbundenen Gefahren wurden durchaus gesehen, *„denn es wird seldin erfarin, das der Herrschaft nutz dabey ist, wo ir geheymsten Rete geschenk nemen".* Die Professionalisierung des Rates hatte mitnichten zu einer Stabilisierung der fürstlichen Autorität beigetragen; sie hätte diese sogar gefährdet, wenn sie nicht durch eine andere Entwicklung, die der Kanzlei, aufgefangen worden wäre.

Professionalisierung des gelehrten Rates

2.2 Die Verschriftlichung der Herrschaftspraxis und die Anfänge der Kanzlei

Die Schrift macht den Staat; das Archiv ist langfristig wichtiger als die Waffenkammer. Ein Sprichwort weist in diese Richtung: „Die Cantzley ist dess Fürsten Hertz". Auch wenn dieses Sprichwort erst aus der Frühen Neuzeit überliefert ist, so gab es doch spätmittelalterliche Voraussetzungen für seine Entstehung.

Schrift und Herrschaftspraxis

Die gut erforschte wittelsbachische Kanzleigeschichte zeigt die prägenden Kräfte, die auf die Frühgeschichte dieser Institution einwirken können. Seit 1294 wird in Oberbayern die Kanzlei des Herzogs zielstrebig ausgebaut, ihr Personalbestand mit Protonotaren gefestigt. Jetzt liegt auch der Anteil der von ihr ausgestellten Urkunden höher als der von Empfängerausfertigungen; denn über die Anlage von Herzogs-Urbaren war die Schreibstube in die Verwaltung hineingewachsen. Auch in anderen Herrschaften war die Kanzlei um 1300 bereits als Behörde mit Ansätzen zur Kompetenzregelung und Hierarchisierung erkennbar. Vollzogen ist die Trennung von der Kapelle; Kaplan und Notar sind an den größeren Höfen verschiedene Personen. Die Kurkölner Kanzlei ist schon damals eine vom Herrscher unabhängige, „überpersonale" Institution. Eine Konkurrenz von institutioneller Selbständigkeit und persönlichem Willen des Herrschers beleuchtet 1288 die Erklärung der markgräflichen Notare nach dem Tode Heinrichs des Erlauchten von Meißen: Der Herrscher habe mit seiner Kanzlei im Unfrieden gelebt und deshalb die Seußlitzer Franziskaner als Schreiber herangezogen und ihnen auch sein Siegel übertragen.

die Kanzlei um 1300

Die Schrift war der Herrschaft nie ganz fremd gewesen; ihre neue, über die Rechtsfixierung in Gestalt der Pergamenturkunde hinausweisende Instrumentalisierung erweist sich aber in der Anlage von Kopiaren. Solche Kopiare der wichtigsten Urkunden, wie sie schon 1295 der Kölner Erzbischof anlegen ließ, lassen über die Sicherung von Rechten hinaus bereits eine intensivierte Herrschaftspraxis erkennen. Ihre durchdachteste Form fanden sie in den sogenannten Balduineen. Kurfürst Bal-

Balduineen

duin von Trier (1307–1354) hatte alle Rechtstitel seines Erzbistums sammeln, ordnen und in drei Exemplaren abschreiben lassen. Eines verblieb im bischöflichen Archiv, das zweite wurde dem Domkapitel übergeben und das dritte bildete das Reiseexemplar des Bischofs, dessen anonymer Biograph uns informiert: „Vorsorglich bestimmte der Erzbischof es zum Mitnehmen nach allen Orten, wohin er reiste, damit er überall seine Lehensbriefe, Urkunden und Privilegien wenigstens als Abschriften vorweisen oder, wenn es nötig wäre, jedem vorlesen könne".

Schon um 1400 wäre es in einem größeren Fürstentum nicht mehr möglich gewesen, dem Vorbild der Balduineen nachzueifern. Immer mehr Urkunden stellen die fürstlichen Kanzleien aus, äußeres Zeichen für engere Beziehungen von Recht und Schrift; aber nur sehr bedingt Zeichen für das Entstehen einer „Verwaltung". Die Kanzleien des 14. Jahrhunderts kennen noch keinen Binnen- und Auslauf; noch sind die Schreiber an den schwerfälligen Beschreibstoff Pergament gebunden. Immerhin setzt um 1350 die Führung von Registern für ein- und auslaufende Urkunden ein, von Holland bis Kärnten, von Trier bis Thüringen. Beschmutzung, geknickte Seiten, kurzum: Gebrauchsspuren zeigen die Wichtigkeit dieser Kanzleibehelfe, die auch schon kollationiert werden können. Die Führung von Registern setzt eine Schreibkammer voraus, die nicht von Fall zu Fall, sondern permanent arbeitet, kurzum eine Behörde. So verfügte der Kölner Erzbischof seit den 40er Jahren des 14. Jahrhunderts über eine Kanzlei, die mit ihren 12 geschworenen Klerikern, die teilweise untereinander verwandt waren, einen eigenständigen „bürokratischen Apparat" bildete. Zu gleicher Zeit hatte auch die klevesche Kanzlei einen hohen Organisationsgrad. Das aber sind frühe Beispiele. Noch um 1430 beschäftigte Kurfürst Ludwig III. regelmäßig nur vier bis fünf Schreiber, und in der oberhessischen und niederhessischen Kanzlei werden erst nach 1460 Sekretäre als ständige Gehilfen des Kanzlers angestellt.

Dem steigenden Bedarf der Kanzlei an Beschreibstoff dient – wie bereits für 1354 in der Pfalz und für 1388 bzw. 1392 in Bayern nachgewiesen – Papier. Dieses ermöglicht auch eine neue Instrumentalisierung der Schrift: Sachakten können im 15. Jahrhundert entstehen. Akten in dem engeren, in der Frühen Neuzeit ausgebildeten Sinne finden sich in der spätmittelalterlichen Fürstenkanzlei nur selten. Erst seit dem Ende des 15. Jahrhunderts sind Wort und Sache häufiger bezeugt, wobei das lateinische „*acta*" im Deutschen durch „Händel" wiedergegeben wird.

Verschriftlichung der Herrschaftspraxis bedeutet auch, daß die deutsche Sprache das Lateinische als „Amtssprache" zu verdrängen be-

2. Institutionelle und personale Strukturen der Herrschaft 31

ginnt. Nach zögernden Anfängen bis 1290 ist in der oberbayerischen Kanzlei zwischen 1294 und 1314 bereits die Hälfte aller Herzogsurkunden in deutsch ausgefertigt. Im Verlauf des 14. Jahrhunderts wird das Deutsche das Latein weitgehend verdrängen. Der Volkssprache mußten sich sogar die Kanzleien geistlicher Fürsten öffnen. Mit anwachsender Tendenz waren zwischen 1320 und 1353 insgesamt 58 % der Trierer Urkunden auf deutsch ausgefertigt worden. Das Vordringen des Deutschen zeigt einmal, daß viele mündliche Herrschaftsakte verschriftlicht werden und zum zweiten, daß sich die Fürstenkanzlei, der noch im 13. Jahrhundert Kaiser- und Papsturkunden zum Vorbild dienten, verselbständigt hatte.

Mit der Verschriftlichung von Herrschaftsmaßnahmen begann der Aufstieg der Kanzlei. Der „*protonotarius*" der lateinischen, der „oberste schreiber" der deutschen Urkundensprache wird einer der wichtigsten Helfer des Fürsten. Der Verwahrer des fürstlichen Siegels steht dem Range und dem Ansehen nach bis ins 15. Jahrhundert hinein unter den Räten. Etwa um 1450 jedoch läßt sich allenthalben erkennen, daß er dem Fürsten am nächsten gerückt ist. Waren um 1300 Kanzlei und Rat zwei genau unterschiedene Institutionen, so wird nunmehr der Leiter der Kanzlei der wichtigste fürstliche Ratgeber. Jetzt wird ein alter Titel neu belebt, der des Kanzlers. 1444, zu etwa der gleichen Zeit, als in braunschweigischen Landen der Kanzlertitel gebräuchlich wird, ist auch in Kurköln der erste Kanzler bezeugt. Wenn nach kurpfälzischem Vorbild in Mainz 1436 der Kanzlertitel eingeführt wird, wenn 1442 in Württemberg und 1445 in Hessen der erste Kanzler bezeugt ist, wenn in etwa jener Zeit auch in Brandenburg dieser Titel sich einbürgert, und wenn in der zweiten Hälfte des 15. Jahrhunderts fast in allen mittleren und größeren Herrschaften ein Kanzler erscheint, so weist das auf einen überraschend gleichförmig verlaufenden Bürokratisierungsprozeß.

vom „*protonotarius*" zum Kanzler

Die Entwicklung von der Schreibstube zur Kanzlei enthält ein Prinzip, das ebenso beim Rat oder beim Hofgericht zu beobachten ist: Institutionalisierung. Diese ist als Charakteristikum der zweiten Hälfte des 15. Jahrhunderts ebenso Vorbereitung des frühneuzeitlichen Fürstenstaats wie Vereinheitlichung dessen, was in den vorangehenden Jahrhunderten entwickelt worden war.

Institutionalisierung

Entsprechung des institutionellen Ausbaus: Vereinheitlichungstendenzen der Rechtsakte werden von der Kanzlei vorgegeben, denn hier werden die Dienstbriefe der Amtleute ausgefertigt, die Offenhaus-Verpflichtungen des Adels notiert, die Lehenreverse bewahrt. Individuelle Abmachungen sind immer noch möglich. Der Weg zum Formular ist noch sehr weit, aber er ist bereits vorgezeichnet. Vor allem den

der Weg zum Formular

Lehnsurkunden wird eine „*communis forma*" zugrunde gelegt. Die Ausformung der Kanzlei bedingt, Indikator für einsetzende Residenzbildung, einen Wandel von der „reisigen" zur festen Behörde, zur Permanenz von Verwaltung.

Juridifizierung der Kanzlei

Zum Aufstieg der Kanzlei hatte nicht zuletzt ihre Juridifizierung beigetragen. Im österreichischen Herzogtum läßt sich dieser Prozeß schon sehr früh beobachten. Von elf Vorstehern der Schreibkammer zwischen 1299 und 1365 sind mindestens sechs Juristen. Bakkalaurei, Magister und Doktoren des Rechts begannen allgemein seit dem 15. Jahrhundert den Stil der alten Schreibstube zu verändern. Sie werden mit kirchlichen Pfründen versorgt. Promovierte Juristen, im Deutschland des frühen 15. Jahrhunderts noch von großer Seltenheit, werden Kanzler, wie 1428 in Kursachsen, oder werden, wie in der Kurpfalz, zu den Kanzleigeschäften herangezogen. Natürlich ist die Juridifizierung ein langgezogener Prozeß, der von Herrschaft zu Herrschaft verschieden verläuft, aber allgemein dem 15. Jahrhundert angehört; so ist in Oberhessen erst 1489 ein römisch-rechtlich ausgebildeter Kanzler nachzuweisen, in Niederhessen dagegen schon 1467. Relativ jung also ist der geläufige Zusammenhang von Staatsverwaltung und Juristen.

Laikalisierung

Eine Entklerikalisierung der Kanzlei, die Bestallung weltlicher Kanzler, läßt sich in der zweiten Hälfte des 15. Jahrhunderts überall beobachten; recht früh, seit der Mitte des 15. Jahrhunderts, in Kursachsen, seit 1467 in Hessen, um 1480 in den wittelsbachischen Herzogtümern und in der Mark Brandenburg. Zumeist vollzieht sich der Prozeß etwas später: In Württemberg ist 1496 und in Braunschweig 1493 der erste weltliche Kanzler nachgewiesen. Die Laikalisierung hatte keine Änderung des Kanzleistils zur Folge. Die unmittelbare Konsequenz war, daß ein Herrscher nicht mit kirchlichen Pfründen, sondern aus seiner Kasse Kanzler und Kanzlei besolden mußte. An der Kanzleigeschichte zeigt sich, daß das Vordringen gelehrter Räte in die Verwaltung keinen Verbürgerlichungsprozeß darstellt. Auch ein Kanzler bürgerlicher Herkunft fühlte sich als hoher Herr, pflog adeligen Lebensstil, war stolz darauf, Fürsten, Grafen und Herren standesgemäß bewirten zu können. Repräsentationsbedürfnis wurde dem braunschweigischen Kanzler Peyn zum Verhängnis, als er seinem Herrn in die Schlacht bei Soltau (1519) folgte und mit all seinem kostbaren Tafelgeschirr in Gefangenschaft geriet.

Der fürstliche Rat hatte bis ins 14. Jahrhundert solange über der Kanzlei stehen können, solange die Aktionen des Herrn nur wenig schriftbezogen waren. Der Rat beriet den Herrn, die Kanzlei bewahrte allenfalls den schriftlichen Niederschlag der Meinungsbildung. Es muß

2. Institutionelle und personale Strukturen der Herrschaft 33

sich um große Veränderungen im Verhältnis von Herrschaft und Schrift gehandelt haben, wenn im Braunschweiger Herzogtum, wo noch 1442 der Kanzler hinter den Räten rangierte, 1465 Friedrich d. Ä. seinem Sohn aufträgt: „Du sollst haben einen obersten Schreiber über Deine anderen Schreiber, der soll weise sein und klug ... denn wem Du Dein Insiegel befiehlst, der ist ein Beschirmer Deines Lebens, Deines Gutes und Deiner Ehre." Dahinter steht: Die ansteigende Schriftlichkeit erzwang die Einführung des Sekretsiegels, mit dem viele Verfügungen des Fürsten beglaubigt wurden; das traditionelle, für die schnelle Ausfertigung aber unhandliche Reitersiegel blieb den großen Privilegien vorbehalten. (Wo Auslaufregister in Gebrauch gekommen waren, verlor das Siegel seine Autorität als ausschlaggebendes Beweismittel.) Von der Verfügungsgewalt über das Sekretsiegel ist es kein weiter Schritt mehr zu dem Rechtssprichwort: „Die Cantzley ist dess Fürsten Hertz". Dieses Wort bezeugt, daß die Kanzlei nicht als Institution des Territoriums, sondern als Herrschaftsmittel des Fürsten ausgebaut worden ist. Aus der Verschriftlichung von Herrscherhandlungen war Fürstennähe und damit auch ein neues Verständnis von „Regierung" entstanden.

der Kanzler und das fürstliche Siegel

2.3 „Mehret uns die Nahrung": Finanzielle Grundlagen der Herrschaft

1472 schärfte Kurfürst Albrecht Achilles seinen Räten für die Dauer seiner Abwesenheit ein: *„Behalt frid, weret rauberey, verhütt des wiltprett und meret uns die narung, so thut ir in allem recht"*: Friedenswahrung, konsequente Pflege der Forsten zugleich als Sicherung des fürstlichen Jagdvergnügens und schließlich Steigerung der Einnahmen – so wäre das zu übersetzen; letzteres aber ist in eine bezeichnende Wendung gefaßt, deren Sinn kurzgefaßt lautet: Nicht ein Staat, sondern der Unterhalt des Fürsten ist Gegenstand spätmittelalterlicher „Finanzpolitik". An seiner Tafel merkt der Fürst, merken seine Höflinge und Gäste, wie es um die Einkünfte der Herrschaft bestellt ist. Das Finanzwesen war nur bedingt auf die Bedürfnisse des Landes, hingegen in der Hauptsache auf die Bedürfnisse des Fürsten und seines Hofes zugeschnitten. Ein Beispiel: Über 40 % der Jülicher Ausgaben 1398/99 dienen der Versorgung des Hofes.

die zentrale Aufgabe: Versorgung des Hofes

Die Unterordnung der Finanzverwaltung unter die unmittelbaren Bedürfnisse des Hofes bedeutete in der Praxis, daß dessen Versorgung direkt über die Abgaben einzelner Ämter erfolgte. Die Mischung der Abgaben von den Ämtern in Bargeld und Naturalanteilen ist weitge-

Amt und Hofhaltung

hend auf seinen Bedarf berechnet. Der Vogt zu Celle verkauft Roggen und Weizen nach Lübeck, um hier Tuche, aber auch frischen Käse und Heringe für den Hofbedarf einzuhandeln; er gibt vom Bedevieh dem Schuhmacher Tierhäute und verrechnet sie mit fertigen Schuhen; er muß Lebensmittel in kleinen Mengen bei den Krämern der Stadt erwerben. Der Vogt von Calenberg hat für den täglichen Bedarf der herzöglichen Küche und des Weinkellers zu sorgen. Die gleiche Funktion kommt in Hessen dem Amt Marburg oder in Bayern z. B. der Maut Burghausen zu. Solche Zuordnungen waren angesichts der Schwierigkeiten unvermeidlich, die der Transport von Überschüssen aus den Außenämtern an den Hof bereitete. Noch war Geld nicht allein Rückhalt der Einnahmen – Finanzverwaltung erweist sich schon von der naturalwirtschaftlichen Basis her als anachronistischer Begriff –, und wie sollte bei fehlendem Bankwesen die Masse von Pfennigen ohne Risiko transportiert werden?

„Finanzverwaltung" Mit Recht wird im Ausbau der Finanzverwaltung ein Konzentrationsprozeß der Landesherrschaft gesehen, aber dies war ein Prozeß, dessen Abschluß lange auf sich warten ließ. Bis etwa zur Mitte des 15. Jahrhunderts gab es in deutschen Herrschaften keine zentrale Kasse – selbst in dem administrativ weitentwickelten Bayern nicht vor 1504; hier waren vielmehr die Ämter auf mittlerer Ebene die Schaltstelle Neuerung: der fürstlicher Einnahmen. Der Entwicklungsvorsprung niederrheinischer Landrentmeister Gebiete erweist sich in dem Amt eines *„receptor reddituum"* bzw. eines *„reddituarius"*, eines Landrentmeisters: in Geldern schon 1290, in Kleve 1311, in Kurköln und Jülich Mitte der dreißiger Jahre und in Berg seit der zweiten Hälfte des 14. Jahrhunderts bezeugt. Aber selbst hier warnt die Praxis vor institutioneller Überschätzung: Es gab nicht einmal ansatzweise ein System der Abgaben an die Herrschaft. Gewohnheitsrechtlich hatte sich verfestigt, was aus den jeweiligen Bedingungen der Dörfer, ja einzelner Höfe erwachsen war. Die Haushaltstechnik war bestenfalls darauf eingestellt, die Überschüsse sichtbar zu machen. Der Landrentmeister im Jülicher Herzogtum, der 1398/99 den Versuch unternahm, die Einnahmen seines Herrn zu verzeichnen, mußte etwa ein Viertel dieser Einnahmen unter der Rubrik *„alerley"* zusammenfassen, weil es sich einer Klassifizierung entzog: Einkünfte aus Forsten und Fischereirechten, Erträge der herrschaftlichen Schäfe-
Systemlosigkeit der rei und Käserei usw. Es verwundert deshalb nicht, daß das niederrheiniEinnahmen sche Beispiel so lange nicht nachgeahmt wurde. Erst in der zweiten Hälfte des 15. Jahrhunderts ist in vielen Fürstentümern die Entwicklung zu einer obersten Rechnungsbehörde angebahnt oder schon vollzogen. Seit 1466 ist z. B. in der Kurpfalz ein Rentmeister mit der zen-

2. Institutionelle und personale Strukturen der Herrschaft 35

tralen Kassenführung betraut, seit 1456 gibt es in der Mark Brandenburg einen Landrentmeister, der als „*procurator fiscalis*" (1460) die Außenämter zu visitieren und kontrollieren hatte. Aber das eben wurde als Neuerung empfunden und von den Betroffenen empört abgelehnt, wie in Sachsen Johann Mergenthaler erfahren mußte.

Wie wenig Geld und Verfassung noch im 14. Jahrhundert verzahnt waren – erst die neue Form der Landessteuer sollte das entscheidend ändern –, zeigt, daß um 1360/70 die Finanzverwaltung ganzer Länder (Böhmen, Österreich, Thüringen) für einige Jahre in die Hände eines „Generalunternehmers" gelegt werden konnten.

Die „Finanzverwaltung" weist über den fiskalischen Bereich hinaus auf Verfassung, und ihre Geschichte in deutschen Fürstentümern zeigt, daß der sogenannte Territorialstaat nicht nur in seinem Ursprung eine Bündelung von Herrschaftsrechten, sondern auch in seiner Verwirklichung eine Bündelung von Aushilfen war. Rechnungsbücher bleiben lange die Ausnahme, ihnen liegt augenscheinlich keine Kontinuität zugrunde, wie sie für eine Finanzverwaltung als Verfassungsinstitution unerläßlich ist. Die große Ausnahme bilden die Tiroler Raitbücher (*raiten* = rechnen), die von 1288 an kontinuierlich und mit fortlaufender Datierung geführt wurden. Doch das Untypische wird vom Typischen überlagert. Mit den ersten Habsburgern bricht die Tiroler Tradition ab. Von 1363 bis 1415 werden keine Landesrechnungen mehr geführt. Während in den Städten sich schon längst eine kontinuierliche Rechnungsführung ausgebildet hat, ist das Tresslerbuch des Deutschen Ordens von 1399–1409 ein seltenes Beispiel einer konsequenten fürstlichen Rechnungsführung, die 1325 mit der Organisation der Tresslerkasse begründet worden war und mit der militärischen Katastrophe bei Tannenberg 1410 ihr Ende fand. Das Tresslerbuch ist auch insofern singulär, als ansonsten zu jener Zeit noch nicht einmal in Ansätzen eine Zentralität des Finanzwesens gegeben war. Die Verwaltung der Einnahmen wurden verschiedenen Räten anvertraut. Die zentrale Einnahmestelle, eine Kammer, entwickelte sich nicht (wiederum im Gegensatz zu den Städten). Nicht zuletzt deswegen sank das alte Hofamt des „*camerarius*" zur erblichen Würde eines Geschlechts herab.

Wo eine zentrale Einnahmeverwaltung ebenso unbekannt war wie selbst ein nur überschlägig kalkulierbares jährliches Budget, waren zeitweilige finanzielle Engpässe strukturbedingt. Mangel an Bargeld und fehlender Kredit können das Itinerar eines Herrschers, können sein Verhalten stärker bestimmen als rationale politische Interessen. Ein so mächtiger Fürst wie Rainald II. von Geldern war 1342/43 in schweren Geldnöten. Er war Gläubiger des englischen Königs über mehr als

Fehlen von Landesrechnungen

zeitweilige Ausnahmen: Tirol und das Ordensland

Geldnöte des Fürsten

100.000 fl. – aber sein Schuldner war zahlungsunfähig. Immer wieder zieht es Rainald zu seiner Zollstätte Lobith, wo Bargeld in nennenswertem Umfang zu erhoffen war. Trotz der Trennung von seiner Frau konnte er die Beziehungen zu ihr nicht ganz abbrechen. Er war auf ihre Juwelen als Pfandobjekt angewiesen.

Reiseherrschaft und Versorgungsprobleme

Das Beispiel der Zollstätte zu Lobith, die Rainald von Geldern immer wieder aufsuchen mußte, zeigt etwas Grundsätzliches: Die fürstliche Reiseherrschaft war alter Tradition gemäß nicht nur von politischen Gegebenheiten, sondern auch von einem schlichten Versorgungsdenken erzwungen. Wenn das fürstliche Hoflager in der Nähe weilt, hat das Geleitsamt Pegau Kapaune, Fleisch, Geflügel, Dörrfisch zu liefern. Ein Fürst reist mit wenig Bargeld durch sein Gebiet. Die Amtleute haben seine Zehrungskosten zu begleichen. 1342 kann der Herzog von Jülich seine Schneiderrechnung nicht ganz bezahlen; sie war überdurchschnittlich hoch, weil er „ten parlamente" ins burgundische Brüssel zog, wo er prunkvoll, wie es einem Fürsten gebührte, auftreten mußte.

Repräsentation

Nicht ein abstrakter Staat stand im Mittelpunkt fürstlichen Denkens, sondern seine Einkünfte oder, wie es Albrecht Achilles formuliert hatte, seine „Nahrung". Was ist das aber, was ein Fürst als seine „Nahrung" als Inbegriff der Lebenshaltung betrachtet, die er seinem Stand schuldig ist? Die Literatur hat vorzugsweise aufwendigste Repräsentation behandelt und geriet damit in Gefahr, von der durchaus politisch gemeinten Prachtentfaltung geblendet zu werden. Denn „karckheit", die noch in einem bayerischen Fürstenspiegel der zweiten Hälfte des 15. Jahrhunderts gebrandmarkt wird, ist ein unfürstliches Verhalten. Eine weitere Gefahr: Die Überschätzung von Einzelfällen. Die Landshuter Fürstenhochzeit (1475, nicht nur im populären Bewußtsein Inbegriff fürstlichen Festes) ist Folge einer untypisch kontinuierlichen Finanzpolitik im Verein mit einer ungewöhnlich langen Regierungszeit. Heinrich (der Reiche) von Bayern-Landshut hatte seit seiner Regierungsübernahme 1404 als ein bis zum Geiz sparsamer Haushalter seine

reiche und arme Fürsten

Herrschaft von allen Schulden befreit, eine straffe Finanzverwaltung durchgeführt und bei seinem Tode 1450 gefüllte Schatzkammern hinterlassen. Der Alltag jedoch sieht karger und bescheidener aus, vor allem der Alltag der Masse spätmittelalterlicher Fürsten, die über keine großen Einkünfte verfügen konnten. Eine Vorstellung dessen, was der Herr eines kleinen Landes als unerläßlich für seine Lebenshaltung und zur Wahrung seines fürstlichen Standes betrachtet, gewährt der Vertrag,

ein armer Fürst: Otto Cocles

den 1435 Herzog Otto Cocles von Braunschweig-Göttingen mit seinen Landständen schließt. Diese nämlich sollen ihm einen angemessen

2. Institutionelle und personale Strukturen der Herrschaft 37

Unterhalt sichern: Drei Kämmerer und zwei Kammerknechte braucht der Fürst, wobei einer der Knechte die Kleinodien zu bewahren hat und der andere auch auf Reisen den Herrn begleitet. Ein Schneider gehört ebenso zum Haushalt wie ein Gärtner und wie der erst auffallend spät genannte Kaplan. Ein „reitender Koch" hat ebenfalls den Fürsten zu begleiten, der sich mit drei Pfeifern, die unter sich noch einen Knecht haben, nicht nur Unterhaltung, sondern in der Öffentlichkeit angemessene Aufmerksamkeit sichert. Zwei Stallknechte und ein Stalljunge sorgen für einen herrschaftlichen Marstall, in dem nur drei Hengste stehen. Für die Jagd braucht der Fürst einen berittenen Jäger und einen „kleinen Waidemann", jeweils für die hohe und niedere Jagd. Die Landstände sollen noch zweimal im Jahr für angemessene Kleidung des Fürsten und seines Gesindes sorgen, für Kleidung allerbester Qualität, von Londoner, Aachener oder Leidener Tuch, gefärbt nach dem Geschmack des Fürsten. Ansonsten sollen die Stände noch für all jene Geschenke und Trinkgelder aufkommen, die Otto Cocles gemäß fürstlicher Sitte an Spielleute und Herolde verteilen will.

Angesichts mangelnder Zentralität der Rechnungsführung sind noch nicht einmal Schätzungen zu wagen, für welche Zwecke, von der Hofhaltung abgesehen, die Einnahmen verwendet wurden und wie hoch deren Anteil an einem fiktiv zu unterstellenden Gesamtbudget war, zumal sich in den Rechnungen selbst nur sehr zögernd die Sachgliederung durchsetzt. Zu erkennen ist nur, daß manche Elemente fürstlicher Herrschaft teuer zu stehen kamen. Fiskalisch gesehen rentierte das Lehnswesen sich nicht. 30% der Ausgaben, die 1398/99 der Jülicher Landrentmeister notiert, betreffen die Kosten des Lehnsaufgebotes, Kosten für Pferde z. B., die der Herr seinem Vasallen zu stellen hatte. Folgerichtig brachte schon eine kleinere Fürstenfehde die finanzielle Balance ins Wanken. Zwar konnte noch um 1400 eine größere Fürstenfehde mit nur etwa 250 bis 300 Reisigen geführt werden, aber selbst ein solches Heer war nur mit großen finanziellen Anstrengungen aufzubieten. Wo die Kriegführung soviel kostete, waren Sieg und Niederlage, waren Beute oder Lösegeldzahlungen von langfristiger Wirkung für den Haushalt. In hessischen Rechnungen von 1398/99 schlägt sich der Erfolg einer Fehde nieder: Lösegelder, die der unterlegene Graf von Ziegenhain für seine Vasallen zu bezahlen hat, werden verbucht, aber auch verkaufte Häute von erbeuteten und rasch geschlachteten Herden, Wolle von geraubten Schafen usw. Der pfälzische Sieg bei Seckenheim 1462 war nicht nur ein militärischer, er war ein finanzieller Erfolg: Erhebliche Lösegelder wurden vom Markgrafen Karl von Baden und seinem Bruder, dem Bischof von Metz, erpreßt. Die ho-

Ausgaben

unrentables Lehnswesen

Fehde und Finanzen

hen Summen, mit denen sich Ulrich von Württemberg bei dem Pfälzer auslösen mußte, belasteten das Stuttgarter Land schwer, gaben damit den entscheidenden Anstoß zur Entwicklung landständischer Kontrollrechte.

<small>Notwendigkeit der Schatzkammer</small>

Krieg, Beute, Lösegeld – Finanzgeschichte ist im spätmittelalterlichen Fürstentum nicht auf den Haushalt eines abstrakten Staates, sondern auf fürstliche Aktionen bezogen. Wenn Albrecht Achilles seinem Sohn die Anlage einer Schatzkammer empfiehlt, so dient das nicht einer verbesserten Finanzwirtschaft, ist kein erster Ansatz zu einem fiskalischen Denken, das in abstrahierter Form zu einem Staatsschatz führen könnte, sondern es ist der Ratschlag eines erfahrenen Fürsten: Man braucht, und oft sehr schnell, Geld für Kriegsfälle und – noch wichtiger – für Kriegsunfälle.

2.4 Landesherrschaft und Kirche

<small>die verschiedenen Beziehungsebenen</small>

Die Beziehungen weltlicher Fürsten zur Kirche sind nicht auf vereinheitlichende Formeln zu bringen. Ebensowenig, wie es *die* Kirche gibt, gibt es auch *das* Verhältnis der Herrschaft zu ihr. Das Papsttum wurde in seiner Autorität nicht angefochten; die Herren respektierten es in seiner Jurisdiktionskompetenz, ließen durch Geschäftsträger an der Kurie ihre eigenen Interessen verfolgen. Von Fall zu Fall schützte ein Fürst seine Kirchen und Klöster vor kurialer Provision oder Geldforderung, ohne daß sich eine durchgängige Linie abzeichnete; die gleichen Fürsten erwirkten selbst Expektanzen an der Kurie. Schwieriger ist das Verhältnis zu den Bischöfen und damit zur geistlichen Gerichtsbarkeit zu beschreiben; dieses folgt den jeweiligen Machtstrukturen einer Region. Auf einer dritten Ebene, jener der Klöster und Stifter, ist schließlich die Tendenz zu beobachten, die weltliche Schutzaufgabe für die Kirche als Herrschaftsrecht zu instrumentalisieren, gewissermaßen die Vogteistreitigkeiten des hohen Mittelalters mit neuen Mitteln, aber in gleicher Tendenz weiterzuführen. Nimmt man zu diesen ersten Andeutungen noch die verschiedenen menschlichen Möglichkeiten, die bei einem personalgebundenen Fürstentum zu berücksichtigen sind, hinzu, weltliches Herrschaftsbewußtsein zum Beispiel oder ernste, fromme Gesinnung, dann wird die Unmöglichkeit deutlich, das Thema Kirche und Fürsten auf klare Linien, wie es zum Beispiel das Schlagwort vom landesherrlichen Kirchenregiment nahelegt, festzulegen. Nur eines ist feststellbar: Eine prinzipielle Infragestellung kirchlicher Kompetenzen im Sinne eines neu erwachten laikalen Bewußtseins ist durch das Fürstentum nicht erfolgt.

2. Institutionelle und personale Strukturen der Herrschaft 39

Weltliche Fürstentümer und geistliche Hochstifte – ein Thema, das sich nur von den jeweiligen regionalen Machtverhältnissen her beschreiben läßt: Überherrschung, wie in Kolonisationsländern, Respekt vor ihrer territorialen Integrität, wie in den Kernbereichen der *Germania Sacra*, bzw. gemeinsame Einbindung in interterritoriale Systeme, in Landfriedensbündnisse in der rheinischen „Pfaffengasse". Die im Vergleich zur Germania Sacra in den Altsiedellandschaften überaus karg ausgestatteten Bistümer der Kolonisationsgebiete unterlagen im 15. Jahrhundert einem wachsenden Einfluß weltlicher Fürsten – so Brandenburg, Havelberg und Lebus durch die Zollern, so Meißen, Merseburg und Naumburg durch die Wettiner. Aber in diesen Fällen wurde die Reichsunmittelbarkeit im Prinzip nicht derart angetastet wie in den Bischofskirchen von Kammin, Schwerin und Schleswig, die in den Herrschaftsverband von Pommern, Mecklenburg und Holstein eingegliedert wurden. Lediglich in diesen letztgenannten Fällen könnte man von einem landesherrlichen Kirchenregiment sprechen, bei den anderen Bistümern des deutschen Ostens handelt es sich um den Dominat eines fürstlichen Hegemon, vergleichbar dem Einfluß, den die Wittelsbacher auf Freising, den die Pfälzer auf Worms und Speyer auszuüben vermochten. Einen Sonderfall bildeten die vier Bistümer im Ordensstaat, Kulm, Pomesanien, Ermland, Samland, weil hier der Landesherrschaft die Domkapitel inkorporiert waren.

Auseinandersetzungen, zu Fehden sich auswachsende Gerichts- und Grenzstreitigkeiten, gab es zwischen weltlichen und geistlichen Fürsten zuhauf. Köln lag häufig mit den niederrheinischen Gewalten im Krieg, in Franken rivalisierten die Zollern mit den Bischöfen von Bamberg und Würzburg, Kurmainz und Kurpfalz waren sich das ganze Spätmittelalter hindurch spinnefeind. Solche Auseinandersetzungen aber sind allgemein typisch für Machtrivalitäten, enthalten kein spezifisches Moment im Verhältnis von Fürst und Kirche, selbst wenn 1480/81 Albrecht Achilles im großen „Pfaffensteuerstreit" mit den Mainbistümern aus propagandistischen Gründen Töne, die auf eine eigenständige Begründung weltlicher Herrschaft hinausliefen, anschlug.

Ebensowenig ist ein grundsätzlicher Gegensatz zwischen geistlicher und weltlicher Gewalt in der Frage der kirchlichen Gerichtsbarkeit und des bischöflichen Offizialats zu erkennen. Nicht um Prinzipien, sondern um Einzelfälle wurde gestritten, wenn ein Fürst gegen Urteile vorging, die von kirchlichen Gerichten außerhalb seiner Herrschaft verhängt wurden. Vor allem Mainz, das Bistum mit den ausgedehntesten Diözesangrenzen in Deutschland, war in solche Streitigkeiten um die geistliche Gerichtsbarkeit involviert; in welfische, wettini-

Randnotizen:
- weltliches Fürstentum und Hochstift
- Überherrschaftung
- Machtrivalitäten in der „Pfaffengasse"
- Fürstentum und geistliche Gerichtsbarkeit

sche und hessische weltliche Herrschaften reichte die Jurisdiktion Mainzer Offiziale hinein. Nur Hessen erreichte 1370 die Zusage, daß wegen weltlicher Angelegenheiten kein landgräflicher Untertan vor ein geistliches Gericht des Erzbischofs geladen werden dürfe. Wenn berücksichtigt wird, daß Herrschafts- und Diözesangrenzen sich vielfach überschnitten, daß zum Beispiel die Landgrafschaft Thüringen kirchlich zu Mainz und auch zu Magdeburg, Halberstadt und Würzburg gehörte, bleiben die Auseinandersetzungen um die kirchliche Judikatur doch erstaunlich gering. Trotz mannigfacher Alltagskonflikte hat das Fürstentum den großen Streit nicht geführt, den zur gleichen Zeit die Stadträte um die Begrenzung der kirchlichen Freiheiten, um das *„Privilegium fori"*, um die Limitierung der geistlichen Gerichtsbarkeit ausfochten. (Grundsatzkonflikte brachen nur dann auf, wenn eine Kirche das *„Privilegium fori"* in Lehenssachen beanspruchte.) Deshalb hatte das am meisten verbreitete Kaisergesetz des deutschen Spätmittelalters, Karls IV. *„Karolina de ecclesiastica libertate"*, nicht die Fürsten, sondern die Städte als die eigentlichen Gegner geistlicher Freiheiten angesehen.

Ausbleiben von Grundsatzkonflikten

Städte als Gegner geistlicher Freiheiten

landesherrliches Kirchenregiment?

Das Schlagwort, das über dem Bisherigen schwebt, erklärt sich aus der herrschaftlichen Verdichtung des 15. Jahrhunderts: das sogenannte landesherrliche Kirchenregiment. Es ist nicht einer säkularisierenden Trennung von Staat und Kirche zuzuordnen, sondern bezeichnet einen härteren fürstlichen Zugriff auf kirchliche Pfründen. Sichtbar wird dies vor allem an dem Verhältnis zu den Klöstern. Diese sind nicht mehr die respektvoll behandelten Stätten der Frömmigkeit, sondern sie werden in ihrem Pfründenreichtum ausnutzbare Objekte. Schirmverträge, die ein Fürst mit seinen Klöstern abschließt, dienen der Eingliederung in das Herrschaftsgebiet. Das fängt mit dem Zwang zur Stellung von Jagdhunden an, das hört mit der Einbeziehung in den fürstlichen Steuerverband auf. Was Friedrich III. 1447 behauptete, galt der Tendenz nach für alle Herrschaften, daß nämlich ein Fürst wie der österreichische Herzog „aller kloster in unsern fürstentumen und landen gelegen obrister erbvogt" sei. Aber auch hier: Es ging um die Vogtei, nicht um eine Auseinandersetzung zwischen Kirche und Staat. Denn diese herrschaftliche Stellung ließ auch im 15. Jahrhundert die vielfach realisierte Möglichkeit zu, monastische Reformen kraft fürstlicher Autorität durchzusetzen.

Fürst und Klöster

Patronate über Pfarreien

Der für die Zeitgenossen wichtigste Bereich des Themas Landesherrschaft und Kirche dürften die fürstlichen Patronatsrechte über Pfarreien in Stadt und Land gewesen sein. Mit adeligen Besitzungen hatte die überlebende landesherrliche Dynastie auch Eigenkirchenrechte in großer Zahl geerbt, die in den Urbaren sorgsam verzeichnet wurden: Ein Herrschaftsrecht unter anderen, das aber nicht von seinen Einkünften her von Interesse war. Seine Kollaturrechte nutzte der Fürst zum Ausbau eines ihm verpflichteten Personenverbandes. Pfründenschacher als Gebrechen der Kirche ist nicht nur von dieser zu verantworten. (Ein Bischof konnte nur die geringere Zahl von Pfarreien in seiner Diözese selbst besetzen.) Die Fürsten haben – wie der Hochadel insgesamt – zum Ausbau ihrer Klientel, oft genug auch, um Besoldungen zu sparen, der Pfründenwirtschaft Vorschub geleistet. Fürst und Pfründenschacher

Landesherrliches Kirchenregiment ist vom Begriff her eine Übertreibung, der allenfalls in Württemberg, wo alle geistlichen Immunitäten als landesherrliche Privilegierung verstanden wurden, eine Berechtigung haben könnte; will man den Ausdruck als eingeführten Vereinbarungsbegriff weiter verwenden, bezeichnet er einen verstärkten Zugriff auf die Reichtümer der Kirche, mitnichten jedoch den Vorboten einer Säkularisierung. Die Reformation und die mit ihr neu entstehende Kirchenverfassung sind nicht durch das spätmittelalterliche Kirchenregiment vorbereitet worden.

3. Stände, Steuer, Staatlichkeit

3.1 Ständische Rechte und die verschiedenen Konturen einer landständischen Verfassung

„Kein Fürst kann aus sich selbst bestehen", lautet eine spätmittelalterliche Herrschaftsregel; klar ist die Absage an den „*sulfwolt*", den „Eigensinn" personalen Regiments oder (etwas verzerrend) übertragen auf die moderne Begrifflichkeit, die Absage an die Autonomie des Fürstentums. Bei dem zitierten Sprichwort schwingt neben Bündnis-, Reichs- und Familienbindungen mit, daß ein Fürst auch angewiesen war auf den Willen der höheren Geistlichkeit, des Adels und der führenden Städte in seinem Lande, kurz: der Landstände.

Der Ausdruck „Landstände" ist für das Mittelalter nicht bezeugt; selbst der Begriff „Stände" setzt sich als Lehensübersetzung von „*status*" erst um 1500 im deutschen Sprachraum in der Übernahme burgundischer, von Maximilian vermittelter Terminologie durch. Hier trat er in Konkurrenz mit anderen Bezeichnungen, die etwa seit dem ausgehenden 14. Jahrhundert verwendet wurden. Die Ritterschaft erscheint in ihrer Gesamtheit häufig als „*mannschaft*", ein terminologischer Reflex auf das Lehnswesen, und die Gesamtheit der Stände wird häufig als „*status*", „*mannschaft*", „*landschaft*" die „*landschaft*" bezeichnet. Ein früher Beleg des Begriffs Landschaft (der Ausdruck gewinnt erst im späten 18. Jahrhundert den heute vertrauten Inhalt) stammt aus Tirol von 1363: „Die Landschaft gemeinlich, edel und unedel, arm und reich". Dahinter verbirgt sich, daß neben dem Adel auch Bauern als Vertreter der Täler und Gerichte die Landschaft bilden; in Württemberg hingegen, wo dieser Begriff erstmals 1457 erscheint, bezeichnet er die Vertreter von Städten und Ämtern.

"Kurien" und ständische Typologie

Der verschiedene Gebrauch von „*landschaft*" in Tirol und in Württemberg deutet bereits an: Die ständischen Vertretungen sind von Land zu Land verschieden. Zum Beispiel konnten in Jülich, Berg, Kleve und Mark allein Ritterschaft und Städte das steuerbewilligende Gremium bilden, in habsburgischen Landen konnte seit dem frühen 15. Jahrhundert die „Adelskurie" aufgespalten werden in eine Ritter- und eine Herrenbank usw. Die geistreiche Hypothese von OTTO HINTZE, wonach sich ein Drei-Kurien System in den Kerngebieten des karolingischen Imperiums ausgebildet habe und im Gegensatz stehe zum Zweikammersystem der Randländer, läßt sich nicht beweisen. Und es dürfte überhaupt fraglich sein, ob die Organisationsformen den Ansatz für eine Typologie landständischer Verfassungen bilden können, ob nicht vielmehr nach dem Einfluß der einzelnen Stände gefragt werden muß. Denn dieser war von Land zu Land verschieden. Nicht immer muß wie in Bayern der Adel führend sein, dem sich die Städte anschließen, während sich die Geistlichkeit abwartend verhält.

Adel

Verschieden ist auch das Profil, das die Stände gegenüber der Herrschaft zeigen. Das ist nicht nur von Tugend oder Untugend des Landesherrn abhängig, sondern läßt sich über Generationen beobachten. In Tirol pflegt ein fehdelustiger und gewalttätiger Adel dem Landesherrn massiv zu opponieren, im bayerischen Herzogtum haben die Fürsten zu ihrem nicht minder gewalttätigen Adel ein fast schon geregeltes Verhältnis von Steuerbewilligung und Gnadenerweis entwickelt. In Württemberg hingegen zeichnet sich im 15. Jahrhundert ab, was im 16. Jahrhundert in allen Gebieten der späteren Reichsritterschaft offenbar wurde, daß der Adel überhaupt nicht in die ständische Verfassung integriert werden will.

Städte

Für die ständische Entwicklung ist die Einbindung der Städte über die Steuerfrage hinaus von entscheidender Wichtigkeit geworden. Erst durch die Städte gelangt institutionelles, über personale und genealogische Orientierungen hinausgehendes Denken, gelangen Ziele der Permanenz von Mitbestimmungsformen in das Ständewesen. Adelige, ob in Ritterrüstung oder im Priestergewand, hätten den entscheidenden verfassungbildenden Gedanken, die über temporäre Mitspracherechte hinausweisende Kontrolle der Herrschaft als bleibenden Auftrag, nicht entwickeln können.

Erkenntnishindernd ist die Annahme einer Gleichberechtigung innerhalb der sogenannten Städtekurie, denn faktisch nimmt die größte Stadt die Führungsrolle ein, ihre Ratsboten bestimmen die Haltung der Städte insgesamt. In diesem Zusammenhang sei darauf aufmerksam gemacht, daß sich die Stände in jenen Herrschaften weniger stark entwickeln, wo die „Hauptstadt" sich von der Landesherrschaft emanzipieren konnte. Das gilt für alle Hochstifte, in denen sich die Bischofsstadt zur Freistadt entwickelt hat, das gilt aber auch vielfach für den deutschen Norden, wo große Städte einen reichsstadt-analogen Status errungen haben. Die Freistadt Köln hat kein Interesse, sich in eine landständische Städtekurie einzuordnen, Braunschweig und Lüneburg – die Städte, nach denen sich die welfischen Herzöge nennen – wollen im 15. Jahrhundert nicht über eine Landstandschaft in die welfische Herrschaft eingebunden werden. Deshalb wird sich eine landständische Verfassung im Kölner Stift im wesentlichen nur als eine adelige Verfassung herausbilden, deshalb wird in welfischen Landen die landständische Entwicklung im 15. Jahrhundert die konturierte Opposition vermissen lassen. Wo aber eine Hauptstadt sich die ständischen Positionen zu eigen macht, bildet sie einen zentralen Machtfaktor im Lande. In Erbstreitigkeiten kann sich kein Prätendent gegen ihren Willen durchsetzen, was sich in der klevischen und bald darauf in der geldrischen Sukzessionsfrage (1368 bzw. 1371–1378) ebenso zeigt wie in dem langwierigen Lüneburger Erbfolgestreit (1371–1388).

die Hauptstadt und die Stände

städtische Autonomie und ständische Verantwortung

Die Abhängigkeit landständischer Entwicklung von der jeweiligen Herrschaftsstruktur zeigt sich am deutlichsten, fast schon regelbildend, in den geistlichen Wahlstaaten. Das Domkapitel ist zumeist nicht in eine landständische Verfassung einzubinden, sondern betrachtet sich als eigener Mandatar des Stifts, beansprucht eigene Kontrollrechte gegenüber dem Landesherrn, wodurch die ständische Mitsprache entscheidend verkürzt wird. Das gilt für das große Erzstift Mainz ebenso wie für die Reichsabtei Fulda. Aber diese Regel ist ebenso unterschiedlich anzuwenden, wie es Unterschiede der geistlichen Wahlstaaten im regionalen Kräfteparallelogramm gibt. Im Hochstift Osnabrück erscheinen 1425 Domkapitel, Ritterschaft und die Bischofsstadt als gleichberechtigte Stände, und den folgenreichen Kölner Erblandesvergleich von 1463 haben hoher und niederer Adel, Städte und das Domkapitel miteinander geschlossen.

Ständewesen in geistlichen Wahlstaaten

Ein Vergleich der Verhältnisse in Ober- und Niederbayern bietet ein Beispiel dafür, daß sogar die Landesstruktur selbst die ständische

Landstände und Landesstruktur

Entwicklung prädisponieren kann. Oberbayern, der Westteil Altbayerns, in dem die Masse des wittelsbachischen Hausguts liegt, ist ein Land reicher Klöster und Hochadelsgeschlechter, in Niederbayern hingegen dominierte der Niederadel. Bis 1347 kannte Oberbayern keine landständischen Versammlungen, zu mächtig waren hier die Herrschaftsträger aus eigenem Recht, während im Nachbarland der Adel bis dahin dem Herzog bereits sechs landständische Freiheitsbriefe abgerungen hatte.

Der Ausdruck „landständische Verfassung" ist für die spätmittelalterlichen Fürstentümer noch zu vermeiden. Denn Verfassung lebt unter anderem aus der Wiederholbarkeit der Regelhandlungen. Eine Periodizität der ständischen Versammlungen aber wird – faktisch – erst im 16. Jahrhundert (und auch da noch nicht als Verfassungsgrundsatz) erreicht. Isoliert bleibt in der Geschichte der deutschen Stände das Versprechen, das 1460 im Ripener Vertrag der Dänenkönig den Ständen Schleswig-Holsteins gibt, sie alle Jahre einberufen zu wollen. Einer „Verfassung" mußten die Stände selbst entgegenarbeiten; denn Rückgrat ständischen Lebens ist – wie noch zu zeigen sein wird – die Steuerentwicklung. Verfassungsbildung verlangt zumindest die Steuer als Regelfall. Hingegen mußten die Stände ihr Konsensrecht als eine Ausnahme, als Sonderfall, der mit Freiheitsbriefen zu belohnen war, nicht aber als Grundsatz betrachten. Deshalb ist im Gegensatz zum Spätmittelalter für die Frühe Neuzeit durchaus von einer landständischen Verfassung zu sprechen; jetzt hat sich die ständische Entwicklung, die im Spätmittelalter meist nur eine Geschichte der Ansätze war, zu einem Regelwerk verdichtet. Zwar noch nicht periodisch, aber nach vorhersehbaren Prinzipien werden Landtage einberufen, und diese haben einen festen Auftrag. „Landtage sind Geldtage" kommentiert ein zeitgenössisches Sprichwort. Hier wird unter festgelegten Verkehrsformen über Landessteuern und die Modalitäten ihrer Erhebung verhandelt. Schriftlichkeit prägt die Verhandlungen, die der Fürst durch Kanzler oder Räte führen läßt.

Zur Beantwortung der Frage, wieso sich aus spätmittelalterlicher Vielgestaltigkeit die relative Vergleichbarkeit des deutschen Ständewesens, eine landständische Verfassung, bis etwa zur Mitte des 16. Jahrhunderts entwickeln konnte, sei ein äußerer und ein innerer Grund benannt. Der äußere Grund ist, obwohl offen zutage liegend, lange mit der Unterschätzung des Reichseinflusses auf die Fürstentümer verkannt worden. Dabei stellten seit 1427 die Reichsmatrikeln zugleich die Frage nach dem Verhältnis von Fürst und Landständen, indem sie nicht nach der Lehnspflicht eines fürstlichen Reichsvasallen fragten, sondern

die späte Ausbildung der landständischen Verfassung in der Frühneuzeit

die verfassungbildende Kraft der Reichssteuern

3. Stände, Steuer, Staatlichkeit

die Leistungspflicht seiner Herrschaft für das Reich bemessen wollten. Bei allen Unvollkommenheiten hatten diese immer wiederholten Reichsanschläge doch einen Gewöhnungseffekt. Zwar blieb im 15. Jahrhundert vielfach umstritten, ob und wieweit die Landstände bei Reichshilfen zur Unterstützung herangezogen werden könnten (die bayerischen Landstände hatten schon vor ihrer bekannten Verweigerung des Gemeinen Pfennigs von 1495 stets der Umlage einer Reichsleistung auf das Land widersprochen), aber der Konsens, durch den Reichstag von 1510 festgeschrieben, lief auf die Leistungspflicht der Stände hinaus. Wie die Geschichte des Gemeinen Pfennigs von 1495 lehrt, hatte sich das Prinzip durchgesetzt, daß eine Reichssteuer eine Schatzung des Landes nach sich zog. Durch wachsenden Steuerdruck bildeten sich in den Verhandlungen der Stände gewisse Normen. Dabei spielten die von den Autoritäten des Reiches gedeckten Matrikular-Verpflichtungen eines Fürstentums eine gewichtige Rolle. So wurde um 1500 der Weg zum ständischen Steuerstaat der Neuzeit geebnet. Und dazu tritt noch ein innerer Grund: Um 1500 hatte das Fürstentum Stabilität gewonnen; das konnte an der Geschichte der Kommerzialisierung von Landesherrschaft ebenso gezeigt werden wie an der allmählichen Überwindung der Landesteilungen. In vielen Fürstentümern haben die Stände das Ihre zu dieser Entwicklung beigetragen. Und das nicht ohne Grund; denn nicht einem schwachen, sondern nur einem zur Friedenswahrung befähigten Landesherrn gegenüber lohnte die Pflicht und die Verantwortung von Rat und Hilfe. Konsolidierung der Landesherrschaft und Ausbildung zur landständischen Verfassung bedingten einander.

Stände und Konsolidierung der Landesherrschaft

3.2 Von der Bede zur Landessteuer

Die Bede, die seit dem ausgehenden 13. Jahrhundert in fast allen deutschen Herrschaften in Erscheinung tritt, ist, abgegrenzt von den Pflichtigkeiten der Grundherrschaft, eine neue Abgabe, bezogen – im Gegensatz zu den alten grundherrschaftlichen Gülten, die von einem Hof abhingen – auf Personenverbände. Dieses erscheint den Zeitgenossen zunächst befremdlich, ungewohnt. Deshalb erwähnen die Reinhardsbrunner Annalen die erste Bede des Jahres 1274 als eine unerhörte Neuerung (*„hactenus inauditam"*). Weiterhin ist festzuhalten: Diese Bede *(precaria generalis)* beruhte auf herrschaftlicher Setzung. Daran können auch die Bedeverträge (die teilweise bis zur Versicherung der Freiheit von dieser Abgabe gehen können) nichts ändern, deren Verbreitungsgebiet die Forschung vor allem um die Wende des 13. zum 14.

Beden und Gülten

Bede als Neuerung

Jahrhundert im östlichen Kolonisationsgebiet ausgemacht hat. Auch in Pommern wird 1278 die Freiwilligkeit der Steuerleistung betont, die von allen gebilligt und bezahlt werden müsse, und der Charakter der Bede als Vereinbarung ist in wettinischen Landen noch bis Mitte des 14. Jahrhunderts zu erkennen. In diesen Verträgen drückt sich nicht nur der Charakter von Bitte aus, sondern auch, daß man im Mittelalter wußte: „Großer herren bitten ist scharfes befehlen."

Verfestigung der Bede

Die dem Namen nach ursprünglich freiwillige Bede hatte die Tendenz zur Verfestigung, zur dauernden Abgabe, weswegen sie in landesherrlichen Urbaren ohne jedes Unterscheidungsmerkmal neben den alten grundherrlichen Abgaben aufgeführt werden kann. Das zeigt sich schon in den Namen, die sie im Laufe der Zeit vielerorts nach den Ablieferungsterminen erhält: Mai- und Herbstbede in Bayern (dort schon 1294 bezeugt) oder in welfischen Landen. Die Verfestigung der Bedeleistung führte, wie etwa in der Kurpfalz schon Mitte des 14. Jahrhunderts zu beobachten, dazu, daß wie bei den Grundrenten die Hebesätze nicht verändert und angesichts der Geldentwertung langfristig vermindert wurden. Mit ihrer gewohnheitsrechtlichen Verfestigung unterlag die Bede aber auch, wie alle anderen Herrschaftsrechte, der Gefahr der Verpfändung. Insbesondere in ostelbischen Landen, in Brandenburg und Meißen, wurde im 14. Jahrhundert diese Abgabe in einzelnen Ämtern, ja auch Dörfern versetzt.

Ebenso wie gegenüber alten grundherrlichen Abgaben ist die Bede abgegrenzt von der neuen Form der Steuer, wie sie sich vor allem seit dem 15. Jahrhundert entwickelt, etwa in Jülich und Berg seit 1447. In Bayern hatte es im 14. Jahrhundert nur zehn allgemeine Landessteuern gegeben, im 15. Jahrhundert aber „schnellte ihre Zahl gewaltig in die Höhe" (BOSL).

Landessteuern

Nicht nur in ihrem Geltungsanspruch unterscheidet sich die Bede von älteren Abgaben, sondern auch in ihren Erhebungsformen. War die Bede vielfach auf Viehbesitz bezogen, weswegen sie auch als Kuhbede oder „Klauensteuer" in den Quellen erscheint, z. B. 1302 in Oberbayern als *„gemaine viechstewr"*, so zielten die neuen Steuern auf das Vermögen, oder sie sind – was das städtische Vorbild nahelegte – Verbrauchssteuern, meistens ein „Ungeld" auf Getränke, auf Wein oder Bier. Ungewöhnlich ist eine Kopfsteuer, wie sie 1335 in Österreich ausgeschrieben wird. Während die Bede sich aus der „Bitte" zu einer permanenten Abgabe entwickelt hatte, ist die neue Form der Landessteuer in Verträgen oder Absprachen mit den Ständen zeitlich limitiert.

neue Steuern unter alten Namen

Das Neue an der landesherrlichen Steuer ist nicht immer leicht zu erkennen, weil diese sich eingeführter Namen bedienen kann. Im Calenberger Land zum Beispiel gibt es seit langem die Mai-Bede. Aber als 1458 der Herzog gefangen lag, wurde zur Aufbringung des Lösegeldes eine „Meier-Bede" ausgeschrieben, wie sie schon 1446 „*de proveste und manscop twischen Deister und Leine*" für ihre Meier bewilligt hatten. „Notbede" ist im Unterschied zur normalen Mai- und Herbstbede im Hochstift Münster eine Schatzung, die mit ihrem Namen an die Hilfspflicht der Stände im Falle „*ehafter Not*" des Landesherrn erinnert. „*Unrechte Bede*" heißt – nicht ein Unrecht, sondern eine Novität bezeichnend – die allgemeine Landessteuer, die erstmals 1395 in der Kurpfalz ausgeschrieben wurde. In welfischen Landen wird die Abgrenzung der allgemeinen Steuer von der Bede mit einer Bezeichnung sichtbar gemacht, die ihren neuen Charakter besser wiedergibt: „Landschatz". Das Neue lag darin, daß (erstens) eine ständische Bewilligung – in diesem Fall nur von Adel und Klerus – die Erhebung der Abgabe sichert, die (zweitens) nicht nur von den herzoglichen Bauern, sondern auch von denen seiner Vasallen gereicht werden mußte, und daß (drittens) die Steuerberechtigung an eine fürstliche Gegenleistung für die Stände (1446 Holz-, Markt- und Triftberechtigungen) geknüpft war, daß die neue Steuer also nicht auf herrschaftlicher Setzung, sondern auf Konsens zwischen Fürst und Ständen beruhte.

Landschatz

Dem Zwang zum Konsens mit den Ständen hatten die Herrscher zunächst auszuweichen versucht. Im 14. Jahrhundert finden sich mehrfach „*exacciones*", also allein auf Grund landesherrlicher Satzung ausgeschriebene Steuern, so zum Beispiel in Tirol. „Stiure" heißt hier bereits 1312 eine zehnprozentige Vermögensabgabe, was bei erneutem Ausschreiben 1315 in seinem Inhalt deutlich wird: „*hilfe und steuer*". Gefolgschafts- und Homagial-Pflichten berechtigen den Herrn also, Steuer als materielle Hilfe einzufordern. Aus diesem Denken heraus wurde auch in der Kurpfalz die allgemeine Steuer ohne ständischen Konsens ausgeschrieben. In Württemberg wurden noch 1423 bis 1426 die ersten allgemeinen Steuern auf alle Ämter gelegt, die landständische Bewilligung wird erst in der zweiten Hälfte des 15. Jahrhunderts üblich. Aber immer bestand die Gefahr der Steuerverweigerung, gegen die noch nicht einmal ein kaiserliches Privileg half, wie noch 1472 der Brandenburger Kurfürst erfahren mußte. Wo ein offener Widerstand ausblieb, konnten dennoch Gefahren heimlicher, aber wirksamer Resistenz lauern. Das ließ die Fürsten den ständischen Konsens suchen. Dieser wurde, nur anfangs auf prinzipiellen Widerstand stoßend, nach den ersten Präzedenzfällen gemäß dem Prinzip von Gabe und Gegengabe, von Leistung und Gegenleistung gewährt. Bei aller Gewöhnung an allgemeine Landessteuern betonten die Stände doch immer das

„*exactio*" und „*stiure*"

Schadlosbriefe Außergewöhnliche dieser Maßnahme. Zum Beispiel – wir kehren zu unserem oben angeführten Beispiel zurück – wird der Calenberger Herzog den Ständen eine Sicherheits-Verschreibung geben: Diese Steuer „*schall öhn an öhren Privilegien, Breue, Handfesten... gänzliken unschadelick wesen*". Solche „Schadlosbriefe" begleiten die Steuerbewilligungen in fast allen deutschen Fürstentümern.

Steuer-Erträge Bargeld lachte, wenn ein Fürst die neue Landessteuer ausschreiben konnte. Die sieben Schatzungen des 15. Jahrhunderts in der Kurpfalz erbrachten jeweils über 100.000 fl.; in Kurköln machten Bede und Schatz etwa 20% aller an den Fürstenhof fließenden Einnahmen aus. Bargeld durch Steuern. Der Fürst mußte hier nicht mit den schwerfälligen, alte Gewohnheitsrechte nachzeichnenden Abgabesystemen mit ihrem hohen Naturalienanteil rechnen.

Rechnungslegung der Schatzung Auch wenn die Schatzungen für die Stabilisierung fürstlicher Finanzen unerläßlich waren, dauerte es in der Regel doch sehr lange, bis sie genaue Abrechnungen hervorbrachten; als zu ungewöhnlich wurden sie empfunden, um eine direkte Innovation für das fürstliche Rechnungswesen herbeizuführen. Selbst in dem relativ geschlossenen Jülicher Herzogtum, wo schon seit Mitte des 14. Jahrhunderts Schatzungen ausgeschrieben wurden, deren Ertrag rund die Hälfte der Einnahmen des Landesherrn ausmachte, ließ ein genaues Verzeichnis dieser Steuer bis 1398/99 auf sich warten.

ständisches Kollektationsrecht Mit dem Aufkommen der neuen Landessteuern verband sich – in Ansätzen – eine Aufsicht derjenigen, die diese Steuer bewilligten, über die einlaufenden Gelder. So wirken etwa im Hochstift Münster erstmals 1359 die Stände bei der Landschatzung mit. Das darf nicht vorschnell als Keim eines Budgetrechts verstanden werden; denn zunächst ging es um das Kollektationsrecht. Die Stände mußten auch hier als Ersatz für die noch nicht ausgebaute landesherrliche Verwaltung die neuen Steuern erheben, denen sie zugestimmt hatten. Im nordöstlichen Deutschland, von Ostholstein bis Schlesien reichend, haben sich aus Bezirken solcher ständischen Steuererhebungen Bezirke der Landesverwaltung entwickelt, die (wie die Geschichte des preußischen Landrats zeigt) nie ihre Herkunft aus dem ständischen Bürokratie-Ersatz vergessen ließen und die „Grundeinheiten des landständischen Systems" (HINTZE) bildeten.

Aus dem Kollektationsrecht mußte sich auch der Anspruch entwickeln, über die Verwendung der Steuern mitzubestimmen. Zum Beispiel kam es 1396 in Oberbayern zu einer Art erster Steuerordnung, die eine 21köpfige Steuerkommission aus ständischen Vertretern unter Vorsitz allerdings des herzoglichen Vitztums überwachte, und 1463 wurde hier sogar den Ständen die Verwendung der Steuererträge zugestanden, über die dem Herzog lediglich Rechnung gelegt werden mußte.

Im Grunde lassen sich zwei Typen einer Mitwirkung der Stände bei der Landessteuer unterscheiden: Der des Kollektationsrechts (der den Landesherrn bereits bei den Erhebungsformen auf den Willen der Stände festlegte) und der einer Mitbestimmung bei der Verwendung der Steuern, wie es z. B. der Tübinger Vertrag 1514 im Herzogtum Württemberg vorsah. Diesen zweiten Typ verkürzen wir auf das Stichwort der „ständischen Obereinnahme", wobei bezeichnenderweise ein frühneuzeitlicher Behördentitel geliehen werden muß. Denn eine solche ständische Mitbestimmung hat sich im Spätmittelalter nur zaghaft entwickeln können. Was in Oberbayern bereits als ausgebildetes Kontrollsystem erscheint, ist zu gleicher Zeit in Sachsen nur schwach ausgebildet. Hier findet erstmals 1438 eine ständische Kontrolle der Gelder statt, faktisch aber hat ein von den Ständen eingesetzter „Zisemeister" die Verrechnung der Gelder zu besorgen. Bürokratie-Ersatz – und das sollte schließlich auch den Charakter der frühneuzeitlichen Obereinnahme bestimmen. Denn wirklich umstritten werden ständische Steuerkassen erst im 16. Jahrhundert. Zu sehr war dem Mittelalter noch bewußt, daß Steuer eine materielle Form von Rat und Hilfe war.

<small>Stände und Steuern</small>

Die Steuer, die wir von den hergebrachten Abgaben, einschließlich der Bede abgrenzen, ist ein entscheidendes Thema der Entwicklung ständischer Verfassung in Auseinandersetzung mit den herrschaftlichen Interessen. Sie hat in der ständegeschichtlichen Forschung nicht immer die ihr gebührende Aufmerksamkeit erfahren. Dort aber, wo es die Quellen erlauben, sie eingehender zu behandeln, zeichnet sich folgendes ab: Im Gegensatz zu allen vorhergehenden Abgabenformen betrifft die im herrschaftlich-ständischen Konsens gefundene Steuer das gesamte Herrschaftsgebiet. Selbstverständlich respektiert sie noch die alten adeligen und kirchlichen Immunitäten, erkennt in von Territorium zu Territorium verschiedener Form die Steuerfreiheit von Klerus und Adel an. Im allgemeinen wurde auf den Landtagen der Kompromiß dergestalt gefunden, daß die persönliche bzw. die unmittelbare institutionelle adelige oder kirchliche Immunität gewahrt wurde, daß aber die Grundholde besteuert wurden. Erst aus der gewohnheitsrechtlichen Verfestigung bzw. der langsamen Gewöhnung an solche Steuerverträge, erwächst dann im 16. Jahrhundert eine eher faktisch denn grundsätzlich begründete Permanenz dieser neuen Landessteuer.

<small>Steuer und Herrschaftsgebiet</small>

II. Grundprobleme und Tendenzen der Forschung

Das Thema der fürstlichen Herrschaft im späten Mittelalter hat sich der Tatsache zu stellen, daß landesgeschichtliche, rechts- und verfassungsgeschichtliche sowie neuerdings auch sozialgeschichtliche Ansätze hier in Gemengelage liegen. Es vereinfacht das Thema nicht gerade, daß seine Forschungsgeschichte tief ins 17. Jahrhundert zurückreicht.

Tendenzen der Forschung hervorzuheben, heißt zugleich, ein Knäuel widersprüchlicher Aussagen zu entwirren. Und dabei muß man – so eine jüngst getroffene Feststellung – „beim Phänomen des spätmittelalterlichen Reichsfürstentums tatsächlich von einer Forschungslücke sprechen" [337: MORAW, Fürstentum, 118]. Diese Lücke entsteht nicht durch mangelnde Beschäftigung mit dem Thema, sondern paradoxerweise durch das Gegenteil: Forschungskonfusion. Schon der Jurisprudenz des Alten Reiches gelang es nicht, obwohl die Deduktionen zum Recht des Territorialstaats Regale füllen, eine allgemein anerkannte Inhaltsbeschreibung der Landeshoheit, der „*superioritas territorialis*", zu erzielen [96: WILLOWEIT, Territorialgewalt, bes. 295]. Hingegen hatte die Geschichtswissenschaft des 19. Jahrhunderts, befreit von juristischen Beweiszwängen, einige damals halbwegs konsensfähige Definitionen des sogenannten Territorialstaats entwickelt, indem sie einen – inzwischen längst als Fiktion entlarvten [337: MORAW, Fürstentum, 119] – einheitlichen Reichsfürstenstand annahm. Obwohl in der Folgezeit in kaum noch zu überschauendem Umfang Dissertationen erschienen, die im landesgeschichtlichen Rahmen um Fragen von Landesherrschaft und Landeshoheit kreisten, hat sich noch nicht einmal eine halbwegs konsensfähige Lehrmeinung herauskristallisiert. Rückblickend schrieb 1960 mit einem Anflug von Resignation H. AUBIN, daß, im Gegensatz zur Forschungssituation vor dem Ersten Weltkrieg, wo man „eine communis opinio erkennen konnte", nunmehr von einem „tiefgehenden Gegen- und Durcheinander von Anschauungen" über die mittelalterliche Landesherrschaft gesprochen werden müsse [98: Landeshoheit, XIIf.].

Die Gründe für die schon in der Terminologie erkennbare Konfusion, welche die Erforschung des mittelalterlichen Fürstentums beglei-

Geschichte des spätmittelalterlichen Fürstentums: eine Forschungslücke

Forschungskonfusion

tet hat, liegen im Gegenstand selbst. Schon F. HARTUNG hatte festgestellt, daß es „*den* deutschen Territorialstaat" gar nicht gäbe [297: Herrschaftsverträge, 31] und auch P. MORAW hob hervor: „Den Regelfall eines deutschen Territoriums gibt es nicht" [129: Entfaltung, 74].

kein Regelfall des Fürstentums

Allzuoft wurde in der landesgeschichtlichen Forschung die Warnung von F. HARTUNG in den Wind geschlagen, daß zahlreiche Kontroversen darauf zurückzuführen (und eigentlich vermeidbar gewesen) wären, daß dem untersuchten Einzelfall Allgemeingültigkeit zugesprochen wurde [297: HARTUNG, Herrschaftsverträge, 31]. Wo aber wären die Maßstäbe für Allgemeingültigkeit der Aussagen zu finden, wenn ein modernes Handbuch der deutschen Rechtsgeschichte zum Thema Landesherrschaft und Landeshoheit lakonisch anmerkt: „Eine Gesamtdarstellung fehlt noch" [69: MITTEIS-LIEBERICH, 239].

1. Ablagerungen der Forschungsentwicklung: Die fragile Terminologie

1.1 Der lange Weg zum Ausdruck „Territorialstaat" und seine Problematik

Territorialstaatsrecht des 17. und 18. Jh.

Die Anfänge der wissenschaftlichen Beschäftigung mit dem spätmittelalterlichen Fürstenstaat liegen im Territorialstaatsrecht, wie es sich seit dem 17. Jahrhundert entwickelt hatte. Mit dem Werk des Andreas Knichen, *De iure territorii*, war 1600 der erste Schritt zur Begründung und Systematisierung eines territorialen Staatsrechts getan [96: WILLOWEIT, Territorialgewalt, 11], doch war Knichen in seinem Gedankenrahmen immer noch vom römischen Recht bestimmt. Und dieses Erbe wurde bewahrt, wenn in der Staatsrechtslehre von „*territorium*" gesprochen wurde, als Begriff, der die von Baldus definierten Hoheitsrechte umschloß [ebd., 27].

die Bedeutung von „*territorium*"

Wie überhaupt das 19. Jahrhundert in rechts- und verfassungsgeschichtlichen Fragen kaum auf das Staatsrecht der Frühen Neuzeit zurückgriff, so wurde auch dessen begriffliches Instrumentarium nicht weiterverwendet. So konnte 1854 „Territorium" von G. LANDAU in einem ganz anderen Sinne gebraucht werden. Als „Bildung der deutschen Territorien" verstand er die Entstehungsbedingungen der Grundherrschaft im frühen und beginnenden Hochmittelalter [G. LANDAU, Die Territorien in Bezug auf ihre Bildung und ihre Entwicklung. Hamburg/Gotha 1854]. Diese Begrifflichkeit war ein Produkt der Historischen Rechtsschule, gab wieder, was „*territorium*" in der

1. Forschungsentwicklung: Die fragile Terminologie 53

mittelalterlichen Rechtssprache allein bedeutet hatte: Gemarkung, Dorfflur. Dieser Sinn schimmerte noch durch, wenn Leopold von Ranke in seiner erstmals 1839 erschienenen Deutschen Geschichte im Zeitalter der Reformation für das 16. Jahrhundert von „Territorien" sprach [L. von RANKE's Sämtliche Werke. 3. Gesamtausgabe Bd. 1, Leipzig 1881, 222f.], denn Ranke wählte diesen Ausdruck, um terminologisch die Fürstentümer von Staaten unterscheiden zu können. Der gewissermaßen „patrimoniale" Inhalt des Ausdrucks blieb bei Historikern, die ihre Begriffe wogen, durchaus noch erhalten. 1879 benutzte ihn HEINRICH VON TREITSCHKE in einem Überblick über die deutsche Geschichte seit dem Westfälischen Frieden ausdrücklich als vorstaatlichen Begriff. Erst durch den Westfälischen Frieden wurden „die Territorien ... zu Staaten" [Deutsche Geschichte im Neunzehnten Jahrhundert. Bd. 1, Leipzig 1879, hier zit. nach der 4. Auflage, Leipzig 1886, S. 18]. Konsens bestand in der Folgezeit darüber, daß erst nach 1648 von Territorialstaaten gesprochen werden könne [G. WINTER, Geschichte des Dreißigjährigen Krieges. Berlin 1893, 603f.]. K. LAMPRECHT z. B. gebrauchte „Territorialstaat" und „Staatsterritorium" erst für das 18. Jahrhundert [Deutsche Geschichte. II/2. Freiburg i.Br. 1904, 404; vgl. ebd. 402]. In diesem Sinne hatte O. BRUNNER den Ausdruck „Territorialstaat" immer mit Anführungsstrichen versehen. Er wollte ihn erst vom 16. Jahrhundert an gebraucht wissen [42: Land, z. B. 165 oder 196].

Wenn 1887 H. PRUTZ bereits für das Spätmittelalter „Territorium" als Bezeichnung für „die volle fürstliche Landeshoheit" [78: Staatengeschichte, 296] wählt, so steht er damit noch ziemlich allein – aber es deutet sich bereits an, daß ohne nähere Erklärung der Begriff Territorialstaat aus seiner frühneuzeitlichen Festlegung in das Mittelalter zurückwandert. Ein Zwischenschritt: 1902 trennt O. HINTZE den „mittelalterlichen Lehnstaat" von einem „Territorialstaat des 16. Jahrhunderts" [54: Staatenbildung, 35]. Wenn Hintze in diesem Zusammenhang von „Territorialherrschaften" des 13. und 14. Jahrhunderts spricht [ebd. 36], so werden die Unterscheidungen blaß, zumal Hintze den Begriff Territorialstaat ausdrücklich nicht mehr für die Zeit des Absolutismus angewendet wissen will. *Wanderung des Begriffs ins Mittelalter*

Daß „Territorium" und „Territorialstaat" bald nach 1900 auch für mittelalterliche Zustände angewendet werden sollten, lag an den Assoziationen einer Flächenstaatlichkeit, die sich auf eine scheinbar unangreifbare Grundlage berufen konnten. Die Karten, die TH. LINDNER für G. DROYSENS „Allgemeiner Historischer Weltatlas" (Bielefeld und Leipzig 1886) bearbeitete (Karten 30/31 und 34/35) und auf denen er

die Karten TH. LINDNERS	mit einer bis dahin nicht erreichten Präzision die Herrschaftsverhältnisse Deutschlands im 14. und 15. Jahrhundert darstellte, mußten notgedrungen zur Fiktion von Flächen unter Nivellierung aller kirchlichen und adeligen Herrschaftsimmunitäten greifen. Diese Karten, eine bedeutende wissenschaftliche Leistung, bildeten bis zu der von A. BIRKEN bearbeiteten Karte Deutschlands zur Zeit Karls IV. [in: J. ENGEL, Großer Historischer Weltatlas. Zweiter Teil: Mittelalter. München ²1979, Karte 66a] die Vorlage für alle ihr folgenden, zumeist wesentlich vereinfachten, Darstellungen. Es dürfte auf den Einfluß dieser selten zitierten Karten zurückgehen, daß der Ausdruck „Territorial-
Gesamtdarstellungen der Territorien: LINDNER, KRETSCHMAR und KASER	staat" im 20. Jahrhundert ohne terminologische Diskussion für das Mittelalter angewandt wurde; denn Lindners Leistung war zugleich der erste Versuch einer Gesamtdarstellung der deutschen Herrschaftswelt des Spätmittelalters. Schon allein von der geographischen Ausrichtung dominierte die Vorstellung der Flächenstaatlichkeit bei dem in dieser Vollständigkeit seither nicht mehr gewagten Unterfangen des Geographen K. KRETSCHMER, der 1904 die deutsche Herrschaftswelt um 1375 zu beschreiben suchte [63: Geographie, 214–405]. Den Siegeszug des Begriffs Territorialstaat in das Mittelalter hinein besiegelte die letzte Gesamtdarstellung der deutschen Fürstentümer, die 1912 K. KASER mit einem materialgesättigten und an treffenden Urteilen reichen Kapitel gelang: „Der deutsche Territorialstaat um 1500" [61: Geschichte, 258–434].
„terra" als vermeintliche Entsprechung von Territorium	Auf immer frühere Zeiten des Mittelalters wurde der Begriff Territorium angewandt, bis man schließlich im 12. Jahrhundert angelangt war. Die Forschung glaubte sich darin sogar durch die Quellensprache gedeckt. Obwohl G. von BELOW durchaus den Begriff „terra" in seinen verschiedenen Bedeutungsschattierungen belegte, stellte er fest – ohne dafür auch nur eine Quelle zu nennen –, daß dieses Wort „insbesondere mit dem 13. Jahrhundert zur technischen Bezeichnung des Territoriums, des staatlichen Gebiets des aufkommenden Landesherrn" geworden sei [36: Staat, 133]. Auch als O. STOLZ und F. PETRI erkannten, daß die Termini „dominus terrae" bzw. „terra Coloniensis" bereits dem 12. Jahrhundert angehörten, leiteten sie unbesehen daraus eine Begründung des Territoriums ab [91: STOLZ, Land, 205, 229–231 bzw. 118: PETRI, Territorialbildung, 399f., 413; vgl. auch 276: DROEGE, Landrecht, 156f.]. Ein Kurzschluß. „Terra", soviel ist aus allen Belegen, die W. JANSSEN noch vermehrte [152: Verwaltung, 101f.], zu ersehen, ist ein Allerweltswort, es benennt weder eine rechtlich definierte Fläche, das, was man als „Territorium" verstehen könnte, noch ein „Land" im Sinne O. Brunners [vgl. 124: WENSKUS, Ordensland, 379]. Das Wort schillert

stark. Den Friesen war „*terra*" ein aus mehreren Kirchspielen gebildeter Friedensbereich, von denen Friesland etwa 20 kannte [86: SCHMIDT, Geschichtslandschaft]. In Mecklenburg stand der Begriff für Vogteibezirke [49: HAMANN, 21], wie ähnlich auch am Mittelrhein [M. NIKOLAY-PANTER, Terra und Territorium in Trier an der Wende vom Hoch- zum Spätmittelalter. RhVjbll 47, 1983, 67–123]; in der Steiermark hingegen konnte er schon im ausgehenden 12. Jahrhundert „*ducatus*" bedeuten [156: MELL, 19–21]. Am Niederrhein kann „*terra*" mit „*comitia*" ebenso gleichgesetzt werden wie mit dem blassen „*districtus*" [152: JANSSEN, Verwaltung, 102f.].

Bedeutungsvielfalt von „terra"

Erst im Verlauf einer längeren Forschungsgeschichte hat sich also der beliebte Ausdruck „Territorialstaat" als Bezeichnung für die fürstliche Herrschaft eingebürgert. Die Folgen dieser immer unpräziser gebrauchten Terminologie sind Konfusion und Scheinkontroversen. Denn die Assoziationen, die sich mit dem Ausdruck Territorium verbinden, von dem problembefrachteten Kompositum Territorialstaat, das die Diskussion der Staatlichkeit des Mittelalters aufwirft, ganz zu schweigen, sind die einer Fläche, sind die eines gar nicht vorhandenen geschlossenen Raumes.

1.2 Der vermiedene Staatsbegriff: Landeshoheit und Landesherrschaft

Schwierigkeiten türmen sich auf, wollte man etwa das, was in der Neuzeit Fürstenstaat ist, in nuce im Mittelalter vorgegeben sehen: Die beschreibenden Begriffe haben selbst ihre Geschichte, und zwar eine durchaus widersprüchliche: Die Landeshoheit, zentraler Begriff für Staatlichkeit, ist erst mit der Rezeption des Westfälischen Friedens als „*superioritas territorialis*" in das Staatsrecht integriert worden. Die deutsche Entsprechung „Landeshoheit" wurde im 17. Jahrhundert nur ganz selten verwendet [82: QUARITSCH, Souveränität, 79f.] und kam erst im 18. Jahrhundert in Gebrauch, wofür der Artikel „Landeshoheit" im 16. Band von Zedlers Universal-Lexicon [1737, Sp. 500–546] stehen mag. Bei diesem Begriff dachten die damaligen Juristen jedoch stets das Reich mit, weil, wie etwa v. SECKENDORFF [89: Fürstenstaat, 41] formulierte, „eine teutsche fürstliche hoheit nicht gar absolut sey, sondern auf die Kayserl. Majestät und das heil. reich unterthänigen respect habe". In diesem Zusammenhang wurde „Landeshoheit" im 19. Jahrhundert dann nicht mehr verstanden, man lieh sich den Ausdruck, um die Weiterentwicklung mittelalterlicher Herrschaft zur Flächenstaatlichkeit zu benennen [dazu: 48: GIERKE, Bd. 4, 204–210], und stellte ihm einen weiteren Begriff zur Seite, wodurch der von O. BRUN-

„*superioritas territorialis*" – Folge des Westfälischen Friedens

NER kritisch reflektierte Konsens herbeigeführt wurde: „Landesherrschaft, Landeshoheit, ist es, was nach der herrschenden Lehre das Territorium konstituiert" [42: Land, 165). Es störte nicht, daß beide Begriffe ausgerechnet auf „Land" bezogen waren, das – wie immer man es auch definieren mag – im Mittelalter nicht deckungsgleich mit dem Raum fürstlicher Herrschaft war.

F. KEUTGEN glaubte, das späte 14. Jahrhundert als Zeit des Entstehens der Landeshoheit definieren zu können [62: Staat, 153f.] und stand damit der Feststellung in Bluntschlis Staatswörterbuch von 1871 nah: „Seit der zweiten Hälfte des 14. Jahrhunderts darf die völlige Feststellung und Abschließung der deutschen Landeshoheit als entschieden gelten" [38: Bd. 2, 474]. Nur: Über den Inhalt von eben dieser Landeshoheit bestand überhaupt keine Klarheit. Anstelle inhaltlicher Definition wurde der Landeshoheit einfach ein anderer Begriff kontrastierend entgegengestellt: Landesherrschaft, wobei sich die Landeshoheit aus der Landesherrschaft entwickelt haben sollte [vgl. 324: SPANGENBERG, Lehnsstaat, 120 Anm. 1 und referierend 91: STOLZ, Land, 249]. Die letztere wäre, vor allem durch die Hochgerichtsbarkeit bestimmt, die ältere, letztlich auf karolingischen Amtsadel zurückgehende Form gewesen. Auf die Unterscheidung von Landesherrschaft und Landeshoheit war die Wissenschaft offenbar stolz. Polemisch stritt man sich um den möglichen Inhalt dieser Begriffe, nicht aber um ihre Berechtigung [vgl. 62: KEUTGEN, Staat, 155–159 und 68: MITTEIS, Land, 46–50; 34: BADER, Volk, 265–268]. Sogar der kritische GASSER hielt 1930 an dieser Unterscheidung fest [103: 302–304], wobei er doch einen Fortschritt darin erzielte, daß er die Landeshoheit als neue Form der Obrigkeit, die sich erst im späten 15. Jahrhundert entwickelt habe, verstand. So konnte H. Mitteis diese Trennung engagiert verteidigen [sie ist noch 69: MITTEIS-LIEBERICH, 239 für eine Kapitelüberschrift gut], weil sie ihm, ganz im traditionellen Sinne, eine zeitliche Stufung von „Gebietsherrschaft, Landesherrschaft und Landeshoheit" ermöglichte [Lehnrecht und Staatsgewalt. Weimar 1933 (Neudruck Darmstadt 1972), bes. 280–283; vgl. 69: MITTEIS-LIEBERICH, 249]. Noch im Handwörterbuch zur deutschen Rechtsgeschichte weisen die getrennten Artikel Landesherrschaft [Bd. 2, 1383–1388: F. MERZBACHER] und Landeshoheit [ebd. Sp. 1388–1394: W. SELLERT] auf die alte Trennung hin, wobei allerdings in Fortsetzung der Thesen GASSERS [103: Landeshoheit] Landeshoheit korrekterweise nur auf die Frühe Neuzeit bezogen wird. Aber die noch 1973 von K. CZOK erhobene Forderung nach einer genauen Herausarbeitung des Unterschiedes von Landesherrschaft und Landeshoheit [43: Charakter, 939 mit Anm. 74] wurde nicht erfüllt.

Landeshoheit und Landesherrschaft

Erstaunlicherweise hat die Forschung keinen Konsens über den Inhalt der beiden Begriffe, mit denen so viel operiert wurde, und die immer wieder als Themenbegiffe in Dissertationen auftauchten, erzielt. Schon O. BRUNNER hatte mit negativem Ergebnis die Literatur befragt, was denn die Landeshoheit eigentlich wäre [42: Land, 169–180; 41: ders., Verfassungsbegriff, bes. 15f.]; W. SCHLESINGER zieht sich 1941 [122: Entstehung, 2] darauf zurück, daß dies ein wissenschaftlicher Vereinbarungsbegriff sei. Die Landesherrschaft, so ist bei SCHLESINGER [123: Schönburg, 169] zu erfahren, erscheint in einigen Gebieten früher, in anderen später; die Maßstäbe aber, an denen sie gemessen werden kann, werden nicht dargelegt. Landesherrschaft und Landeshoheit sind Kunstwörter, denen keine einheitliche Definition zugrunde liegt, stellte F. UHLHORN als Warnung vor allen Bemühungen fest, diese Begriffe kartographisch erfassen zu wollen [Karte und Verfassungsgeschichte. Studien zur „Vielschichtigkeit" der Landesherrschaft. HessJbLdG 8, 1958, 133–147].

Das Fehlen der Definitionen

Die Begriffsgeschichte zeigt letztlich die Berechtigung dessen, was 1906 noch nahezu unbeachtet P. SANDER (84: Feudalstaat, 11–32) und was dann mit starker Resonanz O. BRUNNER als „Irrsal unserer verfassungsrechtlichen Terminologie" kritisierte [42: Land, 131], ja in den ersten drei Auflagen (1939–1943) noch temperamentvoller als „üblichen Schlendrian" der verfassungsgeschichtlichen Begriffsbildung brandmarkte [42: Land, 3. Aufl. 147]. Das war der Hintergrund, vor dem die Karriere eines neuen, dankbar von der Forschung begrüßten Begriffspaares stattfand.

„Irrsal" der Terminologie

1.3 Beschreibende Terminologie: Personenverbandsstaat und institutioneller Flächenstaat

TH. MAYER hatte 1935 dem Begriffspaar „institutioneller Flächenstaat" und „Personenverbandsstaat" den Erfolg als interpretierende Formel gesichert [Der Staat der Herzöge von Zähringen, in: 67: DERS., Studien, 350–365; vgl. 115: DERS., Ausbildung, 194]. Den Erfolg und teilweise die Rezeptionsgeschichte dieser Begriffsprägungen notierten BADER [34: Volk, 280] und KROESCHELL [64: Verfassungsgeschichte, 50; vgl. auch G. ALTHOFF, Verwandte, Freunde und Getreue. Darmstadt 1990, 5–7]. Die Begriffe waren nicht seine Erfindung [34: BADER, Volk, 280 mit Anm. 154], sondern in der Forschung angelegt. Daß sie mit einem Mal so wichtig wurden (weswegen BRUNNER 42: Land, seine noch in der 3. Auflage [42: 518–521] formulierten Bedenken in den späteren Nachkriegsauflagen gestrichen hatte), hatte auch damit zu tun, daß mit ihnen der Staatsbegriff für das hochmittelalterliche Fürstentum – an dem sie TH. MAYER exemplifizierte – gerettet werden konnte.

_{Karriere und Konturlosigkeit des Begriffspaars} Das Begriffspaar Th. Mayers tauchte wegen seiner deskriptiven Elemente die terminologische Problematik in ein milderes Licht, bot sich als Lösungsvorschlag geradezu an, so daß Mayer selbst leise Skepsis zu beschleichen scheint, als er 1958 auf die Karriere seiner Begriffsbildung zurückblickt: „Diese Unterscheidung hat sich weitgehend durchgesetzt, sie ist fast ein Schlagwort geworden" [Ein Rückblick, in 67: TH. MAYER, Studien, 463–503, hier: 471]. Mayer selbst hatte zu der chronologischen und sachlichen Konturlosigkeit beigetragen, indem er den institutionellen Flächenstaat nicht als eine weitere Entwicklung des Personenverbandsstaates, sondern als dessen stets vorhandenes, bis in die fränkische Zeit hinein zu verfolgendes komplementäres Element verstand. Dagegen hatte H.H. HOFMANN den zu selten aufgegriffenen [Ausnahme 124: WENSKUS, Ordensland, 382] terminologischen Vorschlag eines „institutionellen Personenverbandsstaates" gemacht, der sich im späten Mittelalter ausgebildet habe [z. B. 105: Territorienbildung, 269]. Bei allen Bedenken gegen synthetische Begriffsbildungen spricht doch für Hofmanns Vorschlag, daß er den ursprünglichen Intentionen Mayers nahesteht und daß der Deutung O. BRUNNERS Rechnung getragen wird, der 1954 in dem von Mayer popularisierten Begriffspaar „Organisationsformen" sah, „die dauernd nebeneinander, gegeneinander, miteinander wirksam sind" [290: Freiheitsrechte, 295]. Dieses Mit- und Gegeneinander aber ist besonders im Spätmittelalter auszumachen, in einer Zeit, in der über die Bildung von Ämtern erste flächenstaatliche Momente in die fürstliche Herrschaft eindringen, ohne aber die nach wie vor starken personalen Strukturen des Herrschaftsaufbaus [vgl. 319: REICHERT, Landesherrschaft, 385] in den Hintergrund drängen zu können.

_{„institutioneller Personenverbandsstaat"}

_{Verfassungs- und Landesgeschichte} Die enge Verbindung von Verfassungsgeschichte und Landesgeschichte hat dazu geführt, daß auf induktivem Wege, über die Empirie gewissermaßen, die Interpretation gesucht wurde, daß aber die auf deduktivem Wege gefundenen Formeln, die im landesgeschichtlichen Schrifttum erst zu überprüfen waren, als Leitmotive der Darstellung heute fehlen. Insofern ist das Begriffspaar institutioneller Flächenstaat und Personenverbandsstaat wohl das letzte konsensgetragene Interpretationsmuster gewesen. Wieweit dieses weiterhin produktiv sein kann, dürfte sich erst nach dem Ausgleich eines großen Defizits in der Erforschung des deutschen Fürstenstaates erweisen, in dem Mangel an vergleichenden Untersuchungen. (Vergleichende Landesgeschichte ist ein oft erhobenes, aber selten realisiertes Postulat.)

1.4 Die vermeintliche Lösung: „Land und Herrschaft"

Eine völlig neue Forschungssituation ergab sich durch das Werk O. BRUNNERS: Land und Herrschaft [42]. Auf zwei Wegen wurde hier die ältere Forschung mit einem im wissenschaftlichen Schrifttum (leider) ungewöhnlichen Temperament angegriffen. Zum einen wurde ihr ein anachronistischer Staatsbegriff ebenso wie eine anachronistische Vorstellung vom öffentlichen Recht zum Vorwurf gemacht [hierin hatte Brunner einen von ihm nicht gewürdigten, zu Unrecht vergessenen Vorläufer. 84: SANDER, 11–32], zum anderen wurde nicht Territorium oder Staat, sondern das „Land" dem Fürsten gegenübergestellt, ein Begriff, der schon zuvor in der österreichischen Historiographie stark diskutiert wurde [99: DOPSCH, Landesherrlichkeit, 237–240]. „Land" ist nach BRUNNER „durch einheitliches Recht, das Landrecht charakterisiert" [42: Land, 184; zustimmend 68: MITTEIS, Land, 48 f., 52], es kann weiterhin, wie in Kärnten, als Landfriedensbezirk des Herzogs definiert sein [42: Land, 209–213]. Fürstliche Herrschaft wäre zwar die mächtigste, aber doch nur eine unter den im Lande wirkenden Kräften. Da jede Übertragung von neuzeitlichen Staatsbegriffen als anachronistisch für die Definition dieser Kräfteverhältnisse abgelehnt wurde, konnte es keine Brücke zu den älteren Auffassungen geben, etwa zu denen von F. KEUTGEN, der schon 1918 die Frage nach dem Verhältnis von Land und Herrschaft gestellt hatte [62: Staat, 133–141]. Breiten Raum räumt Brunner der Auseinandersetzung mit G. v. BELOW ein [42:Land, 146–162], der zwar gegen seine Widersacher, was die patrimoniale Struktur der Herrschaft anging, recht behalten habe, jedoch auf halbem Wege stehen geblieben sei, weil seinem Werk „das Modell der juristischen Konstruktion des neuzeitlichen Staates zugrunde" läge [ebd., 154]. Letzteres Urteil fällte Brunner über fast alle damaligen Lehrbücher zur deutschen Verfassungs- und Rechtsgeschichte. Aus der von ihm vehement kritisierten rechtshistorischen Schule [vgl. auch 41: BRUNNER, Verfassungsbegriff, bes. 7–10] hatte gleichwohl H. MITTEIS, in einem souveränen und umfassenden, aber auch kritischen Referat den bahnbrechenden Wert dieses Werkes bestätigt [68: Land], das dann, sechsmal wieder aufgelegt, eine tiefe Wirkung auf die kommende Forschergeneration ausgeübt hat [vgl. 115: KROESCHELL, Verfassungsgeschichte, 49, 56f.].

<small>BRUNNERS Definition des Landes</small>

Natürlich war BRUNNER nicht entgangen, wie vielgestaltig der Begriff „Land" war; er verwies auf die eidgenössischen „Länder", welche die bäuerlichen Landgemeinden bezeichneten, und auf das „Land Berchtesgaden", das mit der Grundherrschaft des Chorherrenstiftes

<small>Erscheinungsformen mittelalterlicher „Länder"</small>

identisch war [42: Land, 181 und 226]; doch bezeichnenderweise vermied er es, diese Vielgestaltigkeit zusammenhängend darzustellen – es wäre wohl ein zu großer Einwand gegen seine Lehre gewesen. Der Begriff des Landes, der für den bayerischen und österreichischen Raum ein reales Widerlager hatte, war in anderen Teilen Deutschlands zur weitgehend konturlosen Raumbezeichnung geworden. Deutlich herausgearbeitet hat Brunner jedoch die verschiedene Genese von Land, indem er Niederösterreich mit seinem schon im 12. Jahrhundert erkennbaren Landrecht und Landesbewußtsein Oberösterreich, dem Land ob der Enns, das seit 1264 *„provincia Austriae superioris"* genannt wird, gegenüberstellt [ebd., 197–213]. Die unterschiedliche Genese aber, so legt Brunner nahe, wird durch eine spätmittelalterliche Gleichartigkeit der habsburgischen Länder verwischt.

Obwohl schon O. STOLZ für Tirol [91:Land und 92: Tirol, 216f.) und H. HELBIG für die wettinischen Gebiete [299: Ständestaat, 466–469] Kritik an Brunners Definition des Landes geübt hatten, ist doch eine grundsätzliche Auseinandersetzung bis heute unterblieben. An kritischen, an distanzierenden Stimmen hat es jedoch nicht gefehlt. W. SCHLESINGER bezweifelte, daß Land als Größe unabhängig von der Landesherrschaft zu sehen sei [123: Schönburg, 185] und W. JANSSEN, der schon 1971 auf die Austauschbarkeit der Begriffe *„terra"*, *„districtus"* und *„officium"* aufmerksam gemacht hatte [152: Verwaltung, 102–105], zweifelte 1983 an der Allgemeingültigkeit der Brunnerschen Definition [239: Gesetzgebung, 21–23 und 60]. Wenn die zitierten Einwände auch aus tirolischer, mitteldeutscher bzw. niederrheinischer Perspektive formuliert wurden, so stellt sich inzwischen doch die Grundsatzfrage: Was ist eigentlich „Land"?

Land als politische Raumbezeichnung ist über die bayerischen und österreichischen Länder hinaus nur in Kümmerform nachweisbar. In Westfalen zum Beispiel zeigt sich eine Erosion des Stammesgedankens, der hier über die herrschaftliche Zersplitterung hinweg die Raumbezeichnung trug, daran, daß nach 1392 nie mehr ein rein westfälischer Landfriedensbund geschlossen werden konnte (LUDGER TEWES, Westfälische Landfrieden im 14. Jahrhundert. BlldtLdG 121 (1985), 169–176, hier: 169]. Das bedeutet aber nicht die Wiedereinsetzung des von Brunner abgelehnten Territorialstaatsgedankens in sein früheres Recht. Die Zeitgenossen gingen, wie die spätmittelalterliche Chronistik zeigt, von einem regionalen Verständnis aus, das direkt auf Land zurückweist. Wenn ein Chronist die Stadt Wetzlar eine *„civitas Hassie"* nennt, so meinte er nicht die Landgrafschaft, sondern das Land, wenn Werner Rolevinck eine Art Landesgeschichte *„De laude Westvalie"* [Hg. v. H.

BÜCKER, Münster 1953] betitelt, so ist das dem Denken eines Hans Ebran von Wildenberg nahe verwandt, der in seiner Chronik das bayerische Land, nicht aber die Dynastie, geschweige denn die einzelnen wittelsbachischen Herrschaftsgebiete in den Mittelpunkt stellt [59: JOHANEK, Geschichtsschreibung, 295 f.].

Was ist „Land"? Alle Versuche, eine klare Begrifflichkeit zu schaffen, sind zum Scheitern verurteilt, selbst wenn man sich nicht um strenge rechtsgeschichtliche Definitionen bemüht [in diesem Sinne vorbildlich: H. PATZE, Die Entstehung der Landesherrschaft in Thüringen. I. Teil. Köln/Graz 1962, 1–19]. Land ist für dieZeitgenossen nicht herrschaftlich orientiert, geschweige denn geprägt. „Land" bestimmt noch im Spätmittelalter die „*lantsit*", die Verhaltensnormen, in denen sich Menschen gemeinsamer Herkunft wiedererkennen. Das eben meint die vielgebrauchte mittelalterliche Paarformel „Land und Leute". Die Landfrieden – die zweifellos bekannteste spätmittelalterliche Konkretisierung von „Land" – sind in ihren Geltungsbereichen nicht in politischen Grenzen zu fassen. Der unstaatliche Sinn von „Land" in der Konkretisierung von Landessitten (was natürlich gewohnheitsrechtliche Elemente einschließt) beherrscht Werner Rolevincks „*De laude Westvalie*" oder Hermen Botes „*Chronica der Sassen*"; das veranlaßt die Augsburger Stadtchronistik zu ihrer scharfen Trennung von Bayern und Schwaben. Johannes Rothe schreibt eine „*Düringische Chronik*", obwohl Thüringen weder ein klarer politischer noch ein genauer geographischer Begriff ist. Ein weiteres, ein frühes Beispiel: Um 1300 kritisiert Seifried Helbling die Österreicher eben wegen des mangelnden Bewußtseins ihrer „*lantsit*"; denn ihre Haartracht sei sächsisch, sie grüßten und lachten nach böhmischer Sitte, sie trieben die Rosse nach meißnischer Art, seien verfressen wie die Baiern und in Krain tanzten sie sogar wie die Slawen zum Dudelsack.

Land als unpolitische Raumbezeichnung

„*lantsit*"

2. Gestalt und Charakter fürstlicher Herrschaft

2.1 Grundherrschaft und Verfassung

Wie stark zeitgebundene Verfassungsprobleme des Vormärz auf das Verständnis vom mittelalterlichen Fürstentum abfärbten und welche weitreichenden Folgen sich daraus ergeben konnten, bezeugt der Begriff „Patrimonialstaat", den C.L. von Haller in seiner „Restauration der Staatswissenschaft" 1820 prägte. Er wurde als bequeme Definition alsbald im landesgeschichtlichen Schrifttum benutzt, wobei sehr

„Patrimonialstaat"

schnell abgeschliffen wurde, daß ihn Haller nur im patriarchalischen Verständnis gebraucht hatte (Vorahnung der von O. BRUNNER vertretenen Definition des Hauses als Kern mittelalterlicher Herrschaft [42: Land, 254–257]), um eine „öffentliche" Staatsgewalt für das Mittelalter verneinen zu können [vgl. zur Rezeption 36: v. BELOW, Staat, 6–8, 30]. Damit wurde er Anreger der „grundherrschaftlichen Theorie", wie sie K. LAMPRECHT 1885/86 dezidiert vertrat [66: Wirtschaftsleben 1, 1251–1255].

Grund- oder Gerichtsherrschaft als „Wiege der Territorien"?

Entschieden wandte sich v. BELOW gegen die Auffassung, daß die Grundherrschaft „die Wiege der Territorien" gewesen sei [36: Staat, 90] – und dies nicht nur, weil die These von Lamprecht vertreten wurde, sondern weil sie seinerzeit bereits als überholt erschien. In der Gerichtsherrschaft glaubte man den Kern der Landeshoheit erfaßt zu haben. Ganz jedoch ging der Gedanke einer Ableitung des Territorialstaats aus der grundherrschaftlichen Entwicklung nicht verloren. GASSER bestand auch deshalb darauf [103: Landeshoheit, z. B. 184], um das Fürstentum als „eine Art machtpolitischen Komplexes von verschiedenartigsten nutzbaren Herrschaftsrechten" definieren zu können [ebd., 192], was dann erst im 15. Jahrhundert durch einen Verdichtungsprozeß zur Bildung von Territorialstaaten geführt habe [ebd., bes. 205–214].

GASSERS vergessener Ansatz

Gassers anregendes Werk hatte in der Forschung nicht die produktive Rolle gespielt, die es eigentlich verdient gehabt hätte; denn die Grundsatzdiskussion um die „patrimonialen Grundlagen" des Fürstentums wurde nicht mehr geführt. So meinte MITTEIS 1941, daß „die patrimoniale, privatrechtliche Betrachtungsweise des älteren deutschen Staates hoffentlich für immer beseitigt ist" [68: Land, 43].

Kammergut als Rückgrat des Fürstentums

Die schlichte Tatsache aber, daß, wie jede Adelsherrschaft, auch die fürstliche auf Eigenbesitz, auf der Grundherrschaft beruhte, hat Konsequenzen für den Aufbau der fürstlichen Herrschaft, selbst wenn das unmittelbar dem Fürsten zustehende Kammergut nur den kleineren Teil eines Herrschaftsgebietes, in Österreich 15 % ausmacht [113: LECHNER, Territorium, 431] und in Bayern sich bis 1500 zu einem bloßen Einkommenstitel entwickelte [102: FRIED, Entwicklungen, 303]. Auch wenn in Niederbayern die herzoglichen Urbarsgüter nur 14,5 % des Landes ausmachten, bildeten sie doch das „wirtschaftliche und finanzielle Rückgrat der landesherrschaftlichen Finanzwirtschaft" [234: ZIEGLER, 51].

Wie weit die Grundherrschaft staatsbildend werden konnte, hängt von der jeweiligen wirtschaftlichen Struktur einer Herrschaft ab [vgl. für kleinere Herrschaften 284: BLICKLE, Landschaften, 396–400, 413–425]. So spielen zum Exempel die Domänen an dem mit Zollstätten ge-

2. Gestalt und Charakter fürstlicher Herrschaft 63

spickten Niederrhein eine geringe Rolle im fürstlichen Haushalt, sie erbringen hier nur 2–5 % der Einnahmen. Doch gibt es eine bezeichnende Ausnahme: In Kleve hatten die Erträge der Eigengüter einen Anteil von 30 % an den zentralen Einnahmen, weil hier das Herrschaftsgebiet durch die hochmittelalterliche Binnenkolonisation entscheidend erweitert worden war [212: DROEGE, Grundlagen, 151]. Aber als Regel läßt sich aufstellen: Die Zölle bilden einen bedeutenden Einnahmetitel im fürstlichen Haushalt [vgl. z. B. für Hessen 97: ZIMMERMANN, Territorialstaat, 346 f.]. Die Rheinzölle dürfen sogar als die dominierende Einkunftsquelle betrachtet werden. Um 1400 bezieht der Mainzer Erzbischof aus seinem Zoll zu Oberlahnstein ebensoviel Einnahmen wie aus den dreißig Städten seines Stifts [209: VOLK, Rechnungen, XXVII]. Der Hinweis auf die Einnahmen aus den Regalrechten [dazu 169: ZIMMERMANN, Zentralverwaltung, 180–230] warnt davor, die grundherrschaftliche Basis fürstlicher Einnahmen generalisierend zu überschätzen.

Variante: Zölle als finanzielle Basis

Von der grundherrschaftlichen Basis her betrachtet, erscheint die fürstliche Herrschaft in ihrer unstrukturierten, in der Bündelung von Einzelrechten bestehenden Eigenart. Innerhalb der gleichen Herrschaft liegen Gebiete mit reicheren und mit geringeren fürstlichen Einkünften. Daraus ergeben sich von Gegend zu Gegend unterschiedliche Machtverhältnisse. So bezog 1375 die Stendaler Familie Bismarck mehr Einkünfte aus der Altmark als der Landesherr [137: SCHLESINGER, Brandenburg, 118]. Auf solche Unterschiede nehmen die Landesteilungen Rücksicht, da sie Nutzungen und nicht ein Staatsgebiet zu verteilen haben. Aufschlußreich ist die Instruktion für die oberhessischen Räte, die 1466 für die bevorstehende Landesteilung eine Landesaufnahme ausarbeiten sollen [97: ZIMMERMANN, Territorialstaat, 394]: Sie haben alle Geld- und Fruchtzinsen, die Zehnten, die Abgaben von Fastnachtshühnern, die in fürstlicher Eigenwirtschaft unterhaltenen Schäfereien und Teiche [dazu ebd., 242, 264] sowie die Zahl der landesherrlichen Schweine zu verzeichnen, die auf den Mühlen gemästet werden müssen.

Strukturen fürstlicher Herrschaft über Land und Leute

Das innerhalb eines Herrschaftbereichs ganz unterschiedlich gestaltete Machtprofil zeichnet sich in den Verzeichnissen der Einnahmen ab. Die Urbare, die frühesten Zeugnisse verschriftlichter Herrschaftspraxis, waren aus grundherrschaftlichen Bedingungen entwickelt worden. Das Fürstentum übernimmt eine längst bewährte Form der Besitzsicherung. Klein ist die Zahl fürstlicher Urbare im 13. Jahrhundert, im 14. nimmt sie bedeutend zu [76: PATZE, Territorien, 28 f.]. Naturgemäß sind die frühen fürstlichen Urbare – um 1220–1230 und 1256/57 in der

Urbare

Steiermark, um 1230 einsetzend in Bayern [193: WILD, 9 und 34 f.], 1288 in Tirol (alle gräflichen Ämter umfassend) und etwa gleichzeitig in habsburgischen Landen [113: LECHNER, 417] – auf eine weitere Fläche bezogen, haben einen entscheidend größeren materiellen Inhalt als die Güterverzeichnisse von Klöstern und Stiftern, aber sie bleiben doch primär dem gleichen Gedanken, dem der Besitz-, und nicht dem der Herrschaftssicherung verpflichtet. [Dazu instruktiv die Kartierung des Augsburger Hochstiftsurbars 1316/1366: W. ZORN, Historischer Atlas von Bayerisch-Schwaben. Augsburg 1955, Karte 25 (W.E. VOCK)]. Das wird selbst an dem berühmtesten dieser Verzeichnisse, dem Landbuch der Mark Brandenburg sichtbar, es wird aber auch daran deutlich, daß diese Urbare häufig am Vorabend von Landesteilungen angelegt werden, wie z. B. in Meißen 1378 oder in den wettinischen Landen anläßlich der Chemnitzer Teilung 1383. Die Bedeutung der Urbare innerhalb des Geschäftsschriftgutes sei nur an einem Detail belegt: Während das Papier seit Ausgang des 14. Jahrhunderts für die bayerischen Amtsbücher verwendet wird, werden die Güterverzeichnisse nach wie vor auf dem teuren Pergament geschrieben.

Urbar und Landesteilung

Landesherrliche Urbare stellen die ersten Anläufe zu einer Zentralität des Fürstentums dar, denn sie werden bis zum Ende des 15. Jahrhunderts als Gesamtverzeichnisse [vgl. etwa 90: SEYBOTH, 375 f.] und nur selten in Gestalt von Amtsurbaren angelegt. Zwischen der Bildung von Ämtern und der Anlage von Urbaren gibt es zwar keinen direkten, aber doch einen indirekten Zusammenhang. In beiden Fällen geht es um die Definition des Wertes von Herrschaftsrechten und um deren Sicherung. Wegen dieses indirekten Zusammenhanges ist die Frage doch ernst zu nehmen, ob die in den Urbaren beschriebene Grundherrschaft oder die in den Ämtern verfestigte Gerichtsherrschaft der entscheidende Faktor bei der Begründung fürstlicher Staatlichkeit gewesen ist.

Urbar als Wertbestimmung von Herrschaft

Wenn um 1200 im deutschen Nordwesten sogenannte Gogerichte gebildet werden, so kündigt sich ein Qualitätssprung an, der die fürstliche Grundherrschaft von der adeligen unterscheidet [vgl. OTTO MERKER, Grafschaft, Go und Landesherrschaft. NdsächsJb 38 (1966), 1–60, und für Westfalen 118: PETRI, Territorienbildung, 399 und 455 sowie die instruktiven Karten des Hochstifts Osnabrück im späten Mittelalter (bearb. von A. BIRKEN) in: J. ENGEL, Großer Historischer Weltatlas 2. Teil: Mittelalter. München ²1979, Nr. 68b]. In der hier erfolgten Zusammenfassung von Grundherrschaft und Vogtei wurde – wie auch in analogen Fällen in anderen deutschen Landen [vgl. für Bayern 101: FRIED, Grafschaften] – der erste Schritt der Entwicklung hin zu den Ämtern des 14. Jahrhunderts getan. Zwar werden fürstliche Grundherr-

Verknüpfung von Grund- und Gerichtsherrschaft: Gogerichte und Vogteien

2. Gestalt und Charakter fürstlicher Herrschaft 65

schaft und Gerichtsherrschaft nie deckungsgleich werden, aber sie sind auch nicht unabhängig voneinander entwickelt worden. Im Gegensatz zur älteren Forschung wird neuerdings immer deutlicher, daß auch im Spätmittelalter das Niedergericht erheblichen Wandlungen unterlag [102: FRIED, Entwicklung, 303]. Angesichts der Aufgaben des Kellners und des Amtmannes wird man im wesentlichen O. STOLZ zustimmen, daß die Grundherrschaft „nicht die eigentliche Grundlage der Landeshoheit" gewesen sei, aber zumindest „ein Mittel, sie zu befestigen" [165: Grundriß, 82].

Die Ansicht von O. Stolz wird dadurch bestätigt, daß sich mit dem 14. Jahrhundert die Frage des Verhältnisses von Grund- und Gerichtsherrschaft dahingehend verändert, daß, wie H. AUBIN bereits erkannte [98: Landeshoheit, 199–210], nunmehr das Verhältnis von Dorfherrschaft und Gerichtsgewalt zum Thema wird. Dabei hatte sich, wie jeder Grundherr, auch der Fürst mit der Gemeindebildung, die sich unterschiedlich auf deutschem Boden vollzog, auseinanderzusetzen. Vom Niederrhein bis Oberdeutschland, in den Gebieten mit entwickelter Gemeindeverfassung, sehen wir das Interesse der Herrschaft an der Aufzeichnung von „*consuetudines locorum*", wie man im 14. Jahrhundert am Niederrhein weistums-analoge Aufzeichnungen nennt [239: JANSSEN, Gesetzgebung, 23]. *Dorfherrschaft*

Daß Weistümer gleichsam formularmäßig mit dem Ziel angelegt werden, Herrschaft zu stabilisieren, zeigt das Beispiel der Grafen von Wertheim 1410–1450 [K. ARNOLD, Dorfweistümer in Franken. ZBLG 38 (1975), bes. 835 ff.] bzw. der Eppsteiner in ihrer Herrschaft Königstein 1453 [251: WILLOWEIT, Gebot, 103]. Daß aber die Weistümer direkte Mittel zum Ausbau der Landeshoheit gewesen sind (so F. ZIMMERMANN, Die Weistümer und der Ausbau der Landeshoheit in der Kurpfalz. Lübeck 1937 (Neudruck: Vaduz 1965)], ist eine bis heute nicht ganz aufgegebene, wenngleich inzwischen differenzierter beschriebene Auffassung [I. EDER, Die saarländischen Weistümer – Dokumente der Territorialpolitik. Saarbrücken 1978]. Jedoch ist zu beachten, daß sie schon ihrer Natur nach allenfalls zur Herrschaftsverdichtung im kleineren Raum geeignet sind, nicht jedoch als Herrschaftsinstrumente größerer Fürstentümer. *Weistümer und Herrschaftsverdichtung*

Wiederum anders, Illustration der Strukturvielfalt in deutschen Landen, stellt sich die Frage nach dem Verhältnis von Fürst und bäuerlicher Genossenschaft in unterfränkischen, mittelrheinischen und teilweise auch hessischen Landen dort dar, wo die Zenten als ursprünglich bäuerliche Gerichtseinheiten Dörfer, Weiler und Einzelhöfe zu einem Hochgerichtsbezirk verklammern [240: KNAPP, Zenten; 136: SCHAAB, *der Fürst und die Zentrichter*

Festigung, 193; 85: DERS., Kurpfalz, 192]. Daß der Blutbann, das Recht, das Hochgericht zu hegen, dem Zentrichter, dem bäuerlichen Zentgrafen vom Landesherrn verliehen wird, bildet den Ansatz zur Territorialisierung dieser Gerichte, die im 15. Jahrhundert völlig der landesherrlichen Aufsicht unterstellt werden. Der Fürst setzt schließlich den Zentgrafen ein und betrachtet ihn als seinen Sachwalter. In dieser Wandlung von der Bannleihe zum Einsetzungsrecht zeigen sich gleichermaßen Kraft und Versachlichung der spätmittelalterlichen Fürstenherrschaft.

Gemeindebildung und Landesherrschaft

Bei allen Unterschieden im einzelnen scheint sich doch abzuzeichnen: Die Landesherrschaft läßt einen „patrimonialen" Grundzug in all jenen Gebieten noch erkennen, in denen sich eine Gemeindeverfassung ausgebildet hat. Hier wird in der Frage von Dorf- und Gerichtsherrschaft der grundherrschaftliche Ausgangspunkt von Herrschaft immer noch sichtbar. In all jenen Gebieten, vor allem in den ostelbischen Kolonisationslanden, wo sich keine wirkliche Gemeindeverfassung

die unterschiedlichen Aussagen der Bedeverträge

ausbilden konnte, verläuft die Entwicklung anders. So galt die Bede in Franken und in der Pfalz als Folge der Dorfherrschaft [85: SCHAAB, Kurpfalz, 201], in der Mark Brandenburg hingegen mußte der Fürst schon im frühen 14. Jahrhundert Bedeverträge mit Adel und Städten seines Landes abschließen. Die fürstliche Grundherrschaft kann hier nicht als Ausgangspunkt eines Besteuerungsrechtes wirken. Und das läßt sich verallgemeinern: Die verschiedene Akzentuierung der „patrimonialen" Herrschaftselemente hat auch Konsequenzen für die landständische Entwicklung.

Überall dort, wo sich eine Selbstverwaltung der dörflichen Gemeinde ausgebildet hatte, wurde diese im 15. Jahrhundert „zum Partner der territorialen Verwaltung" [85: SCHAAB, Kurpfalz, 192] – eine schwierige Beziehung, in welcher der Herrscher zwar die Macht, aber

Dorfgemeinden als Partner der fürstlichen Verwaltung

die Gemeinde die Möglichkeit zu hinhaltender Resistenz hatte. [Eindrücklich: S. SCHMITT, Territorialstaat und Gemeinde im kurpfälzischen Oberamt Alzey. Stuttgart 1992.] Der „Landschaden" in Württemberg, dessen erste Spuren um 1440 begegnen, bestand im wesentlichen in Fuhr- und Transportdiensten der Gemeinden für den Landesherrn [216: ERNST I, 73, 77, 82 f.]. Unerläßlich war vielerorts die Mitwirkung der Gemeinden bei der Steuererhebung [211: BAMBERGER, 190–194], in Württemberg erscheinen sie direkt als Instrumente der Steuerkollektation [216: ERNST I, 57–63].

Urbare als Ansätze zur Zentralität, Ämter als Zusammenfassungen von gerichts- und grundherrschaftlichen Rechten und schließlich die Instrumentalisierung der Gemeindeverfassung erweisen, daß im

Verlauf des Spätmittelalters die „domanialen" Grundlagen der Herrschaft entscheidend weiterentwickelt worden waren, so daß von einer – wie immer definierten – „patrimonialen" Staatsauffassung nicht mehr die Rede sein konnte.

2.2 Der Fürst und seine Gerichtsbarkeit

Recht zu sprechen, galt dem Mittelalter als erste Herrschaftsaufgabe; der gerechte Richter war Fürstenideal. Den Zusammenhang von Recht, Gerichtsbarkeit und Herrschaft hat die Erforschung des deutschen Fürstenstaats nie aus den Augen verloren, sie hat ihn aber im 19. Jahrhundert in Weiterführung des barocken Staatsrechtes vereinfacht, indem sie die Hochgerichtsbarkeit als zentralen Inhalt der Landeshoheit definierte. Von der Annahme einer Traditionsgebundenheit der Rechtsverhältnisse ausgehend, wandte die Forschung – noch ohne Begriff und Risiken zu kennen – die rückschreitende Methode an und glaubte aus späterer Überlieferung auf frühere Verfassungszustände schließen zu können. Daraus entwickelte sich die Lehrmeinung, daß die Landesherrschaft aus der gräflichen Gewalt des frühen Mittelalters entstanden sei [vgl. die Zusammenstellung bei 103: GASSER, Landeshoheit, 3 Anm. 1]. Obwohl schon H. Hirsch 1922 mit dem Nachweis eines tiefgehenden Strukturwandels der Hochgerichtsbarkeit (den er allzu zugespitzt in die Zeit der späten Salier verlegte) dieser Auffassung den Boden entzog [237: bes. 223], bewies diese doch das eigentümliche Beharrungsvermögen etablierter Anschauungen, so daß sich noch MITTEIS-LIEBERICH nur einen leisen, zweifelnden Unterton gestatteten: „Viele betrachten die Grafschaft schlechthin als Keimzelle der Landeshoheit" [69: 243]. Folgerichtig schloß man im Atlasunternehmen der österreichischen Alpenländer aus spätmittelalterlicher Landgerichtsbildung auf hochmittelalterliche Grafschaftssprengel. Das hat sich in Österreich ebensowenig bewahrheitet wie in Bayern [vgl. P. FRIED, Die Entstehung der Landesherrschaft in Altbayern, Franken und Schwaben im Lichte der historischen Atlasforschung, in: A. KRAUS (Hg.), Land und Reich, Stamm und Nation. Festgabe M. Spindler. Bd. 1. München 1984, 1 f.].

Von der Hochgerichtsbarkeit als Grundlage der Landeshoheit wollte die Forschung nicht lassen. Die Untersuchung der Landgerichte gewann besonderes Interesse. Oft wurden dabei die Tücken der Terminologie zuwenig beachtet. Wie der Begriff „Land" so streut auch „Landgericht". Zum Beispiel entsprechen die schwäbischen, tirolischen und salzburgischen Landgerichte in ihrer Mitwirkung von

Hochgerichtsbarkeit und Landeshoheit

Unterstellung von Kontinuitäten: Grafschaftsrechte

was heißt „Landgericht"?

Bauernschaften denen der fränkischen Zenten; in anderen Regionen ist Landgericht auch als Grafschaftsgericht zu identifizieren, die bayerischen Landgerichte hingegen beschreiben herrschaftliche „Ämter".

Neubildung von Hochgerichten

Die durch H. HIRSCH erschütterten alten Hochgerichtstheorien wurden erst in den dreißiger Jahren von der österreichischen Historiographie endgültig widerlegt [referiert bei 113: LECHNER, 390]. Damit war der Weg für eine Ansicht frei, die bereits 1906 F. RÖRIG formuliert hatte [120: Landeshoheit]: Die Hochgerichtssprengel können, wie im Erzstift Trier zu sehen war, eine spätmittelalterliche Neubildung sein. Diese Erkenntnis aber wurde, da sie in einer der zahlreichen Landesherrschafts-Dissertationen versteckt war, nicht rezipiert, obwohl sie sich mit der Beobachtung von Hirsch deckte, daß erst um 1300 die allmählich vollzogene Trennung von Hoch- und Niedergericht sichtbar werde [ebd., 50–59, 71–75]. Durch U. WEISS ist der differenzierte sachliche Inhalt der Hochgerichtsbarkeit in seiner neuen, spätmittelalterlichen Ausbildung dargelegt worden [250: 127f. und 23–28], und weiterhin hat P. FRIED darauf aufmerksam gemacht, „welch dünne staatliche Decke das landesherrliche Blut- und Hochgerichtsmonopol am Ende des 13. Jahrhunderts noch war" [102: Entwicklung, 324]. Die Hochgerichte gewinnen in Bayern um die Wende des 13. zum 14. Jahrhundert administrative Funktionen [234: ZIEGLER, bes. 73–77], z. B. im Bezug auf das Scharwerk, die Spanndienste der Untertanen [102: FRIED, Entwicklung, 323 mit 329]. Erst dadurch aber wird Gerichtsbarkeit auch herrschaftsbildend.

Niedergericht als Herrschaftsmittel

Nicht nur was die Umformung der Hochgerichtsbarkeit angeht, haben die Forschungen von H. HIRSCH bahnbrechend gewirkt, sondern auch was die erst im 13. Jahrhundert sichtbar werdende Unterscheidung von hoher und niederer Gerichtsbarkeit betrifft. Diese Unterscheidung ist, obwohl sie im Spätmittelalter vielerorts noch nicht streng eingehalten wurde, für die Ausbreitung fürstlicher Herrschaft von grundsätzlicher Bedeutung. Sie enthält weit mehr als Hierarchisierung und Kompetenzabgrenzung von Judikatur; denn die niedere Gerichtsbarkeit, die in den Alltag eingreift, kann zum entscheidenden Herrschaftsmittel werden; nur auf ihrer Ebene sind Judikatur und Administration ungetrennt verflochten (während das Hofgericht nur eine Instanz neben anderen der fürstlichen „curia" darstellt). Die mit feierlichem Rechtszeremoniell ausgestaltete Bannleihe des Land- und Hofrichters war Ausdruck fürstlicher Würde und seiner Hoheit, aber für die fürstliche Herrschaft, so können wir vereinfachen, ist der Amtmann, der die niedere Gerichtsbarkeit wahrnimmt, ungleich wichtiger.

2. Gestalt und Charakter fürstlicher Herrschaft

Zu bedenken ist bei der an den Fürsten gebundenen Gerichtsbarkeit: Sie steht unter einem übergeordneten Recht. Denn „*recht und gewonheit*" werden auf ein Land bezogen – so hatten schon die Verfasser von Sachsen- und Schwabenspiegel den Geltungsbereich ihrer Rechtsbücher verstanden. „Land und Leute" ist nicht nur wegen der Alliteration eine in den Urkunden häufig verwendete Paarformel [HRG 2, Sp. 1361–1363: R. SCHMIDT-WIEGAND; aufschlußreiche Belege bei 44: FEHR, Dichtung, 156–158]. Deshalb konnte Rudolf von Habsburg – ein Beispiel unter vielen – „*ius et terre consuetudinem approbatam*" seinem österreichischen Landfrieden 1276 zugrunde legen. überterritoriale Vorgaben: „*recht und gewonheit*"

Scheinbar können Rechtslandschaften ein zentrales Kriterium erfüllen, das für O. BRUNNER der Begriff „Land" als Geltungsbereich eines Landrechts hatte [42: Land, 182f.]. Aber die Gleichsetzung von Land und Landesrecht ist gescheitert; denn letzteres ist ausgesprochen wandlungsfähig. Allzusehr stand Brunner hier noch unter dem Eindruck der Historischen Rechtsschule, die von einem statischen deutschen Recht ausging. Die Landrechte des 14. Jahrhunderts übernehmen die Delikt- und Strafkataloge der hochmittelalterlichen Landfrieden [330: ANGERMEIER, Landfrieden, bes. 448–478], normieren das Verfahren fürstlichen Gebots und werden durch dessen inhaltliche Ausweitung schließlich – zumeist im 16. Jahrhundert erkennbar – in die Gebietsherrschaft integriert [91: STOLZ, Land, 203]. Nicht eine Opposition von Land und fürstlichem Gebiet, sondern die diesen beiden Begriffen inneliegende Beziehung zum Recht wird in ihrem Mit- und Gegeneinander von Landesbrauch und fürstlichem Gebot produktiv. Nur gestreift werden kann: Weil die noch nicht herrschaftlich monopolisierte Gerichtsbarkeit unabhängige, in der „Gewohnheit des Landes" verankerte Institutionen kannte, erschien den Zeitgenossen der etwa 1420 einsetzende und eine Generation währende Siegeszug der Veme als einer überterritorialen Gerichtsbarkeit alles andere als befremdlich. Daß ungefähr mit den vierziger Jahren Fürsten (und auch die Reichsstädte) immer heftiger gegen die Veme vorgingen, hing nicht zuletzt mit eigenen Bemühungen um eine Neuordnung der Gerichtsbarkeit zusammen. Landrechte

Im 15. Jahrhundert begegnet allenthalben in deutschen Landen das Bemühen um eine Neuordnung der Gerichtsbarkeit, die mit den beiden Stichworten Appellationsinstanz und Zentralität des Hofgerichtes benannt sei. Diese Neuordnung trägt die Signatur des 15. Jahrhunderts, die Institutionalisierung von Herrschaftsaufgaben. Zugleich verändert sie die Stellung des Fürsten; denn dieser war ursprünglich nur Inhaber von Gerichten. Diese standen bis zu den Dorfgerichten neben- Neuordnung der Gerichtsbarkeit im 15. Jh.

einander, weil es nach mittelalterlichem Denken nur ein einziges Gericht geben konnte, dem die endgültige Entscheidung zustand. Eine oberste Gerichtsbarkeit, wie sie im Hofgericht mit der Festlegung von Sitzungstagen, von Prozeß- und Geschäftsgang institutionalisiert wird, ist also zugleich Ausdruck einer gleichmäßig auf das gesamte Gebiet sich erstreckenden vom Fürsten abgeleiteten Judikatur. Jetzt erst werden, zumindest dem Anspruch nach, Gebot und Gebiet deckungsgleich. Bis es, vor allem in der zweiten Hälfte des 15. Jahrhunderts, zur Bildung von Hofgerichten kam – 1462 in Heidelberg [136: SCHAAB, Festigung, 193], 1475 in Württemberg [154: KOTHE, 23] – gab es vielerorts einen bezeichnenden Zwischenschritt: Oberhöfe wurden gebildet, an die bereits eine Appellation möglich war; so schon anfangs des 15. Jahrhunderts in niederrheinischen Territorien, wo Kleve, Kalkar und Wesel eine solche Kompetenz besaßen [300: HELBIG, Fürsten, 175], so in der Grafschaft Württemberg um die Mitte des 15. Jahrhunderts, wo die Stadtgerichte Tübingen und Stuttgart entsprechend aufgewertet wurden [168: WINTTERLIN Bd. 1, 22). Diese Oberhöfe waren eine Neuschöpfung aus einem neuen Territorialbewußtsein heraus. Das Recht sollte im Lande bleiben; es sollte möglichst nicht, was sich seit dem 14. Jahrhundert eingespielt hatte, ein auswärtiger Schöffenstuhl angerufen werden: Die Rechtsauskünfte, welche die Schöffen in Magdeburg, am Aachener oder am Ingelheimer Oberhof gaben, waren Antworten auf Fragen, die aus allen Herrschaften in einem weiteren Umkreis kamen. Märkische Städte z. B. suchten nicht nur die Rechtsweisungen des Brandenburger Schöppenstuhls, sondern wandten sich auch an auswärtige Oberhöfe nach Magdeburg oder Pößneck [253: AHRENS, 107]. Daß dieser Prozeß bewußt im Hinblick auf eine Territorialisierung der Gerichtsbarkeit ins Werk gesetzt wurde, zeigt sich im Trierer Erzstift, wo vor 1422 eine Oberhof-Kompetenz der Hofkammer zugesprochen wurde, was dann die Grundlage für die Bildung des Hofgerichts werden sollte, das 1458 mit kaiserlichem Privileg errichtet wurde.

Mit der Einführung von Gerichten, an die appelliert werden konnte, war erstens ein Zentralitätsgewinn für die Herrschaft verbunden und zweitens wurde diese Gerichtsbarkeit eben auf ein Herrschaftsgebiet bezogen. Allerdings folgte der Schaffung oberer Instanzen nicht eine Bereinigung des Unterbaus. Hochgerichts- und Niedergerichtsbarkeit mußten keineswegs in einer Hand liegen, und selbst die Landgerichtsbezirke waren nicht immer (friedenssichernd) klar voneinander abgegrenzt [vgl. die Karten der Hochgerichtsbezirke Schwabens um 1450 bzw. des Landgerichts Höchstätt 1560, in: W. ZORN, Historischer Atlas von Bayerisch-Schwaben. Augsburg 1955, Nrn. 26 f., 27–30].

2.3 Herrscher und Vasallen – die Wandlungen des Lehnswesens

Lange Zeit ging die Forschung davon aus, daß mit dem hohen Mittelalter die große Zeit des Lehnswesens vergangen war, daß dieses in den folgenden Epochen für den staatlichen Aufbau der Territorien keine Rolle mehr gespielt, daß um 1300 der Fürstenstaat die Lehensstruktur überwunden habe [vgl. dagegen 274: DIESTELKAMP, Lehnrecht, 657 und vor allem 279: SPIESS, Lehnsrecht, 1–4]. Nur „leeren Formalismus" bzw. „Verfall" sahen W. SCHLESINGER und G. LANDWEHR im spätmittelalterlichen Lehnswesen [137: Brandenburg, 121 bzw. 128: Mobilisierung, 491], obwohl bereits 1901 W. LIPPERT einen Katalog der deutschen Lehnbücher vorgelegt hatte, aus dem das später bestätigte Ergebnis hervorging, daß das 14. Jahrhundert die große Zeit dieser Verzeichnisse gewesen war [278: Lehnbücher, bes. 9f. Vgl. 76: PATZE, Territorien, 34–38; 113: LECHNER, 416f. und für den Niederrhein 118: PETRI, Territorienbildung, 478]. In diesen Aufzeichnungen, mit deren Edition in größerem Stil in den letzten Jahrzehnten begonnen wurde, wird eine ungebrochene Tradition sichtbar. Wie wichtig die Vasallität noch genommen wurde, erweist sich bei Dynastiewechseln (vgl. z. B. 189: SCHLEIDGEN, Kanzlei, 183f.: Kleve 1368) und bei Landesteilungen. So wird bei der wettinischen Landesteilung 1381 nicht nur das große Urbar, sondern auch das Lehnbuch zweimal abgeschrieben. Tatsächlich prägte die Vasallität immer noch die Struktur des herrschaftlichen Personenverbandes. Bis in das 15., teilweise noch bis in das 16. Jahrhundert hinein, blieben die Aufgebote der Vasallen eine Notwendigkeit in Kriegszeiten [274: DIESTELKAMP, Lehnrecht, 74). Zugleich kam dem Lehnrecht noch große praktische Bedeutung darin zu, daß es in das innerfamiliäre Erbrecht eingreifen konnte. Insofern werden Lehenhof und Lehengericht Mittel der Herrschaft über Personenverbände.

Die Lehenbücher zeigen nicht nur Tradition, sondern auch neue Bedingungen des Lehnswesens: Verschriftlichung. Dies erweist sich auch an seinem „erstaunlich großen Anteil" an der täglichen Arbeit in der Kanzlei [279: SPIESS, Lehnsrecht, 261] – allein 744 Lehenbriefe finden sich in den Balduineen [112: LAUFNER, 143] –, was dann im 16. Jahrhundert zur Bildung eigener Lehenskanzleien führt. Die Geschichte der Vasallität wird seit dem Spätmittelalter nicht mehr im Felde, sondern in der Kanzlei geschrieben. Griffig hat THEUERKAUF die rechtlichen Konsequenzen dieser Wandlung definiert: „Vom Manngericht zur Landesbehörde" [282: Land, 82–87].

G. THEUERKAUF [282: Land], B. DIESTELKAMP [274: Lehnrecht], K. F. KRIEGER [333: Lehnshoheit] und K.-H. SPIESS [279: Lehnsrecht]

Marginalien:
- die verfassungsgeschichtliche Aussage der Lehenbücher
- Lehenswesen und adeliges Erbrecht
- Verschriftlichung des Lehenswesens
- Lehenkanzleien

konnten den Nachweis der integrierenden Funktion des Lehnswesens für die Landesherrschaft führen [vgl. auch 113: LECHNER, 427 f.]. Balduin von Trier hatte gezielt das Lehnsrecht zur Straffung seiner Herrschaft eingesetzt [194: BERNS, Burgenpolitik, 97–116]. Denn dieses war sehr geschmeidig [282: THEUERKAUF, Land, 88–91]. Renten- und Ämterlehen [vgl. ebd., 60 f.; 230: STOLZ, Zollwesen, 47; 279: SPIESS, Lehnrecht, 135–153] zwangen teilweise alte Rechtszustände in neue Verwaltungsrahmen [vgl. besonders 279: SPIESS, Lehnrecht, 179–252].

Verdinglichung: Renten- und Ämterlehen

Die Rentenlehen werden nach dem Wert ihrer Einkünfte berechnet, wobei etwa in der Mark Brandenburg als Einheit das *„frustrum"* zugrunde gelegt wird, der Wert von etwa einem Pfd. Pfennigen und einem Wispel Roggen [137: SCHLESINGER, Brandenburg, 117].

Die Verdinglichung des Lehenswesens läßt Vasallität und Gebietsherrschaft nicht mehr als Gegensätze erscheinen. K.-H. SPIEß hat herausgestellt, daß der Lehnsnexus auch als Bindung an das Fürstentum und nicht nur personal an den Fürsten verstanden werden kann [279: Lehnsrecht, 253 f., 256]. Das erklärt, warum das Lehensrecht zum Herrschaftsmittel wird, warum in Bayern seit dem 15. Jahrhundert die Dorfgerichte in den herzoglichen Lehensverband einbezogen wurden; ein Vorgang, der nicht mit LIEBERICH [243: Feudalisierung] als „Feudalisierung der Gerichtsbarkeit" verstanden werden muß, sondern einer allgemeinen Tendenz entspricht: Die Lehenshoheit wird instrumentalisiert [vgl. 274: DIESTELKAMP, Lehnrecht, 81 f.]. Mentale Widerstände gegen diesen Prozeß bezeugt im 16. Jahrhundert die Parömie: „Lehnmann kein Untertan" [279: SPIESS, Lehnrecht, 256].

Lehnrecht als Herrschaftsmittel

Lehnswesen und Intensivierung der Herrschaft widersprachen sich nicht, wie z. B. am Niederrhein schon für das 13. Jahrhundert und im Hochstift Münster für das Spätmittelalter nachgewiesen werden konnte [276: DROEGE, Landrecht und 282: THEUERKAUF, Land, 48–61]. Noch ist ungewiß, ob sich der Terminus „Territoriallehnrecht" [274: DIESTELKAMP, Lehnrecht] durchsetzen läßt [warnende Einwände 56: JANSSEN, Territorialstaat, 421]. Er deckt zumindest die Instrumentalisierung der verschiedenen Formen des Lehnswesens bis hin zu dessen Monetarisierung [226: REICHERT, Finanzpolitik, 208]; er zeigt, wie Vasallität und Aufbau eines Personenverbandes in direkter Zuordnung zum Herrscher funktionieren können. Die Wege sind erkannt worden, auf denen das Lehnswesen dank der ihm innewohnenden Elastizität [vgl. 333: KRIEGER, Lehnshoheit, 34–66] für die Landesherrschaft nutzbar gemacht werden konnte. Dennoch: Das war eine Instrumentalisierung unter anderen. Eine über stabilisierende Momente hinausgehende modernisierende Bedeutung für den Herrschaftsaufbau hatte das Lehnswesen nicht.

Vasallität und fürstliche Personenverbände

2.4 Der Fürst und seine Städte

Aus der Perspektive der Stadtentwicklung lassen sich Entwicklungsprobleme auch der spätmittelalterlichen Fürstenherrschaft genauer erkennen. Im Zuge der hochmittelalterlichen Binnenkolonisation waren Fürsten vielfach als Stadtgründer hervorgetreten. Diese Gründungen dienten der Stabilisierung von Herrschaft, der Befestigung von Herrschaftszentren ebenso wie der Sicherung von Einnahmen. Die Stadt erscheint in diesem Zusammenhang als ein Sonderfall der Burg. Was im Hochmittelalter aus der Perspektive des Fürsten allenfalls als Unterschied von größeren und kleineren Kommunen erscheinen mochte, die gleichermaßen in die Ministerialenverwaltung einbezogen waren, ist im Spätmittelalter einer Differenzierung gewichen, die ganz verschiedene Bindungen an das Fürstentum aufweisen konnte. Gewiß: Die Bürger einer jeden Stadt leisteten ihrem Herrn bei dessen Regierungsantritt die Erbhuldigung, aber was sich an Bedingungen mit dieser Eidesleistung verband, war abhängig von der jeweiligen städtischen Struktur, war in den kleineren Städten von den Huldigungsbedingungen ihres dörflichen Umlandes nicht unterschieden, enthielt bei den größeren Kommunen hingegen die Anerkennung von Freiheitsrechten und Selbstverwaltung. unterschiedliche Inhalte der Erbhuldigung

Wie wichtig der urbane Faktor für das spätmittelalterliche Fürstentum war, bezeugt die Entwicklung zur Amtsstadt, die Wanderung der Lokalverwaltung von der Burg in die Stadt. Ob aber die Städte eine entscheidende Festigung der Landesherrschaft herbeigeführt haben, wie immer wieder behauptet wird, darf füglich (zumindest in dieser Generalisierung) bezweifelt werden. Allzu einfach werden die Motive der Fürsten bei hochmittelalterlichen Stadtgründungswellen in spätmittelalterliche Erfolge umgedeutet. Die Stadtgeschichte aber zeigt andere Perspektiven. An der spätmittelalterlichen Ausgestaltung der kommunalen Verfassung in den größeren Städten hat das Fürstentum nur geringen Anteil. Es bezieht zumeist aus einer Stadt nur noch grundherrschaftliche Zinsen, während der Rat viel größere Summen in Gestalt von Stadtsteuern und Ungeld erheben kann. Amtsstädte

Bildung von kommunalen Verfassungen als Beschränkung fürstlichen Einflusses

Die Erforschung des spätmittelalterlichen Fürstentums sieht sich durch die intensive stadtgeschichtliche Forschung der letzten Generation vor neue Aufgaben gestellt [Forschungsbilanz: 238: ISENMANN, Stadt; vgl. auch 336: MORAW, Verfassungsposition]. Denn es reicht längst nicht mehr, der Verfassungsgeschichte einen schematischen Gegensatz von Reichsstadt und landsässiger Stadt zugrunde zu legen, nachdem die Stadt-Typologie so viele Zwischenformen festgestellt hat

[238: ISENMANN, Stadt, 107–130]. Aus einer Fülle von Beispielen sei Trier ausgewählt, eine nach formalen Rechtskriterien eindeutig erzbischöfliche Stadt, die aber bis ins 16. Jahrhundert immer wieder zu den Reichstagen geladen wurde. Die weitgehende Unabhängigkeit vom Stadtherrn zeigt sich darin, daß Erzbischof und Rat in zahlreichen Verträgen als gleichberechtigte Partner verhandeln. Unabhängigkeit auf der einen Seite und andererseits enge soziale Beziehungen der Ratsaristokratie zu Hof und Verwaltung des Erzbischofs charakterisieren die Zwischenstellung zwischen einer freien Stadt – zu der sich Bischofsstädte wie Köln, Mainz, Straßburg entwickelt hatten – und einer landsässigen Stadt. Am Beispiel von Trier läßt sich erneut die verfassungbildende Kraft der Reichsmatrikel erkennen; denn erst als die Stadt seit dem Ausgang des 15. Jahrhunderts sich den Reichsforderungen verweigert, kann sie als landsässig bezeichnet werden [M. MATHEUS, Trier am Ende des Mittelalters. Trier 1984, 132–139].

Autonomie auch landsässiger Städte

Städtische Autonomie – das ist das Stichwort, mit dem das Verhältnis der Fürsten zu den größeren Städten ihres Territoriums charakterisiert werden kann. Der Amtmann oder Schultheiß des Fürsten ist in diesen Städten in seinen Kompetenzen sehr eingeengt worden, wenn nicht seine Befugnisse überhaupt an den Rat übergegangen sind. Autonomie erklärt letztlich die verbreiteten Städtebünde als außerterritoriale Systeme [294: ENGEL, Städtebürgertum, 45]. Den berühmtesten – aber keineswegs den einzigen – Fall bildet die Hanse, ein Städtebund, der auf territoriale Zugehörigkeit keine Rücksicht nahm, in den die Fürsten nicht einmal indirekt hineinreden konnten [K. FRITZE u. a. (Hgg.), Autonomie, Wirtschaft und Kultur der Hansestädte. Berlin 1984]. Es bildet einen wichtigen Indikator für die Festigung fürstlicher Herrschaft, wenn sie ihre Städte aus solchen Bündnissen herauslösen kann. Zum Beispiel ist nach 1518 keine märkische Stadt mehr Mitglied der Hanse [163: SPANGENBERG, Hof, 151 Anm. 1].

Kompetenzbeschneidung des Amtmanns

überterritoriale Städtebünde

Jedoch nicht als fester, sondern nur als schillernder Begriff ist „Autonomie" zur Charakterisierung des Fürst-Stadt-Verhältnisses anwendbar, zur Benennung der abschattierten Freiheitsformen, die eine größere Stadt gewinnen konnte. Die wettinischen Kommunen hatten die typischen Freiheitsrechte, z. B. die Besteuerung ihrer Bürger, erlangt und die landesherrlichen Einnahmen auf die grundherrlichen, für den sächsischen Rechtsraum charakteristischen Areal-Abgaben, den Wurt- oder Wortzins beschränkt. Im Gegensatz zu den im gleichen Rechtsraum herrschenden Welfen [vgl. 76: PATZE, Territorien, 52–56] gelang es den Wettinern aber, diese Freiheit einzuengen, indem sie die Kriegs- und Folgepflicht der Bürger festschrieben [299: HELBIG, Stän-

unterschiedliche Behandlung der Städte durch Wettiner und Welfen

destaat, 382f. und 387] und damit die Rechtsgrundlage für die Zahlung neuer Landessteuern schufen.

Lange stand die Forschung im Banne eines Gegensatzes zwischen Fürsten und Reichsstädten, in dem sich eine grundsätzliche Spannung zwischen adeliger und bürgerlicher Welt ausgedrückt haben sollte. Außer den berühmten Städtekriegen, in denen 1388 die schwäbischen Reichsstädte bei Döffingen unterlagen und 1449 Nürnberg mit seinen Verbündeten über die Zollern triumphierte, gab es vor allem gegen Ende des 15. Jahrhunderts erbitterte Auseinandersetzungen zwischen Fürsten und Städten [beste Zusammenstellung bei 61: KASER, 317–350]. Die urbane Chronistik liefert darüber hinaus Belege einer massiven Fürstenfeindschaft. Doch all das sollte nicht ins Grundsätzliche verallgemeinert werden. Macht-Rivalitäten, wie sie den Städtekriegen zugrunde liegen, gehören zur spätmittelalterlichen Herrschaftswelt, und die zahlreichen fürstenfeindlichen Stimmen der Chronistik ordnen sich bei genauerem Hinsehen allein den Gegensätzen zwischen Nürnberg und den Zollern, zwischen Augsburg und den Wittelsbachern sowie den schwäbischen Städten und Württemberg zu; sie sind keine Zeugen einer allgemein vorhandenen „bürgerlichen" Mentalität.

Reichsstadt und Fürstentum

Das 15. Jahrhundert kennt bis auf wenige Ausnahmen (St. Gallen) nicht mehr das Problem, das im 13. und 14. Jahrhundert so wichtig war, das der Pfahlbürger. Im fürstenfreundlichen Sinne hatte das Königtum von den Gesetzen 1231/32 bis hin zur Goldenen Bulle [cap. 16] 1356 die Praxis verbieten wollen, das Bürgerrecht Einzelnen außerhalb der Stadtmauern zu verleihen, hatte damit auch die Landflucht in die Städte verhindern wollen. Das Königtum nahm sich hier der Probleme an, die vor allem in der Herrschaftswelt des deutschen Westens und Südwestens aktuell waren; entsprechende Gesetze finden sich im 15. Jahrhundert aber ebensowenig wie die Masseneide gegen Abwanderung in die Städte, die südwestdeutsche Herrschaften in der zweiten Hälfte des 14. Jahrhunderts von ihren Grundholden einforderten. Wenn sich 1449 Graf Ulrich von Württemberg mit dem Zollern gegen die Städte verbündet, so liegt das allein an verwandtschaftlichen Beziehungen, ist nicht mehr Ausdruck einer grundsätzlich städtefeindlichen Haltung wie bei seinem Urgroßvater Eberhard dem Greiner, dem die nach 1380 bedrohliche Formen annehmende Landflucht seiner Hörigen schwer zu schaffen gemacht hatte [135: RÖSENER, 157].

Pfahlbürger – ein Problem des 13. und 14. Jh.

Wenn die Belege von Gegensätzen zwischen Stadt und Fürsten den Raum-Zeit-Koordinaten zugeordnet werden, stellt sich heraus, wie wenig diese Gegensätze generalisiert werden dürfen; damit ist auch der Blick frei, eine ältere These in ihrer grundsätzlichen Bedeutung zu wür-

Innovation fürstlicher Verwaltung durch die Stadt

digen: Fürstliche Herrschaft konnte erst dann zum Staat werden, als sie von den Städten lernte.

„Die städtische Verwaltung des Mittelalters als Vorbild der späteren territorialen Verwaltung" hatte G. v. BELOW bereits 1895 zum Gegenstand eines Aufsatzes gemacht [HZ 75 (1895), 396–463] und war in seinen Ergebnissen von SPANGENBERG [164: Verwaltung] bestätigt worden [verschwommen formulierend zielte SANDER, 84: Feudalstaat, in diese Richtung]. Mit dem Nachweis städtischer Einflüsse auf fürstliche Herrschaftspraxis war konkretisiert worden, was 1873 O. GIERKE eher erahnt als bewiesen hatte, daß nämlich der Staatsbegriff von den Städten in die Fürstentümer gewandert sei [48: Bd. 2, 832 und 855]. Ebenso wie die entscheidenden Innovationen des Kriegswesens von den großen Städten ausgingen (früher als alle Fürsten besaß Worms im 13. Jahrhundert ein Zeughaus; Geschützgießereien gab es in großen Reichsstädten, in Nürnberg und in Straßburg, aber nicht in fürstlichen Herrschaften), wurden auch die Anstöße einer rationaleren Verwaltung in den Städten entwickelt. Welche fürstliche Kanzlei konnte sich mit der einer größeren Stadt messen, in welchem Verhältnis stehen die bescheidenen Kanzleistuben und „skrivekamern" der Fürsten zu dem ausladenden, 1484 erbauten Kanzleiflügel des Lübecker Rathauses? Äußeres Zeichen dafür, daß die Intensität der Schriftlichkeit der Städte [vgl. 76: PATZE, Territorien, 74–78] vom Fürstentum nicht erreicht wurde. Dieses profitiert in Krieg und Frieden von der Leistung der Städte.

Vor allem in der Finanzverwaltung wirkte seit dem ausgehenden 15. Jahrhundert das städtische Vorbild; denn jährliche Rechnungen und Rechnungskontrolle, vor allem eine zentrale Kammer, kannte zwar die spätmittelalterliche Stadt, aber nicht das Fürstentum. Das Ungeld, die Akzise, die Verbrauchssteuer, die für die Finanzen der frühneuzeitlichen Herrscher so wichtig wurde, war eine Entdeckung der Stadtgemeinde [dagegen – mit unzureichenden Gründen – 163: SPANGENBERG, Hof, 458]. Schlüsselbegriffe der Staatstheorie, „gemeiner Nutz" und „gute Polizei" waren in den Städten nicht nur vorgedacht, sondern auch konkretisiert worden. Während sich das Fürstentum noch mit zersplitterten Gewohnheitsrechten herumschlug, kannten die Städte schon die zukunftsweisende Rechtsgestaltung: Gesetzgebung. Die frühen Landesordnungen nehmen städtische Statuten auf [248: RICHTER, 7], und es hatte seinen Grund, wenn Stadt- und Landrechte noch ausgangs des 16. Jahrhunderts gemeinsam als verbindliche Vorbilder galten und gesammelt wurden: Noä Meurer, Liberey Keyserlicher auch Teutscher Nation Landt= und Statt= Recht. Frankfurt 1582 (^{2}Frankfurt 1597).

Offen muß die Frage bleiben, ob das Fürstentum direkt von seinen Städten lernte oder ob auf dem Umweg über gelehrte Räte fremde Vorbilder übernommen wurden. Eine Antwort ist nicht in alternativer Form zu erwarten. Was Steuern, was Rechnungswesen anging, hatte ein Fürst genug Gelegenheit, von seinen Städten zu lernen, das weite Feld der „guten Polizei" hingegen war für fremde Anregungen offen.

direkte oder indirekte städtische Anregungen

Daß der Gedanke, den G. v. Below am deutlichsten formuliert hatte, von der Forschung selten aufgegriffen wurde, hat mehrere Gründe. Einmal wurde das Ausmaß der Freiheitsrechte der „landsässigen" Städte unterschätzt, zum zweiten widersprach die These dem Hang der deutschen Verfassungsgeschichte, alle Fortschritte zur Staatlichkeit aus dem Staat selbst ableiten zu wollen, zum dritten war Staat nicht als Kulturprodukt, entstanden aus den verschiedensten Einflüssen, vorstellbar, und zum vierten stand eine wissenschaftlich konkurrierende Epochengrenze der naheliegenden Erkenntnis entgegen: denn es war vor allem das frühneuzeitliche Fürstentum, das von der spätmittelalterlichen Stadt lernte.

2.5 Residenzbildung als Aussage der Verfestigung von Herrschaft

1972 formulierte H. PATZE einen Ansatz, der hinter der Bildung von Residenzen mehr als eine Variante der Hauptstadt-Problematik sah [260: Residenzen]. Er beschrieb diesen Prozeß nicht nur als einen Vorgang der Urbanisierung, der die Residenzburgen des 14. Jahrhunderts ablöste, nicht nur als eine Alltagswandlung des höfischen Stils, nicht nur als Zentralitätsgewinn der Herrschaft, sondern auch als einen Verdichtungsvorgang, der Land und Fürsten gemeinsam betraf, als eine Zusammenfassung früher angelegter administrativer Tendenzen.

Bildung von Residenzen – Gewinn an Zentralität

Noch für die Mitte des 14. Jahrhunderts konnte W. JANSSEN mit dem Mut und dem Recht zur Pointierung feststellen, daß „sich der Hof des Fürsten am ehesten noch auf dem Rücken der Reitpferde, Saumtiere und Wagen lokalisieren" läßt; Betten, Küchentöpfe und Bratpfannen, ja sogar Wandteppiche führt ein Herrscher mit sich [254: JANSSEN, Fürstenhof, 225]. Durchaus konnte man sich mit den Zwängen eines reisenden Hofes arrangieren. Es war nicht Bequemlichkeit, daß im 15. Jahrhundert unverkennbar die Entwicklung auf einen festen Herrschaftssitz hinauslief, auch wenn die Mobilität, das Bereisen der Herrschaft immer noch zur höfischen Welt gehörte [vgl. 257: NEITMANN, 18–21]. Der Prozeß der Residenzbildung ist nicht nur zeitlich, sondern auch sachlich dem Vorgang der stärkeren Institutionalisierung, ja Bürokratisierung der Herrschaftspraxis seit der Mitte des 15. Jahrhunderts

Reiseeherrschaft

zuzuordnen. Es kann der Forschung dabei nicht um eine schematische Auswertung der Itinerare gehen, in denen sich auch viele Jagdaufenthalte niederschlagen, sondern um die allmähliche Ortsfestigkeit der Institutionen des Hofes, der „*curia*", wie sie nur über genaue Auswertung von Rechnungen zu erschließen ist [264: STREICH, bes. 121–124].

„Hoflager"   Den Ausdruck Residenz kennt das Spätmittelalter noch nicht. Die übliche Bezeichnung „Hoflager" erinnert immer noch an die Prinzipien der Reiseherrschaft, bezeichnet lediglich eine längere Verweildauer des Hofes an einem Ort. Dabei treten in den Itineraren der Herrschaft (die wegen fehlender Urkundendichte zumeist erst seit der zweiten Hälfte des 14. Jahrhunderts aufgestellt werden können) bevorzugte Orte hervor. Es sind zumeist mehrere, da die unmittelbaren Verpflegungskosten des Hofes von dem entsprechenden Amt aufgebracht werden mußten.

Versorgung des wandernden Hofs   Häufig werden ertragreiche Zollstätten aufgesucht. Nur Städte, zu denen größere und ertragreiche Ämter gehören, eigneten sich für ein Hoflager. Und das waren Bedingungen, die den langwährenden Prozeß der Residenzbildung begleiteten und – wegen der mangelnden Zentralität des Rechnungswesens – noch unverzichtbar blieben, als bereits sämtliche Voraussetzungen für eine Hauptstadt erfüllt waren. 1484, als längst Berlin als Residenz der Mark Brandenburg etabliert war, konnten die Räte ihrem Herrn vorstellen: „Große Notdurft der Herrschaft und der Land erfordert, daß Euer Gnad mit Euerem täglichen Hofgesind und Räten die Land allenthalben besichtigt und umzoge ... das ... leichtigte die Zehrung des steten Hofs" [zit. nach 61: KASER, 402, Anm. 1]. Daraus ergibt sich für die Hauptstadtbildung, die PATZE zu recht in den Zusammenhang mit der Verwaltungsgeschichte gestellt hat [vgl. auch 260: NEITMANN, Residenzen, 29–32], daß die Entwicklung ortsfester Kanzleien und Hofgerichte weniger entscheidend ist als die Entwicklung einer zentralen Kasse. Diesen Gedanken hat B. STREICH ausgeführt [264: Reiseherrschaft, 231–241]. Dazu paßt auch die alte Beobachtung, daß mit der Residenzbildung die Stellung des Küchenmeisters an Bedeutung verlor [163: SPANGENBERG, Hof, 50f.], da dessen Initiative und Verhandlungsgeschick nicht mehr im gleichen Maße wie bei der Reiseherrschaft gefragt waren. Rechnungslegung und -abhör erforderten Stetigkeit, das Geld und seine Verwaltung erzwangen einen festen Sitz, wie es sehr früh in der Mark Brandenburg durch die Maßnahmen Karls IV. sichtbar wird, das Rechnungswesen an die ortsfeste Kanzlei in Tangermünde zu binden [253: AHRENS, 97]. Der Zusammenhang von Residenzbildung und Verwaltungsgeschichte ist also dahingehend zu präzisieren, daß er im Kern den Zusammenhang von Verfassungs- und Finanzgeschichte enthält.

2. Gestalt und Charakter fürstlicher Herrschaft

Ein Beispiel für die verfassungändernde Kraft der Residenzbildung: Die Auswirkungen auf die Ständebildung. Das Bereisen des Landes galt in der Mark Brandenburg so lange als Pflicht des Herrschers, wie das ständische Wesen nur Angelegenheit der einzelnen Länder, der Altmark, des Teltows usw. war. Hier bedeutete bis tief ins 15. Jahrhundert hinein ein Aufenthalt des Herrschers auch die Möglichkeit, dem Fürsten Gravamina zu übergeben [163: SPANGENBERG, Hof, 13], ein Verfahren, das dann auf den seit 1472 etablierten Gesamtlandtag konzentriert wird. Ein weiteres Beispiel: Residenzbildung und Domestizierung der zumeist größten Stadt eines Fürstentums hängen zusammen [257: NEITMANN, 25 f.]. Das hatten München und Landshut nach der Niederwerfung blutiger innerer Unruhen 1403 und 1404 erfahren müssen, das gelang den Zollern auch auf friedlichem Wege: Durch die Vereinigung Berlins mit Cölln 1432 wurde gleichermaßen die Residenzbildung vorbereitet als auch die Autonomie der Städte beschnitten.

1293 nennt die erste niederbayerische Hofordnung (die im Gegensatz zu späteren nicht einem Sparsamkeitsziel verpflichtet ist [vgl. z. B. 154: KOTHE, 22 und 24]), drei Aufenthaltsorte, auf denen der Herzog Hof halten muß: Landshut, Straubing, Burghausen. Gemeint sind damals nicht die Städte, sondern die Burgen; diese gehören zum unmittelbaren Inventar der Herrschaft. (Burghausen wird im späten Mittelalter seine 1293 hervorgehobene Bedeutung verlieren, aber doch gewissermaßen als Nebenresidenz, als Frauen- und Witwenresidenz genutzt werden können.) Es kennzeichnet den Urbanisierungsvorgang innerhalb der Residenzbildung, wenn die weit ausladende, repräsentative Burg Trausnitz ob Landshut, die im 16. Jahrhundert noch als „eines Königssitzes würdig" bezeichnet wird [140: STÖRMER, 188], im Herrschaftsalltag eine immer geringere Rolle spielt: der Fürst wohnt in der bequemeren Stadt – Übergang von der Residenzburg zur urbanen Residenz.

Für den Abschluß der Residenzbildung gibt es einen Indikator: das Archiv. Nicht mehr in leicht transportierbaren Säcken, sondern in Schränken, in Archivladen werden die Urkunden aufbewahrt. Diese Urkunden wurden schon längst nicht mehr als Besitz eines Herrschers, sondern als Zubehör eines Landes begriffen. Deshalb wurden die Urkunden bei Landesteilungen schon im 14. Jahrhundert entsprechend aufgeteilt, deswegen bildete das Archiv bei der bayerischen Landesteilung 1392 einen Streitgegenstand [160: ROSENTHAL, 273]. Balduin von Trier hatte noch ein Kopiar der Urkunden seines Stifts beim Bereisen seines Landes mitführen müssen, in wettinischen Landen beförderten Kanzleiwagen die nach Sachbetreffen verschnürten Urkundensäcke [264: STREICH, 179], um die entsprechenden Beweise immer bei der

Residenzbildung und Landstände

Die Einengung von Freiheitsrechten der Residenzstadt

von der Burg- zur Stadtresidenz

das Archiv als Indikator der Residenzbildung

Hand zu haben. Wenn aber ein ortsfestes Archiv angelegt wird, wenn zum Beispiel die *„brivkamer uffin sloß zu Marpurg"* 1486 geordnet und repertorisiert wird [148: GUNDLACH 1, 58], so hat sich Entscheidendes verändert: Herrschaftslegitimation ist institutionalisiert und damit ortsfest geworden.

3. Der Beitrag fürstlicher Herrschaft zur Entwicklung des modernen Staates

Nach der staatsbildenden Kraft des Fürstentums wurde in der Forschung vor allem gesucht. Insofern dürften auch die neuerdings vorgetragenen Bedenken durchaus ihre Berechtigung haben, ob nicht eine einseitige Bevorzugung „modernstaatlicher Entwicklungstendenzen", ob nicht die Suche nach der „Ausbildung der Grundlagen des modernen Staates" im Spätmittelalter die Gefahr der Verzerrung enthält [319: REICHERT, 386 f.; ähnlich schon 43: CZOK, 927 f.]. Indirekt an die Auffassung mittelalterlicher Legisten anknüpfend, wonach nur das Reich Staat war und die Fürstentümer „bloße Gliederung eines einfachen Staates" [48: GIERKE 3, 692], mußte sich F. KEUTGEN die Frage stellen,

<small>Fürstentum als Staat: verschiedene Antworten der Forschung</small>

ab wann „die Territorien als Staaten gelten können" [62: Staat, 129–132]; eine Frage, die er nie klar beantwortete, deren Lösung er an anderer Stelle [138 f.] mit dem Verwaltungsausbau des 14. Jahrhunderts zumindest nahelegte. Wenn dann GASSER [103: Landeshoheit, 7] trotz genauer Berücksichtigung der terminologischen Problematik behauptete, „das deutsche Territorium des Spätmittelalters ist durchaus als Staat zu betrachten", so war das nicht die gleiche Bedenkenlosigkeit, welche dem Begriff Territorialstaat den Weg bereitet hatte, sondern Konsequenz einer gewissermaßen nominalistischen Problematik: Ist die fürstliche Herrschaft, obwohl ihr noch so viele Kriterien moderner Staatlichkeit mangelten, obwohl selbst am herrschaftlich weit entwickelten Niederrhein niemand behaupten konnte, daß alle Rechte im Territorium vom Landesherren abgeleitet würden [98: AUBIN, 417 f.], nicht ihrem Wesen gemäß, „in esse", bereits Staat? Das erkannte schon OTTO STOLZ, der durchaus wußte, daß noch bis ins 17. Jahrhundert hinein „Staat" als Zustand, als Hofstaat verstanden wurde, als er dafür plädierte, die mittelalterlichen Fürstentümer als Staaten zu bezeichnen [91: Land, 242 f., 249–251].

Die Frage, ob im Mittelalter von Staat gesprochen werden kann, hat sich notwendigerweise mit der Geschichtlichkeit dieses Begriffes

3. Der Beitrag zur Entwicklung des modernen Staates 81

auseinanderzusetzen – und selbst das, was man als „moderner Staat" von den mittelalterlichen Verhältnissen abgrenzen will, ist geschichtlichem Wandel unterworfen, kann keinen Maßstab bilden. Alle Definitionsversuche haben, ob sie nun Staatlichkeit im Mittelalter bejahen oder verneinen, keinen breiten Konsens in der Forschung finden können, denn sie widerlegen nicht, was Nietzsche lapidar in seiner Genealogie der Moral feststellte: „Alle Begriffe, in denen sich ein ganzer Prozeß semiotisch zusammenfaßt, entziehen sich der Definition; definierbar ist nur das, was keine Geschichte hat".

Den Begriff Staat im modernen Sinn kennt das deutsche Spätmittelalter noch nicht. Eine „*ratio status*" ist nicht einmal in der Nukleusform, die dieser Gedanke bei Philips van Leyden hatte, in Deutschland rezipiert worden [37: BERGES, Fürstenspiegel, 259]; ganz abgesehen davon, daß diese mittelalterliche Begrifflichkeit kein Vorläufer der Staatsräson gewesen war [R. SCHNUR, Einleitung, in: DERS. (Hg.), Staatsräson. Studien zur Geschichte eines politischen Begriffs. Berlin 1975, 18]. Erst im 16. Jahrhundert nähert sich „Staat" dem moderneren Wortsinn, wenn er neben der traditionellen Bedeutung von Hofstaat auch die Hoffinanzen bezeichnen kann [312: OESTREICH, Ständetum, 53], wobei aber immer noch die Lehnübersetzung aus lateinisch *status* durchschimmert.

_{die unbekannte „*ratio status*"}

Das spätmittelalterliche Fürstentum ist selbst bei großzügigster begrifflicher Ausdehnung noch kein Staat. Weder gibt es einen Untertanenverband noch ein Staatsgebiet, geschweige denn Souveränität. Die so häufig ohne nähere Reflexion vollzogene Unterstellung, daß schon die Macht allein Kristallisationspunkt späterer Staatsgewalt gewesen wäre, führt in die Irre. Das Synonym „gewaltig sein" für herrschen, sowieso nicht allzu häufig belegt, stirbt mit dem 15. Jahrhundert aus. Der Weg zum staatlichen Gewaltmonopol ist noch weit. Macht wird von allen Großen im Lande ausgeübt. Am deutlichsten wird dies, wenn ein Fürst im Rahmen legitimer Fehde gefangengesetzt wird. Dieses widerfuhr sogar einem Balduin von Trier durch Lorette von Sponheim. Eberhard II. von Württemberg entrann 1367 in Wildbad nur knapp dem Anschlag des Wolf von Eberstein. Die Reihe ließe sich fortsetzen. In der Gefangennahme eines Fürsten sah man nicht etwa einen Frevel an dem von Gottes Gnaden eingesetzten Herrscher, sondern Ausdruck härtester politischer Auseinandersetzungen, die letztlich durch Vergleich und Vertrag gelöst werden mußten.

_{das fehlende Gewaltmonopol: Macht und Mächtige}

Auf verschiedenen Wegen konnte trotz allem fürstliche Herrschaft zur Vorbereitung des modernen Staates beitragen; erstens durch die Entwicklung einer transpersonalen Herrschaftsvorstellung, zweitens durch Ausbau der Institutionen als Versachlichung des Regiments, sodann durch die Gesetzgebung als neuem Ausdruck fürstlicher Verantwortung und viertens durch die Umformung der Personenverbände in einen Untertanenverband. All diese Wege – das sei vorab bemerkt – wurden im 15. Jahrhundert nur zögernd eingeschlagen, ohne das Ziel in erreichbarer Nähe zu sehen.

fürstliche Herrschaft als Vorbereitung zur Staatlichkeit

3.1 Ansätze transpersonaler Herrschaftslegitimation

Auch wenn die *„Dei gratia"*-Formel seit dem 13. Jahrhundert nicht mehr in Fürstenurkunden fehlte, so kann sie nicht im Sinne eines „monarchischen Prinzips" des 19. Jahrhunderts Aussage sein für eine Sakralisierung von Herrschaft. Angesichts der steten Nähe des Todes, der Kindersterblichkeit, des Erlöschens ganzer Familienzweige versteht ein Fürst diese Formel als ein Auserwähltsein innerhalb der zahlreichen genealogischen Konstellationen einer Dynastie.

„Dei gratia"

Die seit Bartolus von Sassoferrato ausgebildete Formel, daß „freien" Fürsten und Völkern innerhalb ihres Gebietes die gleiche Machtvollkommenheit zustehe, wie dem Kaiser im Reich [48: GIERKE, Bd. 3, 693], ist von Juristen den deutschen Fürsten vermittelt worden. Der Fürstenspiegel des Philips van Leyden (1355) wurde zwar im Reich nicht rezipiert, aber er zeigt doch, wie schnell die Formel *„princeps imperator in territorio suo"* in gelehrten Kreisen Karriere machte [37: BERGES, 123 f.]. Rudolf IV. („der Stifter") berief sich auf diesen Grundsatz, der 1367 im bayerischen Herzogsurbar in der Gestalt begegnet, daß *„der pabst, kayser noch Küng nichtes in unsern landen zu bieten haben"* [42: BRUNNER, Land, 391]. Obwohl Wendungen wie *„dux Lotharingie superiorem non recognoscens"* [55: HERRMANN, 177] mehrfach in deutschen Fürstenurkunden begegnen [vgl. 173: DÜLFER, Urkunden, 40], ist doch die praktische Umsetzung im Zeitalter der Reichsreform nicht erfolgt. Ansätze zu einer Souveränität des Fürstentums waren theoretisch begründet worden [42: BRUNNER, Land, 387–393], aber die Fürsten hüteten sich, damit gegenüber dem Reichsoberhaupt zu argumentieren. Erst in der Frühen Neuzeit wird der Satz, daß jeder Herr Kaiser in seinem Land sei, zum Rechtssprichwort [95: WEIZSÄCKER, 313 f.).

der Fürst als Kaiser in seinem Lande

Bekanntermaßen haben in der mittelalterlichen Universitätswissenschaft Juristen, Philosophen und Theologen Grenzen und Zielsetzung des Staates diskutiert. Vom Widerstandsrecht bis zur Repräsentativverfassung sind hier bereits – kontrovers – Argumente entwickelt worden, die vor allem in der frühen Neuzeit produktiv wurden. In die-

scholastische Herrschaftslegitimation und ihre Rezeption durch das Fürstentum

3. Der Beitrag zur Entwicklung des modernen Staates 83

ser Diskussion ging es zunächst um den König. Erst wenn an Stelle von *„rex"* vom *„princeps"* gesprochen wurde, konnte eine Übertragung auf die Fürsten erwogen werden. Die Transferierung staatsrechtlicher Begriffe der Wissenschaft in die Wirklichkeit des Fürstentums ist noch nicht untersucht. Daß aber der Satz *„rex propter bonum commune"* in seinen Variationen durchaus einem Fürsten bekannt sein konnte, geht aus manchen Arengen hervor. Diesen Schlüsselsatz scholastischen Staatsdenkens zitierte indirekt der todkranke Pfalzgraf Ludwig III., als er 1436 die Pflicht eines Fürsten beschrieb: *„wand nit czimlichers ist einem fürsten dann siner undertanen und getruwen bestes zu schaffen"* [171: v. BRANDENSTEIN, 49]. Ähnliche Äußerungen von Fürsten begegnen im 15. Jahrhundert häufiger [vgl. 91: STOLZ, Land, 220]. Es konnte von den Mächtigen durchaus verstanden werden, was in dem Lobpreis des Thomas Ebendorfer auf Albrecht II. gefolgert wurde: *„principes sunt propter populum et non populus propter principem"* [6: Chron. Austrie, ed. LHOTSKY, 255]. Auch wenn gemeiner Nutz, *„utilitas communis, utilitas publica"* nicht wie in den Städten zu legitimierenden Formeln werden [vgl. W. EBERHARD, Kommunalismus und Gemeinnutz im 13. Jahrhundert, in: F. SEIBT (Hg.), Gesellschaftsgeschichte. Festschrift Karl Bosl. Bd. 1. München 1988, 271 ff. mit der älteren Literatur], so bahnt sich doch die Entwicklung an, die das *„bonum commune"* zur Abbreviatur eines politischen Denkens werden läßt, das als legitimierender Begriff in der Frühen Neuzeit dann Staatlichkeit begründen sollte.

    Aufs Ganze gesehen erweisen sich die gelehrten Diskussionen nicht als besonders produktiv für das spätmittelalterliche Fürstentum. Dem stand die völlig anders geartete, für eine Rezeption des Staatsgedankens noch gar nicht vorbereitete Struktur der Herrschaft im Wege. Denn auch im Bewußtsein der Zeitgenossen gab es zwar den Fürsten mit seinen Rechten und Einkünften, aber es gab noch nicht die Vorstellung einer *„persona publica"*, wie sie Philips van Leyden definiert hatte [37: BERGES, 126, und bes. 263 f.]. Was P. FRIED für Bayern feststellte, ist durchaus zu verallgemeinern: „Von einem transpersonalen Staatsgedanken ist im Bayern des 14. und beginnenden 15. Jahrhunderts noch nicht viel zu merken" [102: Entwicklungstendenzen, 302].

    Daß die Entwicklung zur Transpersonalität von Herrschaft nicht vorschnell aus vereinzelten Quellen gefolgert werden sollte, lehrt gerade das Werk, das so häufig als Ausdruck eines staatlichen Bewußtseins gedeutet wurde, Levolds von Northof Chronik der Grafen von der Mark [vgl. D. SCHELER, Levold von Northof. Fürstenerzieher und Geschichtsschreiber, in: H.-D. HEIMANN (Hg.), Von Soest – aus Westfalen.

Margin notes: Gemeinnutz; der Fürst ist keine *„persona publica"*; Levold von Northof

Paderborn 1986, 181–196]. Daß er bereits von „*terra*" und „*subditi*", von Land und Untertanen, spricht [16: ed. ZSCHAECK, 1], darf ebensowenig übersehen werden, wie seine Unterscheidung von Grafen und Grafschaft. Letztere ist bereits das Überzeitliche, aber dies nicht in einem transpersonalen Verständnis; denn Levold geht es darum, aus der generationentiefen Verbindung seines Geschlechtes mit der Grafschaft Mark die „*nativa dileccio*", die ihm in die Wiege gelegte „Zuneigung" zu den Grafen und der Grafschaft, als Leitmotiv seiner Chronik herauszustellen. Diese entfaltet dann, was in der Widmungsvorrede angelegt ist: Sie ist, als Fürstenspiegel zu lesen, Ausdruck der Pflicht des Lehnsmannes zu Rat und Hilfe. Den Personen und nicht den Institutionen gilt Levolds Interesse. Die Verwendung von zukunftsweisenden, „staatsprägenden" Ausdrücken ist Oberfläche, ist sprachliches Gewand eines noch tief den personalen Kategorien von Herkunft verpflichteten Werkes. Im gleichen Sinne werden Ludwig von Eyb die „Denkwürdigkeiten zollerscher Fürsten" [8: ed. HÖFLER] und Hans Ebran von Wildenberg die „Chronik von den Fürsten aus Bayern" [7: ed. ROTH] als verkappte Regentenspiegel verfassen.

die Aussage der Fürstenspiegel Ein bayerischer Fürstenspiegel des 15. Jahrhunderts belegt, wie stark das Herrschaftsdenken noch personenorientiert ist. Zwar kennt der Verfasser bereits die eingetretene Bürokratisierung [„*des fürsten ere und gut stet auf seiner haymlichkeit schreyber*". 3: ed. BRINKHUS, 91], zwar legt er deswegen großen Wert auf wohlbestallte Kanzlei [ebd. 91f.] und funktionsfähigen Rat [ebd. 83f.], aber wie die gesamte deutsche Fürstenspiegel-Literatur stellt er die Tugenden des Fürsten in den Mittelpunkt, nicht jedoch den Fürsten als „*persona publica*". Er hebt hervor, wie wichtig die Gebärdensprache des Herrschers ist, sein sittsamer Gang, sein gemessenes Lächeln [ebd., 94].

„Territorialpolitik" erscheint Fürstenspiegeln und Chronisten allenfalls als Streben nach zeitlichem Gut und wird dem Kardinallaster der Habgier zugeordnet [46: FRANZ, 154–156]. Fürstliche Macht ist nur dazu da, Feinde abzuwehren, nicht aber, um die eigene Herrschaft auf Kosten anderer zu vergrößern [ebd., 161]. Denn oberstes Gebot fürstlichen Handelns ist es, den Frieden zu bewahren – deswegen machen den guten Herrscher nicht nur die Kardinaltugenden, nicht nur Weisheit, Barmherzigkeit und Leutseligkeit, sondern auch das Streben nach Frieden aus: Ein Fürst muß klug sein, um Kriege vermeiden zu können [ebd., 88ff. und 253f.].

„wenig regieren macht guten Frieden" Was Fürstenspiegel und Chronisten hervorheben, steht im Einklang mit der Meinung des gemeinen Mannes, findet sich in Sprichwörtern wieder. „Ungerechter Friede ist besser als gerechter Krieg" [10:

GRAF-DIETHERR, 529]; denn „wo die Herren raufen, müssen die Bauern Haare lassen" [ebd., 523]. Was ein Fürstenspiegel nur zwischen den Zeilen erahnen läßt, sagt das Sprichwort direkt: Fürstlicher Aktionismus ist gefährlich: „wenig regieren macht guten Frieden" [ebd., 523].

Wo der Gedanke der Transpersonalität fehlt, ist auch der Gedanke von einem Eigenwert des Staates fremd. Der zeitgenössischen Geschichtsschreibung ist das Territorium selbst kein Sujet – allenfalls die Stadt, die Region oder die Dynastie [59: JOHANEK, Geschichtsschreibung]. Und noch wichtiger: Selbst Geschichtswerke, die von Fürsten mäzenatisch begönnert oder gar mit klarer Zielsetzung in Auftrag gegeben wurden, sind genealogisch-dynastisch, nicht aber territorial orientiert [77: PATZE, Geschichtsschreibung]. die dynastische, nicht territoriale Orientierung der Geschichtsschreibung

Die Staatstheorie des Mittelalters war in ihrer Entwicklung in die Wissenschaftssprache, in das Latein einbeschlossen. Sie hatte wenig Zugänge zu einer Wirklichkeit, die schon aus der Verpflichtung, gewachsenes Recht zu bewahren, in deutschen Begriffen denken mußte. Das zeigt auch die Geschichte des Wortes „Untertan", eine Lehenübersetzung des lateinischen „*subditus*", der sich die deutsche Sprache nur zögernd geöffnet hatte. Die wenigen Wortbelege des 13. und 14. Jahrhunderts benennen nur eine Unterordnung allgemeiner Art – die Küchenknechte sind im Nibelungenlied dem Küchenmeister, die Burgmannen im Reineke Fuchs ihrem Burgherrn untertan. Isoliert bleibt ein früher Beleg aus Tirol, wo 1315 (bezeichnenderweise im Zusammenhang mit einer neuen Steuer) der Ausdruck „untertan" erscheint, der hier – wegen des Zusammenhangs mit „hilfe und steuer" – nicht als „Eigenmann" übersetzt werden kann [STOLZ, in 83: Festgabe Redlich, 96 f.]. Er ist, weil die Tiroler Gerichte Steuerbezirke darstellen, als Angehöriger eines Gerichtsverbandes oder, wie im Bayern des 15. Jahrhunderts, als „Gerichtsuntertan" zu verstehen (vgl. 102: FRIED, Entwicklung, 304]. Nicht das mächtige Fürstentum, sondern die kleine Pfarrei bereitet den Weg zum neuen Begriffsverständnis: „Des Pfarrers Untertanen" bezeichnet im 15. Jahrhundert die Parochialzugehörigkeit. So erwähnt die Reformatio Sigismundi „*dye priester und yr underthann*" [13: ed. KOLLER, 150, ähnlich: 144 und 159]. Von da ist es kein weiter Schritt, wenn – im Gegensatz zu Vasall – der „*subditus*" der einfache Mann in münsterschen Registern seit 1379 ist [282: THEUERKAUF, Lehnrecht, 1]. Die wortgeschichtlichen Belege zeigen, daß erst im 15. Jahrhundert der Untertan langsam der Herrschaft zugeordnet wird [daß ein Fürst „*sine undirtanen nicht beswere*", fordert Johannes Rothe. 44: FEHR, Dichtung, 159]; es zeigt sich aber auch, daß in diesem Verständnis das Wort immer noch nicht wirklich heimisch geworden ist; es

Geschichte des Wortes „*untertan*"

braucht die Stütze vertrauter Begriffe: *„myn dienere, myn undertanen und die mynen"* [171: v. BRANDENSTEIN, 31 A. 72]. Und immer noch spielt der Sinn einer Unterordnung allgemeiner Art in den Begriff hinein. Die Fürsten selbst sprechen auf dem Regensburger Reichstag 1469 von *„churfürsten, geistlichen und weltlichen fürsten und andern des reichs undertanen"* [RTA 22/1, 98, Nr. 27a/2]. Es weist auf argumentative Not, wenn der 1498 von seinen Ständen abgesetzte württembergische Herzog Eberhard II. mehrfach von *„mein verpflicht untertanen"* spricht [20: OHR-KOBER, z. B. 85]. „Die eigentliche Verbreitung des Wortes beginnt erst in der Zeit, die wirklich Untertanen kannte, nämlich im 16. und in den folgenden Jahrhunderten" [82: QUARITSCH, 206. Vgl. ebd. 205 ff. zur Wortgeschichte].

„untertan" und *„obrigkeit"*

„Untertan" setzt „Obrigkeit" voraus [vgl. 48: GIERKE, Bd. 3, 764 f., 785 f.] – und jetzt erweist sich, warum *„untertan"* im spätmittelalterlichen Rechtsdenken nicht heimisch werden konnte; denn *„obrigkeit"* tritt erst langsam, seit etwa 1500 an die Stelle von *„Herrschaft"* [D. WILLOWEIT, Art. Landesobrigkeit. HRG 2, Sp. 1404 f.]. Lediglich im oberschwäbischen Raum, wo Herrschaft und Grundherrschaft bei den kleinen reichsunmittelbaren Ständen zusammenfielen, erscheint bereits im ausgehenden 15. Jahrhundert das Begriffspaar „Obrigkeit und Untertan" als Rechtsformel [114: MAURER, 171]. Wie bereits GIERKE 1873 mit zutreffender zeitlicher Einordnung erkannte, ist damit terminologisch der Weg zum anstaltlichen Staat vorgezeichnet [48: Bd. 2, 557 und 856 f.; Bd. 3, 785]. Noch ist der Begriff in den Städten häufiger als in den Fürstentümern anzutreffen. Den Begriff „Obrigkeit", der dem alten Personenverbandsstaat fremd war, mit Leben zu erfüllen, bedurfte es der allgemeinen Gesetzgebung, deren zögernde Entwicklung im 15. Jahrhundert einsetzte [vgl. unten, 88 f.]. Diesen Zusammenhang ließ bereits 1482 die sächsische Landesordnung erkennen, die aufgrund der *„fürstlichen macht und gewalt"* erlassen wurde und von allen *„untertanen"* eingehalten werden sollte [248: RICHTER, 47]. Daß diese Ordnung aber auf Druck der Landstände formuliert wurde, läßt die Begrenzung erkennen, die der Entwicklung von Obrigkeit vorgegeben war.

Obrigkeit und Gesetzgebung

die Steuer macht den Untertan

Die Steuer macht langfristig – und erst seit dem späten 16. Jahrhundert sichtbar – den Untertan [vgl. 85: SCHAAB, Kurpfalz, 201]; die Steuerpflicht konkretisiert das alte Treueversprechen der Erbhuldigung, aber es nivelliert dieses zugleich. Denn die Erbhuldigung beruhte auf gegenseitiger Wahrung der jeweils spezifischen Rechte von Herrn und Landsassen. Die Unterschiede ebnete der frühneuzeitliche Staat ein. Was einstmals „Gerichtsuntertanen" gewesen waren, werden steuerzahlende Subjekte, Untertanen. In Bayern z. B. wird aus der nach Vermögen abgestuften Scharwerkspflicht, den Spanndiensten von (je nach Bezugsgröße) ein bis vier Pferden aller „Einwohner" eines Hochgerichts, im 15. Jahrhundert die Klassifikationsgrundlage der Landessteuer [217: FRIED, Steuer].

3.2 Ausbau der Institutionen und Anfänge der Bürokratisierung

Für die Bürokratisierung oder Institutionalisierung gilt immer noch die von B. KRUSCH bereits 1893 getroffene Feststellung: „In überraschend gleichmäßiger Weise vollzieht sich die Entwicklung der Centralverwaltung in den verschiedenen deutschen Territorien" [179: Centralbehörden, 201] seit der Mitte des 15. Jahrhunderts. Diese Erkenntnis wurde in der Folgezeit durch die Tendenz verwischt, Institutionengeschichte möglichst archaisierend anzulegen, möglichst früh Vorläufer und Anfänge etwa von Kanzlei oder Hofgericht zu suchen. So vermochte W. NÄF nicht mehr die institutionellen Hintergründe zu sehen, als er die Bedeutung des 15. Jahrhunderts für die Entpersonalisierung von Herrschaft hervorhob [Die Epochen der neueren Geschichte. Bd. 1. ²Aarau 1959, 188].

<small>Bürokratisierung von Herrschaft seit Mitte des 15. Jh.</small>

Die Kanzlei ist der große Schrittmacher bei der Entpersonalisierung der Herrschaftspraxis. Das ist einmal der Verschriftlichung inhärent, wird aber noch dadurch verstärkt, daß das Personal der fürstlichen Schreibkammer vielfach aus fremden Landen stammt [vgl. 187: RINGEL, Studien, 222]. Wir wählen ein einfaches, aber naheliegendes Beispiel, um die Entwicklung zur Transpersonalität der Herrschaftspraxis zu belegen. Das Siegel ist noch bis ins 15. Jahrhundert hinein nach alter Tradition persönliches Beglaubigungsmittel eines Herrschers; nach dessen Tode wird es in aller Öffentlichkeit zerstört. In der Hofordnung Friedrichs des Weisen jedoch wird 1499 bestimmt, daß der Siegelstempel in einem Kasten verwahrt wird, der nur gemeinsam vom Kanzler, Hofmeister und zwei Räten zu öffnen ist. Die unmittelbare Zuordnung des Beglaubigungsmittels zur Person des Herrschers ist bürokratisiert worden; das Landessiegel ist entstanden.

<small>die Kanzlei und die Entpersonalisierung von Herrschaft</small>

Bürokratie ist bei allen transpersonalen Tendenzen an die Person des Landesherrn gebunden; eine bisweilen behauptete [159: PENNING, 21] Unterscheidung von Hof- und Landesverwaltung gab es bezeichnenderweise bis ins 15. Jahrhundert hinein nicht [161: SCHLEIF, 15 mit Anm. 16]. Ohne prinzipiellen Widerspruch zu finden, konnte ein Fürst Kanzler und Räte als seine Diener betrachten, die für ihn politische Handlanger-Dienste ausführen, ja oft genug als Bürgen für seine Schul-

<small>keine Unterscheidung von Hof- und Landesverwaltung</small>

den geradestehen mußten. Das persönliche Regiment galt noch bis ins 16. Jahrhundert als Normalfall fürstlicher Herrschaft [312: OESTREICH, Regiment]. Dennoch waren in der Kanzlei Bürokratisierungstendenzen angelegt. Diese wurden durch Einflüsse der universitären Wissenschaft begleitet, die von gelehrtem Personal in Schreibstube und fürstlichem Rat ausgingen. Allerdings sind kräftige Abstriche an der Vorstellung zu machen, die mittelalterlichen Juristen hätten den Staat geschaffen [dagegen schon 61: KASER, 302] – sie haben fürstliche Herrschaft nur gelehrter begründet.

3.3 Der weite Weg zur fürstlichen Gesetzgebung

Wie weit der Weg zur Staatlichkeit für die fürstliche Herrschaft noch war, zeigt sich schon daran, daß ihr eines der ältesten Staatselemente, die Ordnung der Münze, ebenso fremd war wie der uralte Repräsentationsgedanke des Herrscherbildes auf den Münzen. Die Forderung einer einheitlichen Währung, die 1233 die Kulmer Handfeste erhob, fand im Reich keine Nachahmung. Der Rentmeister im bayerischen Wasserburg rechnet 1466 in vier Währungen ab [234: ZIEGLER, 57; vgl. ebd., 57–64: Darstellung des Münzumlaufs anhand territorialer Rechnungen]. Hessen geriet über die Frankfurter Messe in den Einflußbereich des rheinischen Guldens [97: ZIMMERMANN, Territorialstaat, 351]. Die Münzordnung, die 1444 Landgraf Ludwig I. erließ, konnte deswegen ebensowenig zu einer Territorialisierung des Münzumlaufs führen, wie die 1435 in Sachsen verkündete Ordnung der Währung [53: Hessen und Thüringen, 235]. Lediglich ein 1444 in Sachsen begangener Weg, der die Sonderung einer Oberwährung von den Beiwährungen zum Ziel hatte, konnte sich im Verlauf des 15. Jahrhunderts als erfolgreich erweisen [97: ZIMMERMANN, Territorialstaat, 352). Die förmliche Übertragung der Münzpolizei auf die Reichskreise 1551 zeigt, daß das Fürstentum auf sich allein gestellt nicht in der Lage war, die Währungsverhältnisse zu regeln.

die fehlende Ordnung der Münze

Überhaupt scheiterten Versuche, einheitliche Maßsysteme einzuführen [239: JANSSEN, Gesetzgebung, 27f.]. Auch das österreichische Landrecht von 1206 erzielte mit der Forderung keine dauernde Wirkung, *„das man überal in dem land haben sol ainen meczen, ain emer, ain ellen und ain gelot"* [29: SCHWIND-DOPSCH Nr. 50, 102]. Schon vom Fehlen der Voraussetzungen her mußte die wettinische Landesordnung von 1482, die erstmals „territorialwirtschaftliche" Regelungen treffen wollte [248: RICHTER, Landesordnungen, 48–51], ein darin zwar interessantes, aber folgenloses Dokument bleiben. Erst die Landesordnung von 1502

Setzung von Maß und Gewicht

3. Der Beitrag zur Entwicklung des modernen Staates 89

unternahm es, im albertinischen Sachsen allgemeine Maße für das Herrschaftsgebiet zu setzen: Nach der Leipziger Elle sollte hinfort gemessen, nach dem Erfurter Gewicht gewogen und nach Torgauer Kanne und Jenaer Eimer abgefüllt werden [ebd., 56]. Das ist vor allem darin aufschlußreich, als der Einfluß der Städte auf das Fürstentum bestätigt wird, ein Einfluß, der dem frühneuzeitlichen Fürstenstaat erst den Sachverstand vermittelte, eine Wirtschaftspolitik zu entwickeln. (An der Bedeutung der Städte für den württembergischen Herrschaftsaufbau wird es auch gelegen haben, daß hier zwischen 1549 und 1557 ein einheitliches Maß- und Gewichtssystem eingeführt werden konnte.)

Wie für das scholastische Staatsdenken gilt auch für die umfangreiche spätmittelalterliche Legistik: Was hier an Begründungen für die Gesetzgebung eines Herrschers formuliert wurde, ist zwar vom Königtum, nicht aber von den Fürsten rezipiert worden. Daß ein Fürst *„lex animata in terris"* sei, wie es Philips van Leyden, einen Kernsatz des mittelalterlichen Staatsrechts zitierend, behauptete [37: BERGES, 123f., 254, 263], haben ihm noch nicht einmal die vollmundigen Arengen der deutschen Fürstenurkunden nachgeschrieben. Das „beseelte Recht" war unbestritten der Kaiser [339: SCHUBERT, König, 121] – diese Entwicklungsform des transpersonalen Staatsgedankens wurde nur dem Imperium, nicht aber dem Fürstentum zugeordnet.

<small>nur der König, nicht der Fürst ist das „beseelte Recht"</small>

Grundsätzlich ist zu bedenken: Die zu unterschiedlichen Zeiten erfolgende Rezeption des Römischen Rechts in deutschen Fürstentümern diente zunächst gar nicht den Zwecken des Herrschers; das gelehrte Recht konnte in seiner staatsbildenden Kraft noch gar nicht erkannt werden [W. TRUSEN, Anfänge des gelehrten Rechts in Deutschland. Wiesbaden 1962]. Vielmehr ging es darum, mit einem unbelasteten neuen Recht den *„pravus usus"*, die böse, die unrechtmäßig eingerissene Gewohnheit des in seiner Geltung unbestrittenen deutschen, genauer: alten Rechtes auszumerzen. [So schon A. STÖLZEL, Die Entwicklung der gelehrten Rechtssprechung. 2 Bde. Berlin 1901/1910, bes. Bd. 1, 413–417, Bd. 2, 55f.]

<small>der überschätzte Einfluß des Römischen Rechts</small>

Gesetzgebung ist der Schlüssel zur großen Macht. Diesen Schlüssel aber besaß das Fürstentum im 14. und weitgehend im 15. Jahrhundert noch nicht. Die Frage, wie „Gesetz" innerhalb der Bedingungen des spätmittelalterlichen Rechts zu verstehen ist, befindet sich noch in der wissenschaftlichen Diskussion [H. KRAUSE, Gesetz, in: Geschichtliche Grundbegriffe Bd. 2. Stuttgart 1975, 863–880]. Unumstritten aber ist inzwischen, daß der Fürst, weit mehr als in den beiläufigen Äußerungen W. EBELS [236: Gesetzgebung, 62] sichtbar wird, auch zum Gesetzgeber geworden ist. „Ordnung" bürgert sich als legislatorischer

<small>„ordnung" als legislatorischer Schlüsselbegriff</small>

Schlüsselbegriff im 15. Jahrhundert allmählich ein. Ob das eine Eindeutschung von „*ordonance*" ist – wie bei der kleveschen Landesordnung, der „*ordinantie*" von 1431 [239: JANSSEN, Gesetzgebung, 17 f.] – muß offen bleiben [251: WILLOWEIT, Gebot, 129].

Gesetz ist nicht aus fürstlichem Gebot ableitbar

Eine Landesgesetzgebung ist nicht aus fürstlichem Gebot ableitbar [ebd., 125]. Dort, wo sie vor allem im ausgehenden 15. Jahrhundert begegnet, klammert sie den zentralen Bereich des Strafrechts aus, obwohl die Hochgerichtsbarkeit weniger wegen ihrer praktischen als ihrer emotionalen Bedeutung als wichtigstes Herrschaftsrecht eines Fürsten angesehen wurde. Vor der „Bambergensis", der bambergischen Halsgerichtsordnung des Johann von Schwarzenberg (1506), gab es kein einheitliches Strafgesetz eines Territoriums.

frühe Landesordnungen

Erste, noch tastende Versuche einer Landesgesetzgebung: 1408 war im Ordensland, in Reaktion auf ständische Beschwerden, eine Landesordnung erlassen worden, welche im wesentlichen die Regalienrechte des Ordens definierte und ebenso das Herrschaftsinteresse in den Mittelpunkt stellte, wie die 1420 erlassene Landesordnung [258: NEITMANN, Stände]. Landesordnungen, wie sie etwa in Bayern oder 1431 im Herzogtum Kleve, in Hessen 1444 und 1455 [97: ZIMMERMANN, Territorialstaat, 65. Vgl. 169: ZIMMERMANN, Zentralverwaltung, 141 f.], im ernestinischen Sachsen 1482 erlassen wurden, gehören zwar noch zu den Ausnahmen im 15. Jahrhundert, aber sie werden bereits als eine Form der Gesetzgebung begriffen.

Landesordnungen und ständischer Konsens

Jedoch diese Landesordnungen bedürfen zumeist ständischer Zustimmung [239: JANSSEN, Gesetzgebung, 26]; ja mehr noch: Sie verdanken öfter dem Willen der Stände ihre Entstehung. Vor allem an Gesindeordnungen hatten Adel und Prälaten starkes Interesse. Die auffallend vielen Tiroler Ordnungen (1404, 1420, 1437, 1474) gehen auf ständische Gravamina zurück [91: STOLZ, Land, 731; 92: DERS., Tirol, 167 f., 170; 284: BLICKLE, Landschaften, 190–196]. Die sächsische Landesordnung von 1446 versteht sich als Einung zwischen Ständen und Herzog [248: RICHTER, 14 f.] und die des Jahres 1482 wird, den massiven Druck der Vasallen verschleiernd, als fürstliche Gewährung ständischer Bitten deklariert [ebd., 16]. Seit 1507 drängen die Stände in der Oberpfalz auf eine Landesordnung, die schließlich 1526 zum Abschluß gelangt [304: KÖHLE, 60 f.]. Offenbar wurden fürstliche Gesetzgebungsbefugnis und ständischer Konsens nicht als Widerspruch empfunden. *„Gesetz, gemecht und ordenunge"* haben im 15. Jahrhundert durchaus noch Vereinbarungscharakter [251: WILLOWEIT, Gebot, 127].

„gute Policey"

Die Landesordnungen schaffen für bestimmte Themenbereiche ein einheitliches Rechtsgebiet. Durch sie erst wird der Weg zum Flä-

3. Der Beitrag zur Entwicklung des modernen Staates 91

chenstaat eingeleitet. Ihre Themen lassen sich nur schwer systematisieren: Den Instanzengang der Gerichtsbarkeit regelt z. B. die hessische Ordnung von 1455, ein Thema, das späterhin eigenen „Gerichtsreformationen" vorbehalten bleibt. Bei aller Variation im einzelnen läßt sich doch ein Kern von Bestimmungen erkennen, in dem bereits enthalten ist, was später – etwa seit 1500 – unter den Begriff der „*guten Policey"* fällt [vgl. 239: JANSSEN, Gesetzgebung, 34–37]. Themen, die in den Polizeiordnungen des 16. Jahrhunderts, vor allem in den (auch für die meisten Fürstenstaaten verbindlichen) Reichspolizeiordnungen einläßlich behandelt werden, klingen bereits an: Spielverbote, Ausfuhrbeschränkungen [251: WILLOWEIT, Gebot, 129], einheitliches Biermaß [so schon Kleve 1451. 239: JANSSEN, Gesetzgebung, 17 f.], Kleiderordnungen [so schon Sachsen 1446. 248: RICHTER, 35] und vor allem Festlegung von Höchstlöhnen für Gesinde und Tagelöhner [ebd. 42–45] – das berühmte sogenannte bayerische Reinheitsgebot steht in dieser Traditionslinie: kein „Reinheitsgebot", sondern eine Höchstpreis-Verordnung.

Dennoch gilt festzuhalten: Bis in das 16. Jahrhundert hinein bleibt die Landesgesetzgebung in Umfang und Wirkung bescheiden [167: WILLOWEIT, Verwaltung, 77]. Die Bedeutung der frühen Landesordnung liegt in ihrer Zielsetzung für einen noch weiten Weg, der zu einem einheitlicheren Staatsgebiet und zur Transpersonalität des Herrschers dergestalt führt, daß der Fürst nicht nur Wahrer des Rechts, sondern Schöpfer der Gesetze – ebenso wie der Kaiser [339: SCHUBERT, König, 122–126] – wird.

geringer Umfang der Landesgesetzgebung

Wie weit der Weg zum Gesetzgebungsstaat noch ist, zeigt sich bereits in Äußerlichkeiten, in der Promulgation von Gesetzen [P. JOHANEK, Methodisches zur Verbreitung und Bekanntmachung von Gesetzen im Spätmittelalter, in 158: PARAVICINI – WERNER, 88–101]. Viel mehr als das „*Kerckengerücht"*, die kirchliche Verkündigung von Gesetzen, fiel selbst Kirchenfürsten, die in Gestalt von Synodalstatuten ja schon längst eine allgemeinere Gesetzgebung kannten, nicht ein [239: JANSSEN, Gesetzgebung, 24 f., 32 f.]. Dankbar bediente man sich seit dem Ende des 15. Jahrhunderts des Buchdrucks, ohne den der Gesetzgebungsstaat der Frühen Neuzeit nicht denkbar ist.

Probleme der Publikation von Gesetzen

Wie schwer es war, den Schlüssel zur großen Macht, zur Gesetzgebung zu finden, lassen viele Ordnungen darin erkennen, daß sie mit der Formel von der Unantastbarkeit der hergebrachten Privilegien schließen [239: JANSSEN, Gesetzgebung, 39]. Als zum Beispiel Albrecht Achilles 1472 eine Gerichtsreformation für die Dörfer und Märkte seiner fränkischen Herrschaft erläßt, räumt er doch ein, daß die

neue Gesetze und Unantastbarkeit alter Ordnungen

Bauern diese Neuerung freiwillig annehmen sollten, daß im Weigerungsfalle das alte Recht weiterhin gültig sei [87: SCHUBERT, Albrecht, 161]. Die sächsischen Landesordnungen des 15. Jahrhunderts verstehen sich als eine Bündelung, Harmonisierung und Vereinfachung bestehender alter Rechte [248: RICHTER, 5].

4. Der Fürst und die Landstände

4.1 Die sogenannte „landständische Verfassung"

Unter landständischer Verfassung wird gemeinhin verstanden, daß drei Stände, Adel, hohe Geistlichkeit und größere Städte, dem Fürsten in Notzeiten beistehen, ihm Unterstützung, zumeist als Steuerzahlung, gewähren oder aber mit Protest und Widerstand auf seine Handlungen reagieren. Doch mit diesen Feststellungen ist allenfalls der Minimalkonsens benannt. Ansonsten fehlt es an einer Typologie ständischer Erscheinungsformen. Das ist die unvermeidliche Folge der unterschiedlichen herrschaftlichen Profile in deutschen Landen, die eine Typologie nur um den Preis allzu großer Vereinfachungen zuläßt. Das sei am Beispiel jenes Standes verdeutlicht, der in unserer Aufzählung gefehlt hat, dem der Bauern. Dieser ist zwar selten, aber immerhin in manchen Gebieten auf den Landtagen vertreten [Zusammenstellung bei 284: BLICKLE, Landschaften 25 Anm. 109; vgl. auch E. BRUCKMÜLLER, Täler und Gerichte, in 302: Herrschaftsstruktur Bd. 3, 1973, 11–15]. Jedoch gilt hier wie bei allen anderen Ständen, daß die „Repräsentation" von Herrschaft zu Herrschaft verschieden ist. Die Großbauern in den „Bauernrepubliken" an der deutschen Nordseeküste, im Land Hadeln oder im Land Wursten (um von den Sonderfällen Ostfrieslands und Dithmarschens abzusehen), haben nichts gemein mit den Bauern, die auf den frühneuzeitlichen Landtagen in Bamberg und Würzburg oder in Vorarlberg als Vertreter der Untertanen fürstlicher Ämter erscheinen. Sie sind allein zur Durchführung und Durchsetzung landesherrlicher Steuerforderungen berufen worden [284: BLICKLE, Landschaften 258–270]. In den Hochstiften Chur und Sitten hingegen beruhte die bäuerliche Landstandschaft auf weitgehenden Freiheitsrechten [A. GASSER, Landständische Verfassungen in der Schweiz. ZSchweizerG 17 (1937), 96–108, hier: 105f.]. Wieder anders liegt der Fall in Tirol: Hier war es der ungewöhnlich früh einsetzende direkte Zugriff des Landesherren auf die Bauern der Talgemeinden, der diese zu Verhandlungspartnern der Herrschaft werden ließ [284: BLICKLE, bes. 168–172]; denn in Tirol

4. Der Fürst und die Landstände

blieb die Ausbildung der adeligen und kirchlichen Gutsherrschaft, analog etwa zu den bayerischen Hofmarken, in den Anfängen stecken. Die auf ihrer Wirtschaftskraft beruhende Selbständigkeit der Tiroler Bauern wurde im „Großen Freiheitsbrief" 1342 anerkannt, der die Voraussetzung ihrer Beteiligung an Landtagen des 15. Jahrhunderts war [325: STOLZ, Landstandschaft, bes. 708f., 726].

Zurück zu den drei Ständen, die gemeinhin zu den Landtagen geladen werden. Noch keineswegs geklärt ist die Frage nach den Ursprüngen der Landtage. Die ältere Forschung bevorzugte eine Antwort, die sich in der Formel „vom Lehnsstaat zum Ständestaat" ausdrückte, wonach der hochmittelalterliche, vom Lehnswesen geprägte Herrschaftsaufbau durch einen spätmittelalterlichen Ständestaat abgelöst worden sei [324: SPANGENBERG; vgl. 68: MITTEIS, Land, 62]. Die Annahme ist verlockend, da bei solchen Wandlungen größere zeitliche Übergangszonen zu unterstellen sind und damit der Beweiszwang, chronologische Kausalitäten herzustellen, entfällt. Nachdem aber die Bedeutung des Lehnswesens für den spätmittelalterlichen Herrschaftsaufbau nachgewiesen werden konnte, bleibt wenig Raum für eine Abfolge vom Lehens- zum Ständestaat. Vor allem: Ohne die vasallitische Pflicht, dem Herrn Rat und Hilfe zu gewähren, hätte sich kein adeliger Lehensmann auf den frühen Landtagen eingefunden. Ohne die Pflicht, in Fällen „*ehafter not*" dem bedrängten Herrn ebenso zu helfen wie bei dessen Nöten, die Mitgift seiner Töchter bereitzustellen, hätte der Adel in keine neue Landessteuer und in kein Ausschreiben einer sogenannten „Fräuleinsteuer" gewilligt.

„Lehnstaat" und „Ständestaat" – die Scheinalternative

Schon die älteren Darstellungen zur Geschichte des deutschen Ständewesens bemühten sich, Erscheinungen des 15. Jahrhunderts zu archaisieren, sie auf die hochmittelalterlichen „*generalia placita*", Landdinge, Stammesversammlungen zurückzuführen. Was UNGER 1844 [329: Landstände] formulierte, was in BLUNTSCHLIS Staatswörterbuch einging [38: Bd. 2, 484–497, bes. 485], wurde noch in der neueren Forschung behauptet: Bereits in der zweiten Hälfte des 13. Jahrhunderts gäbe es „erste Anzeichen für den zukünftigen Ständestaat" [295: FOLZ, 196; ähnlich 118: PETRI, 399 und 403]. Solche Ansichten folgten einer Auffassung, die im sogenannten Reichsweistum von 1231 ein „Gesetz über die Landstände" erblickte, das – nach H. MITTEIS – mit dem *Statutum in favorem principum* ein Junktim gebildet habe [68: MITTEIS, Land, 63]. Eine solche Auffassung hatte schon F. RACHFAHL vertreten [316: Landesvertretung, 1145] und SANDER/SPANGENBERG waren ihm darin gefolgt, indem sie mit diesem Reichsweistum das dritte, das der landständischen Verfassung gewidmete Heft ihrer Quellen-

hochmittelalterliche Landdinge und spätmittelalterliche Ständeversammlungen

das angebliche „Gesetz über die Landstände" von 1231

sammlung eröffneten [23: Urkunden]. Aber schon BADER hatte eingewandt, daß die Gesetze von 1220 und 1231/32 kein neues Recht schufen, sondern lediglich Konsequenzen des im 12. Jahrhundert Angelegten darstellten [34: Volk, 278f.; im gleichen Sinne auch: W. GOEZ, HRG 1, Sp. 1358–1360].

1231 ist kein „Gesetz über die Landstände" formuliert worden. Die „*meliores et maiores terrae*", die bei neuen Ordnungen hinzugezogen werden sollen, sind die Grafen und Edelfreien, nunmehr reichsrechtlich unterschieden von den „*principes*". Das Gesetz von 1231 sucht den Kompromiß zwischen reichsrechtlicher Unterscheidung und hochadeliger Standesgleichheit von Fürsten und Edelfreien. Damit geriet auch die Lehrmeinung ins Wanken, daß die Landstände aus den alten „*generalia placita*" herausgewachsen seien. Der bereits 1929 von A. MELL [156: Steiermark, 126] begründeten Ablehnung dieser These, schloß sich später auch die Forschung an [299: HELBIG, Ständestaat, 351 und 388–390]. Selbst für Bayern mit seiner frühen Entwicklung des Ständewesens sind entsprechende Kontinuitäten nicht nachweisbar (K. BOSL, Aus den Anfängen der landständischen Bewegung, in 317: RAUSCH, 63–93]. Vorsichtig spricht REICHERT nur davon, daß in Österreich zwar die „Landtage in der Tradition der Landtaidinge" standen, daß es aber ganz erhebliche Unterschiede gegeben habe, zumal zwischen beiden Versammlungsformen ein ganzes Jahrhundert lag [319: Landesherrschaft, 389–391], da erst Ende des 14. Jahrhunderts in habsburgischen Landen eine ständische Entwicklung sich abzeichnet. [Nachzügler der alten Auffassung 303: KIRCHHOFF, 1988; P.C. HARTMANN, Die Landstände des Hochstifts Passau im Rahmen der ständischen Bewegungen des Spätmittelalters. Ostbairische Grenzmarken 27 (1985), 63–81, hier: 75.]

Geschichte der Landstände als Geschichte der Ansätze

Die Frage nach der Entstehung der Stände ist deswegen so schwierig zu beantworten, weil es vor dem 16. Jahrhundert eine gradlinige Entwicklung nicht gibt. Schon 1856 hatte C. Hegel „die landständische Verfassung in ihrer noch gleichsam flüssigen Bildungsform und leicht beweglichen Gestaltung" charakterisiert [298: Mecklenburg]. Mit wenigen Ausnahmen ist die Geschichte des spätmittelalterlichen Ständewesens eine Geschichte der Ansätze und nicht eine der verfassungsbildenden Kontinuitäten. Obwohl zum Beispiel in der Neumark schon 1337 die Bede nur mit Zustimmung von Adel und Städten erhoben werden konnte [76: PATZE, Territorien, 30], währte es doch bis in die Zeiten des machtbewußten Albrecht Achilles (1471–1486), bis aus den mit der Lokalverwaltung verflochtenen Ständen der Altmark, Ukkermark, des Teltow, des Ruppiner Landes usw. eine vom Fürsten geformte allgemeine ständische Vertretung der Mark [163: SPANGENBERG, Hof, 109] und eine landständische Verfassung Konturen gewannen [ebd., 381; 297: HARTUNG, Herrschaftsverträge, 34 f.]. Zu gleicher Zeit entstehen erst in Mecklenburg Landtage, obwohl hier Konturen eines ständischen Widerstandes bereits um 1300 sichtbar sind [49: HAMANN, 16]. Gegenüber dem neuen, dem in einzelnen Anläufen erprobten organisierten Ständewesen bildete nun zweifellos das Lehnswesen nicht nur das traditionelle, sondern auch das permanente Verfassungselement. Die Stände selbst sehen es bis tief ins 15. Jahrhundert hinein nicht anders. Der Adel bezeichnet sich zumeist als „manschaft" eines Herren auf den Landtagen. Typisch, wenn in Ripen die Vertragspartner des Dänenkönigs sich als Vasallen, als „manschopp desser land gestlik unde werlik", bezeichnen [314: PETERS, 308].

nicht ein ständisches, sondern das vasallische Denken bildet die Kontinuität der Ansprüche auf Mitbestimmung

4.2 „Die Stände sind das Land". Ansätze einer Repräsentationsverfassung?

„Waren die Landstände eine Landesvertretung" fragte 1916 in einem Aufsatz der v. Below-Schüler F. RACHFAHL [316]. Indem er diese Frage gegen F. TEZNER [326: Technik] bejahte, löste er einen heute vergessenen, aber noch von O. BRUNNER zur Kenntnis genommenen Gelehrtenstreit aus [41: Verfassungsbegriff, 16]. Nachdem SCHIEFER [322: Landstände] den Repräsentationscharakter verneint hatte, sah er sich den heftigen Angriffen G. v. BELOWS [HZ 1916, 357–360] ausgesetzt. Die Diskussion ging noch nicht von einem Land im Sinne späterer Forschungen aus, sondern setzte einen – wie auch immer gearteten – Staat voraus. Somit mußte unentschieden bleiben, wen oder was die Landstände eigentlich repräsentierten.

Im Mittelalter selbst war der liturgische Terminus „repraesentatio" [301: HOFFMANN, Repräsentation, 64–87, 118–147, 165 f.] noch nicht aus der Sakramentenlehre, aus der eucharistischen Begründung der Meßliturgie in das politische Denken übertragen worden. Wenn der Begriff in weltlichen Zusammenhängen gebraucht wurde, meinte er schlicht „Stellvertretung", wurde zum Beispiel für das Amt des Rektors in bezug auf die Universität gebraucht [ebd., 148–164]; eine Annäherung, noch keine Bindung an die Verfassungsdefinition suchten die konziliaren Theorien des 15. Jahrhunderts [ebd., 248–270]. Aber erst dem staatsrechtlichen Schrifttum des 18. Jahrhunderts blieb es vorbehalten, die Funktion der Landstände als „Repräsentation" zu definieren [ebd., 345–350]. Doch bald war damals bereits erkannt worden, daß man sich mit einer solchen Auffassung auf einem Irrweg befand. Denn,

„repraesentatio" – Geschichte des Begriffs

PÜTTERS Einwand gegen die Vorstellung einer ständischen Repräsentation

so stellte PÜTTER 1777 fest, von „Repräsentanten der sämtlichen Untertanen eines Landes" könne man doch nur dann sprechen, wenn die Stände auch für die landesherrlichen Hintersassen Steuern bewilligen würden [79: Beyträge, 181]. (Dieser Einwand verblaßt in jenen Fürstentümern, in denen während des späten 15. Jahrhunderts Höchstlohn- und Gesindeordnungen auf ständischen Druck erlassen werden, und er beginnt vollends mit dem 16. Jahrhundert an Berechtigung zu verlieren, als die Stände vielfach über das Kollektationsrecht und die Festlegung von Steuermodalitäten, die für alle gelten, Entscheidungen auch für die fürstlichen Hintersassen treffen.)

„Die Stände sind das Land" – die Formulierung Campes und BRUNNERS

Pütters pragmatischer Einwand wurde nicht mehr zur Kenntnis genommen, als CAMPE 1864 die beiden Begriffe „Repräsentation" und „Land" genauer zu bestimmen versuchte, wobei er – wie übrigens auch GIERKE [48: Bd. 1, 534f] – bereits der späteren Formel O. Brunners sehr nahe kam. Die Stände – so CAMPE [292: Lehre, 98] – „stellen kraft eigenen Rechts das Land dar". Das trifft genau den Sachverhalt, den BRUNNER meinte, wenn er den Satz Campes wirksam zu der berühmten Formel verkürzte: Die Stände „sind" das Land [42: Land, 423].

Für Brunners Feststellung spricht, daß sich die Stände oft selbst als die „Landschaft" bezeichnen. Weiterhin liegt es in der Natur der Sache, daß ein Begriff, der ein Gemeinschaftsbewußtsein schafft wie „Land", in ständische Gravamina einfließt. Darüber hinaus hatte Brunner mit dem Satz, die Stände sind das Land – in gewissermaßen existentialistischem Sinne das „sind" überhöhend –, einen Repräsentationscharakter der Stände nur behauptet. Mit dieser Formulierung

Forschungskonsens

wurde ein bis heute weitgehend gültiger Konsens der Forschung gewonnen, den noch jüngst K. BOSL als Leitlinie eines Forschungsüberblicks benutzte [287: Repräsentation, 1–12], und der die Grundlage für einen europäischen Vergleich der ständischen Erscheinungen bot [vgl. 295: FOLZ und 285: BLOKMANS].

Die Stände sind das Land: Mustert man die Quellen, so fällt zunächst auf, daß sie gar nicht so reich fließen, wie für einen Fundamentalsatz des Verfassungslebens anzunehmen wäre. Das wäre noch zu verschmerzen, da unterstellt werden könnte, daß das als selbstverständlich Bewußte seltener in die Quellen gelangt. Dann aber läßt eine zweite Beobachtung stutzig werden: Land erscheint immer nur dann, wenn die Stände in Argumentationsnot nach einem legitimierenden Begriff suchen. Die Opposition „Land" und „Fürst" ist allein an solchen relativ seltenen Fällen, Konfliktsituationen, abzulesen. In Wirklichkeit besteht sie nicht. Denn – das hatte schon 1951 O. STOLZ gegen Brunner

häufiger als die Stände beruft sich der Fürst auf das Land

eingewandt – viel häufiger als die Stände bezieht sich der Fürst auf das

4. Der Fürst und die Landstände

Land [165: Grundriß]. „Landesfürst" ist eine ebenso vertraute, inoffizielle Bezeichnung im 15. Jahrhundert, wie dann „Landgebot" als eine vom Fürsten ausgehende Satzung. Daß nach den ersten Vorläufern im 15. Jahrhundert in der folgenden Zeit Landesordnungen als territorialstaatliche, als verallgemeinerte Gesetze im Namen des Fürsten erlassen werden, zeigt, daß die Repräsentation des Landes – wenn überhaupt – keineswegs allein von den Ständen beansprucht werden konnte. Davon leitet sich eine grundsätzliche, hier nur aufgeworfene Bewertungsfrage ab: Im Gegensatz zur älteren Forschung, die Ständegeschichte vor allem aus Krisensituationen des Fürstentums heraus beschrieb, haben unabhängig voneinander W. SCHLESINGER [123: Schönburg, 180], G. OESTREICH [312: Ständetum, 50f.], P. FRIED [102: Entwicklung, 319] und W. JANSSEN [152: Verwaltung, 106f.] hervorgehoben, daß das Ständewesen sich nur im Rahmen einer kräftigen Landesherrschaft kontinuierlich entwickeln und verfassungbildende Stabilität gewinnen konnte. Es stand weit weniger in jener Opposition zum Fürstentum, die eine von spektakulären Aktionen ausgehende Forschung unterstellte, als in der Verantwortung gegenüber der Herrschaft; denn von dieser hing auch das Schicksal der einzelnen Stände ab; es waren nicht nur die Traditionen des Lehenswesens, es waren auch Eigeninteressen, wenn sich die Stände zu Rat und Hilfe verpflichtet fühlten.

Stabilität des Fürstentums und Kontinuität landständischer Entwicklung

G. OESTREICH [312: Ständetum, 50] und etwa gleichzeitig H. HELBIG warnten vor einer Überschätzung der landständischen Wirksamkeit [332: Königtum 118; 300: DERS., Fürsten, 179]. Konsens und Interessenverknüpfung charakterisierten die Landtage noch des 15. Jahrhunderts. So blieben Oestreich und Helbig skeptisch gegenüber der „von den deutschen Verfassungs- und Rechtshistorikern allgemein anerkannten Formel ‚Die Stände sind das Land'" [312: OESTEREICH, Ständetum, 60; 300: HELBIG, Fürsten, 179]. Jedoch ist es leider so, daß leise Skepsis selbst in der Wissenschaft nichts gegen plakative Formeln vermag. Darum laut: Die Stände sind nicht das Land.

Die Stände sind nicht das Land

Die fragwürdige Behauptung, „die Stände sind das Land", konnte sich deswegen so erfolgreich durchsetzen, weil sie eine ältere Lehrmeinung mit Sinn erfüllte. Wechselseitig sollten sich dann in der Forschung die Auffassungen einer Landesrepräsentation der Stände und eines dualistischen Ständestaates stützen. Gingen die Belege für die erste Behauptung aus, half der Rückgriff auf die zweite.

Der Begriff „dualistischer Ständestaat" wurzelt gedanklich und terminologisch in der Verfassungsdiskussion des 19. Jahrhunderts [vgl. 306: LANGE]. O. HINTZE hatte dann 1902 aus dem Gegensatz von Fürst und Land den „eigentümlichen Dualismus des ständischen Staats" ab-

„dualistischer Ständestaat"?

geleitet [54: Staatsbildung, 46]. Diese Wortprägung wurde schnell übernommen, so von RACHFAHL [316: Landesvertretung, bes. 1178–1180] und von SPANGENBERG [324: Lehnsstaat, 36 f.]. Deshalb konnte F. KEUTGEN bereits als Konsens formulieren: „bis zum Extrem ausgeprägt, allbeherrschend ... zeigt sich der Dualismus im mittelalterlichen Ständestaat" [62: Staat, 145]. Mit kräftigen Worten ist dieser Dualismus immer wieder bestätigt worden [115: MAYER, Ausbildung, 293; 69: MITTEIS-LIEBERICH, 252. Vgl. 284: BLICKLE, Landschaften 36 f.]. Wenn O. BRUNNER 1954 [290: Freiheitsrechte, 298] diesen Dualismus „aus der komplementären Natur der fürstlichen und ständischen Rechtssphäre" definiert, so zitiert er indirekt den hergebrachten Konsens; denn auch für K. KASER hatte Dualismus bedeutet, daß „Fürst und Stände einander als zwei selbständige Rechtssubjekte gegenüberstehen" [61: Geschichte, 290]. Gegen diesen Chor fanden einzelne Stimmen, die Vorbehalte anmeldeten [vgl. 306: LANGE, 311] oder wie FOLZ [295: Ständeverträge, 205] Einwände formulierten, lediglich insofern Gehör, als F. HARTUNG „nur mit Vorsicht" diese Terminologie verwendet wissen wollte [297: Herrschaftsverträge, 44]. Die Fragwürdigkeit der Begriffsbildung wurde vor allem aus frühneuzeitlicher Perspektive offenbar. G. OESTREICH sprach 1967 zurückhaltend nur von „der Vorform oder Frühform eines dualistischen politischen Verbandes" im Spätmittelalter [312: Ständetum, 50; vgl. 313: DERS., Vorgeschichte, 263 f.), denn er sah zu Recht, daß allein durch Wiederholung oder Einübung von Verfassungskonstellationen ein Dualismus hergestellt werden konnte, wie er – nach Oestreichs Terminologie – erst im Finanzstaat des 16. Jahrhunderts durch die Gewöhnung an Steuerforderungen möglich war; eine Auffassung, die bereits A. MELL für die Steiermark vertreten hatte [156: 153]. Jedoch selbst für das 18. Jahrhundert sind dort, wo die Landstände überlebten, noch nicht einmal Traditionen, geschweige denn Konservierungen eines „dualistischen Staatsgedankens" in den ständischen Argumentationen zu erkennen [R. VIERHAUS, Land, Staat und Reich in der Vorstellungswelt deutscher Landstände im 18. Jahrhundert, HZ 223 (1976), 40–60].

Dualistischer Ständestaat und „die Stände sind das Land" bilden keine feste interpretatorische Basis; der Forschungskonsens ist fragwürdig.

die Lehre vom Herrschaftsvertrag

Gewissermaßen den Abschluß einer Forschungsentwicklung, die im Banne des Begriffs vom dualistischen Ständestaat stand, bildete die einflußreiche Lehre, die W. Näf erstmals 1951 vertreten hatte: Die Auffassung vom Herrschaftsvertrag. Näf sah in diesem Begriff (auf den wohl auch so zentrale Termini wie Urvertrag, Gesellschaftsvertrag abgefärbt

4. Der Fürst und die Landstände 99

haben) eine vom 13. bis zum beginnenden 16. Jahrhundert „gesamtabendländische" Definition der dualistischen Grundform des Staates [310: NÄF, Herrschaftsvertrag, 230]. Von der Magna Charta über die Goldene Bulle Andreas II. von Ungarn 1222 bis hin zum Tübinger Vertrag von 1514 durchziehen das Mittelalter Verträge, die ein Herrscher mit seinen Ständen über das Regiment des Landes schloß. Aufgrund dieser Verträge konnte mühelos ein Gleichgewicht der ständischen und der fürstlichen Positionen gefolgert werden. Bei allen Vorzügen sind jedoch die Schwächen dieser Lehre unübersehbar. Erstens unterblieb die Analyse der Ereignisse, die diesen Herrschaftsverträgen folgten. Die Wirkungsgeschichte dieser Vereinbarungen [vorbildlich 314: PETERS, 328–336] zeigt nämlich – mit der Ausnahme – der *Joyeuse Entrée* von Brabant 1356 (fläm.: *Blijde Inkomst*), daß sie nur bedingt eingehalten wurden, daß die Stände den Rahmen, den sie beansprucht hatten, nicht ausfüllen konnten. Weiterhin unterblieb die Analyse der Vorgeschichte dieser Verträge. Und diese zeigt, daß die Stände nicht aus einer Position der Gleichberechtigung, sondern zunächst aus der Defensive heraus verhandeln mußten. Es ging, und das prägt die Herrschaftsverträge, um die Begrenzung herrschaftlicher Willkür. Das kann, wie etwa in der Vorgeschichte der Lüneburger Sate, sich daran entzünden, daß dem Herrscher verboten wird, eigenmächtig Schafe von den Weiden der Adeligen zu treiben [ähnlich auch im Paderborner Landesprivileg von 1326. 118: PETRI, Territorienbildung, 451]; das kann generell sich daran entzünden, daß neue Steuern als Willkür, als einseitige herrschaftliche Satzung empfunden werden. Vor allem: Herrschaftsverträge entstehen aus momentaner Schwäche der Herrschaft, wurzeln in Krisen, nicht in der Normalität, die für die Verallgemeinerung verfassungsgeschichtlicher Bedingungen unerläßlich ist. So hatte schon HARTUNG [297: Herrschaftsverträge] mit indirekter Kritik an Näf betont, daß die Stände keineswegs dem Fürsten als gleichberechtigte Partner gegenüberstehen. Es ist eben keine Formalität, wenn diese Verträge als Fürstenurkunden publiziert werden.

Herrschaftsverträge als Begrenzungen von Willkür

Zusammenfassend ist vor einem starren Verfassungsmodell, vor einer Überbetonung des fürstlich-ständischen Dualismus ebenso zu warnen, wie vor einem von neuzeitlichen Vorstellungen abgeleiteten Repräsentationsmodell [vgl. die vorsichtige Differenzierung bei 285: BLOKMANS, 191 f.]. Im wesentlichen vertraten die Stände ihre eigenen Interessen und nicht die des Landes. Selten scheinen ihre Aktionen wirklich populär gewesen zu sein, Zustimmung beim „gemeinen Mann" gefunden zu haben – und wenn, dann nur als Folge eklatanter herrscherlicher Mißgriffe. Im allgemeinen ist der gemeine Mann dynastiegebunden, sieht im Fürsten den Beschirmer gegen Adel und hohe

der „gemeine Mann" und die Stände

Geistlichkeit. (Der Bauernkrieg ist weniger ein Krieg gegen die Fürsten als ein Krieg gegen Adel und Adelskirche.)

fürstenferne und fürstennahe Adelsfamilien

Durch den Adel eines Landes verläuft eine generationentiefe – allerdings nie ganz genau zu ziehende – Trennlinie zwischen fürsten- und hofnahen Familien und solchen, die der fürstlichen Dynastie ferner stehen. (Hierzu ist die prosopographische Rekonstuktion zu vergleichen, die PETERS gelang, nämlich: welche Adeligen tatsächlich 1460 den Ripener Vertrag durchgesetzt haben [314: Ripener Vertrag].) Diese hofnahen Familien haben, in allen deutschen Landen nachweisbar, ihren Fürsten Darlehen, oft in erstaunlicher Höhe, gewährt. Erst in der Frühen Neuzeit, nachdem sich der niedere Adel sozial nach unten abgeschlossen hatte, wird er auch korporative Strukturen entwickeln, etwa den Kreis der an den adeligen Prärogativen Teilhabenden in sogenannten Landtafeln beschreiben. (In Bayern kamen um 1500 solche Verzeichnisse aus herzoglichem Interesse, als Listen der privilegierten Inhaber von Hofmarken auf.) Dann erst kann auch der niedere Adel dem Fürsten als geschlossener Stand entgegentreten.

5. Übergeordnete Beziehungen: Dynastie, interterritoriale Systeme und das Reich

Dynastie und Territorienkomplex

Das personale Element spätmittelalterlicher Staatlichkeit ist mitnichten nur auf das Land bezogen, auf seine Verwaltung und herrschaftliche Durchdringung, sondern ist auch in der über das Land hinausweisenden dynastischen Politik enthalten – mit allen Zufallsfaktoren, die personaler Herrschaft eigen sind. Dynastie und Territorium: In den Anfängen der Landesgeschichtsschreibung wurde das hier bestehende Spannungsverhältnis entweder nicht wahrgenommen oder aber als unerheblich nur am Rande erwähnt; denn allzu schnell wurde, mit bis heute wirksamen Folgerungen für das allgemeine Bewußtsein, eine Identität von Land und Herrscherhaus hergestellt. Dagegen wendet sich ein neuer Forschungsansatz, der die Fixierung auf das Territorium preisgibt und die Rolle des Hauses, der Dynastie hervorhebt, ein Ansatz, der nachdrücklich von MORAW [72: Pfalzgrafschaft, 76] vertreten und von STAUBER [340: Georg, bes. 43–53] vorbildlich durchgeführt worden ist. Es war letztlich auch für die betroffenen Länder schicksalhaft geworden, ob über alle verwandtschaftlichen Reibereien hinaus die Dynastie zusammenhielt, wie etwa Welfen und Habsburger, oder ob dynastische Rivalität gewissermaßen zur Familiensignatur, wie bei den Wittelsbachern, wurde.

5. Dynastie, interterritoriale Systeme und das Reich

Die habsburgischen Länder bilden das eindrücklichste Beispiel für einen von der Dynastie zusammengehaltenen, jedoch aus eigenständigen Gebieten bestehenden Herrschaftskomplex. Steiermark und Österreich sowie das 1335 gewonnene Kärnten und das 1364 erworbene Tirol haben ihre eigene Individualität. [E. KNEBEL, Die historischen Individualitäten der österreichischen Länder. MittOberöstLandesarchiv 5 (1957), 74–85.] Nur was die ausgeprägte Individualität der einzelnen Länder angeht, bildet das Haus Habsburg einen Sonderfall, nicht aber, was das Prinzip der dynastischen Verklammerung von Besitzungen betrifft. Wie diffizil in dieser Hinsicht das Verhältnis von Dynastie und „Territorium" sein konnte, belegt SPIESS [139: Erbteilung, 176–179] am Beispiel der Pfalz.

das Beispiel des Hauses Habsburg und seiner Länder

Das Beispiel der Wittelsbacher sei dafür gewählt, daß nicht vom Land, sondern vom Haus her die mittelalterliche Fürstenherrschaft definiert wurde. Seit 1214 führten alle Angehörigen dieser Dynastie den ehrenvolleren Pfalzgrafentitel noch vor dem bayerischen Herzogstitel – auch die in Bayern regierenden Herzöge. Umgekehrt betonten die Pfälzer Kurfürsten im heraldischen Zitat bis hin zu weiß-blauen Siegelschnüren ihre Zugehörigkeit zum wittelsbachischen Haus. In der Herrschaft Ludwigs des Bayern erweist sich, wie eng nicht nur Reichs- und Landespolitik zusammenhängen, sondern vor allem, welche zentrale Bedeutung die Dynastie im Denken dieses Herrschers besaß. Der Kaiser hatte seinem Hause Tirol, die Mark Brandenburg, Holland, Seeland, Friesland und Hennegau gewonnen. Es schien, daß Bayern nur ein Land einer den deutschen Sprachraum umspannenden Dynastie werden sollte [H. RALL, Ludwig der Bayer und die europäischen Dynastien. ZBLG 44 [1981], 81–91]. Doch innerhalb einer Generation war Ludwigs Erbe im wesentlichen verspielt, der dynastische Auftrag, den der Kaiser seinen Erben gegeben hatte, vergessen.

die zerstrittene Dynastie: Das verspielte Erbe Ludwigs des Bayern

Mittelalterliche Territorialgeschichten quellen über von Nachrichten über Fehden und Kriege. „Spänne", „Irrungen", „nachparliche Gebrechen" stellen auch für die spätmittelalterlichen Zeitgenossen eine Form der Nachbarschaft zwischen Fürsten dar – aber eben nur eine, die sicherlich spektakulärste Seite. Hinter dem äußeren Bild eines Krieges aller gegen alle bleibt der Normalfall meist verborgen, ein nicht unbedingt gleichberechtigtes, aber ausbalanciertes Verhältnis der Herren untereinander. Dieses Verhältnis ist oft in Verträgen fixiert [hierzu beispielhaft die Quellenbelege bei 119: PRINZ, Osnabrück, 108 f. mit Anm. 4], zumeist jedoch durch eingeschliffene Verhaltensweisen. Häufig ist ein Hegemonialprinzip zu erkennen, getragen von einer mächtigen Herrschaft bzw. Dynastie mit orientierenden, aber auch polarisierenden Wirkungen

interterritoriale Systeme

[129: MORAW, Entfaltung, 96 f.; vgl. H. PATZE, Landesherrliche Pensionäre. Historische Forschungen für Walter Schlesinger. Köln/Wien 1974, 272–309]. Wo Lehensbindungen, Schirmverträge, hegemoniale Schutzverhältnisse, Öffnungsrechte an Burgen außerhalb der eigenen Herrschaft eine zentrale Rolle im politischen Handeln spielten, erscheint der Ausdruck „Territorialstaat" nicht nur (vor dem 16. Jahrhundert) als anachronistisch, sondern als erkenntnishindernd.

das Beispiel der Münzvereine

Die Bedeutung der „interterritorialen Systeme" bezeugen die Münzvereine. Sie begegnen am Rhein schon seit der Mitte des 14. Jahrhunderts [218: HESS, bes. 288–291]. B. KIRCHGÄSSNER hat dargestellt, wie die Kurfürsten am Rhein über ihre Münzvereine den rheinischen Gulden als Leitwährung im Reich durchsetzten [219: Auswirkungen, 225–228]. Vergleichbare Zusammenschlüsse kennen auch andere deutsche Regionen. Z. B. wird 1396 erstmals eine Münzkonvention fränkischer Herren geschlossen, die im 15. Jahrhundert mehrere Nachfolger fand [H. EICHHORN, Der Strukturwandel im Geldumlauf Frankens zwischen 1437 und 1610. Wiesbaden 1973.]; im gleichen Jahr findet sich ein Münzverein donau-schwäbischer Städte und Herren zusammen [219: KIRCHGÄSSNER, Auswirkungen, 236]. Wenn Münzverträge zwischen Fürsten und Städten geschlossen werden können – Vorbereitungen der Münzkonventionen des 16. Jahrhunderts –, so zeigt sich, daß interterritoriale Systeme sich mit „innerterritorialen Systemen" verbinden ließen, weil beide Ausdruck der Unfertigkeit des Fürstenstaates waren.

Landfrieden als interterritoriale Systeme

Auch die Landfrieden können als interterritoriale Systeme interpretiert werden [vgl. 56: JANSSEN, Territorialstaat, 425]. Nur ausnahmsweise haben sie zur inneren Konsolidierung einer Herrschaft beigetragen, in der Hauptsache entsprachen sie den überterritorialen Raumstrukturen der „deutschen Lande", und nicht zuletzt den Freiheitsrechten der Städte, seien es Reichsstädte, seien es große Hansestädte. Das Fürstentum bringt in diese Landfrieden vor allem seine Aufgabe der Friedenswahrung ein, nicht aber eine territoriale Substanz.

Die interterritorialen Machtbalancen und Kräfteverhältnisse haben regional verschiedene Folgen. Im deutschen Südwesten können sich interterritoriale Systeme bis zum Ende des Alten Reiches konservieren, während sie in anderen Regionen dem erstarkten Fürstentum unterliegen. Am einfachsten sind die verschiedenen Entwicklungen in den frühneuzeitlichen Reichskreisen zu erkennen. Als Fortsetzung der interterritorialen Systeme erlangen sie nur in Gestalt der vier vorderen Reichskreise an Rhein, Main und Donau eine wirkliche politische Bedeutung.

5. Dynastie, interterritoriale Systeme und das Reich 103

Die Schwierigkeit, Wandlungen der Beziehungskonstellationen zu nuancieren, gilt auch für das Verhältnis der spätmittelalterlichen Fürstenherrschaft zum Reich; denn schließlich wandelt sich dieses Reich ebenso wie die fürstliche Herrschaft im Verlaufe des späten Mittelalters. Fürstentum und Reich: Das hatte die ältere Forschung nur als Zerfall, bestenfalls als Krise gedeutet. Diese Auffassung aber verhinderte lange Zeit die Erkenntnis, daß das Fürstentum „ohne den Bezugspunkt des Reiches nicht gedacht werden kann" [337: MORAW, Fürstentum, 121].

Fürstenherrschaft und Reich

Als „Staat" (so problembefrachtet die Anwendung des Begriffes für das Mittelalter ist) erschien den spätmittelalterlichen Menschen nicht das Fürstentum, sondern allein das Reich. Die Fürstentümer galten als Reichslehen. Unter freiem Himmel verlieh der König in vollem Ornat auf eigens hergerichtetem Gestühl Szepter oder Fahnlehen mit einem feierlichen, im 15. Jahrhundert verfestigten Zeremoniell. Die Fürsten selbst leiteten ihre Dignität vom Reich ab. Die Anrede „*illustris*", in deutschen Briefen „*hochgeboren*" (für die geistlichen Fürsten „*venerabilis*" bzw. „*erwirdig*") wird, wo immer es möglich ist, mit Verwandtschaftsattributen zum Königshaus ergänzt [334: KRIEGER, Standesvorrechte, 96–98]. Alle Dynastien waren stolz darauf, wenn sie einen König zu ihrer Ahnenreihe zählten. Prozessuale Vorrechte am Hof- und später am Kammergericht galten den Fürsten ebenso als Ausdruck ihrer Dignität [ebd., bes. 107–111] wie auf Kaiser und Reich bezogene Titulaturen, etwa das Schwertträgeramt.

die Ableitung fürstlicher Dignität vom Reich

Auf das Fürstentum wirkte die Wandlung des Reiches zu einem Leistungsverband zurück. So unvollkommen auch die Reichsmatrikeln realisiert wurden, die seit 1427 die Kriegshilfen der einzelnen Stände normierten, so wichtig waren sie doch in ihrem Gewöhnungseffekt, der zugleich, fast unbemerkt, einem wichtigen Verfassungswandel den Weg ebnete: Nicht mehr die personale Vasallenpflicht eines Fürsten stand im Vordergrund, sondern die Leistungsfähigkeit seiner Herrschaft. Diese nämlich bildete die Grundlage – so überschlägig auch das Abschätzen im einzelnen gewesen sein mag – für die Abstufung der Hilfsleistungen, der Mannschafts- und Glevenstellung bei Reichskriegen, der Matrikelzahlungen. Das führte schließlich dazu, daß am Ende des 15. Jahrhunderts unter „Reich" die Gesamtheit aller Reichsstände verstanden wurde, daß nicht mehr in „deutschen landen", sondern in der Gesamtheit von Hilfspflichtigen sich die deutsche Nation konkretisierte [339: SCHUBERT, König, 253f.].

die Rückwirkung der Wandlung des Reiches auf das Fürstentum

der Zustand um 1500: Das Reich als Gesamtheit der Reichsstände

6. Zusammenfassung: Gibt es einen spezifisch spätmittelalterlichen Fürstenstaat?

Noch lange, fast bis in unsere Gegenwart hinein, hielt sich die Auffassung einer ziemlich klaren Unterscheidung von spätmittelalterlicher und hochmittelalterlicher fürstlicher Herrschaft. Abfallprodukt reichsgeschichtlicher Deutungen. Denn schließlich glaubte man, daß nach dem Untergang der Staufer dieses Reich nunmehr territorial zerrissen, allein unter der Regierung schwacher Könige dem Egoismus der Fürsten überlassen worden sei. Noch 1971 sah W. SCHLESINGER als das Neue in der Landesherrschaft die Emanzipation aus der Königsherrschaft [137: Brandenburg, 107]. Diese Auffassung fand in der verfassungsgeschichtlichen Forschung keine Stütze, seit FICKER mit seiner Unterscheidung seines älteren und jüngeren Reichsfürstenstandes den entscheidenden Wandlungsprozeß ins Hochmittelalter verlegt hatte [45]. G. v. BELOW bestätigte mit der Ansicht, daß in staufischer Zeit nicht mehr durch Amtseid, sondern durch Lehenseid der Fürst dem König verbunden sei [36: Staat, 235f.], die Lehre vom jüngeren Reichsfürstenstand. Nicht mit der gewissermaßen populären Auffassung eines Machtgewinns der Fürsten durch den Zusammenbruch einer angeblich staufischen Zentralgewalt hat sich auseinanderzusetzen, wer das Spezifische des spätmittelalterlichen Fürstenstaats untersucht, sondern mit den Forschungen J. Fickers.

Ficker übernahm zwar einen Lieblingsgedanken der historischen Rechtsschule des 19. Jahrhunderts, die öffentlich-rechtliche Natur des Fürstentums, aber er wich doch entscheidend von den oft recht oberflächlichen gedanklichen Folgerungen aus dieser Auffassung, entweder Reichstreue als Maßstab dieser Staatskompetenz oder aber Wandlungen im Amtscharakter hochadeliger Herrschaft anzunehmen, ab. Er suchte in der Summierung in der Geschichte einzelner Herrschaften nach dem Geist der Verfassung. Seine Hoffnung war offenbar, daß sich aus der umfassenden Sicht des Quellenmaterials die Prinzipien ergeben müßten, die auf den bloßen Blick hin nicht zu erkennen wären. An dieser notwendigerweise enttäuschten Hoffnung, und nicht allein an der überbordenden Materialfülle, ist der Abschluß des groß angelegten Werkes zu Fickers Lebzeiten gescheitert, der erst durch die pietätvolle Nachlaßsichtung durch P. Puntschart zumindest äußerlich erreicht wurde.

Es war im Grunde das Erbe Julius Fickers, wenn T. MAYER „Die Ausbildung der Grundlagen des modernen deutschen Staates im hohen

6. Zusammenfassung

Mittelalter" sah [HZ 159, 1939, Wiederabdruck: 115: DERS., Mittelalterliche Studien]. Dabei kannte T. Mayer die lange unbeachtet gebliebenen Forschungen O. v. Dungerns, die mit genealogisch-personengeschichtlicher Methode der Unterscheidung eines jüngeren vom älteren Fürstenstand den Boden entzogen, die den Weg für die Erkenntnis freimachten, daß sich erst im Verlauf des Spätmittelalters die Fürsten – wie an ihren Heiratskreisen abzulesen ist – als besondere Gruppe von den reichsunmittelbaren Hochadelsgeschlechtern und den ihnen noch in staufischer Zeit ebenbürtigen Grafen absonderten [334: KRIEGER, Standesvorrechte, bes. 116]. Wie ungern man sich von dem liebgewonnenen Bild eines jüngeren Reichsfürstenstandes trennen mochte, läßt sich an der Hartnäckigkeit belegen, mit der ein Übersetzungsfehler im Schrifttum bewahrt wurde. 1231 hatte Friedrich II. den Fürsten zur Auflage gemacht, bei neuen Gesetzen und neuen Steuern den Rat der „*domini terrae*" einzuholen. H. Mitteis machte daraus, einen Vorschlag von KEUTGEN [62: Staat, 162] aufgreifend, ein Gesetz über die Landstände, und dieses Gesetz gewann fortan hohes Ansehen in der Forschung [z. B. 128: LANDWEHR, Mobilisierung, 502; 69: MITTEIS-LIEBERICH, 251 f.], weil sich parallel mit einem angeblich neuen Fürstenstaat nunmehr auch eine neue Form der früh- oder vorparlamentarischen Repräsentation des Landes beweisen ließ. Dabei meint der Ausdruck „*domini terrae*", der auch als „Landesherren" falsch übersetzt werden konnte [z. B. 123: SCHLESINGER, Schönburg, 37; aber richtiggestellt ebd., 63], nur die „Herren im Lande", also die Grafen und Edelfreien, die zu eigenem Recht neben den Fürsten Herrschaft innehatten [so z. B. 155: v. KRONES, 8].

Dennoch ist nicht zu übersehen, daß die Fickersche Unterscheidung eines jüngeren und älteren Reichsfürstenstandes ganz pragmatische Vorteile für die Forschungsstrategien bot. In der institutionellen Verdichtung von Rat, Kanzlei und Gericht, in der herrschaftlichen Verfestigung der Verwaltungsformen, konnte man problemlos den Ausdruck eines neuen Fürstenstandes sehen, ohne sich nennenswert von germanistisch-rechtlichen Theorien beeinflussen zu lassen. (Die an frühmittelalterlichem Material gewonnene Kategorienbildung germanischer Herrschaft kann erfreulicherweise für die Untersuchung des spätmittelalterlichen Fürstenstaates außer Betracht bleiben.) So konnten D. WILLOWEIT und M. SCHAAB zu Recht feststellen, daß der neuzeitliche Flächenstaat aus der spätmittelalterlichen Landesherrschaft entstanden sei [167: Verwaltung, 66 bzw. 85: Kurpfalz, 190].

Aus der widersprüchlich verlaufenden Forschungsdiskussion ist folgende Summe zu ziehen: Adelige Herrschaft stand im Laufe ihrer

Geschichte immer unter Veränderungsdruck; damit auch immer unter dem Zwang zur Intensivierung von Herrschaft. Es ist nun sicherlich eine Frage der Definition, in welcher Stufe der Entwicklung man von einem neuen Typ von Herrschaft sprechen muß. Unumstritten ist, daß Intensivierungsvorgänge nicht verlorengehen. So werden im Spätmittelalter die Folgen der Binnenkolonisation, die ja nicht nur Rodung und Urbarmachung von Unland, sondern auch Gründung von Städten bis hin zur Privilegierung kleiner Burgflecken bedeutet hatte, zentraler Bestandteil der Herrschaft. Weiterhin gibt es mit den geistlichen Wahlstaaten Herrschaften, deren Strukturen bereits seit langem festgelegt waren.

Gegenüber ihren Vorläufern ist die spätmittelalterliche Fürstenherrschaft durch stärkere Institutionalisierung abgegrenzt. Das betrifft sowohl die Basisinstitutionen, die Ämtereinteilung, als auch die Zentralinstitutionen, die sich vor allem seit dem 15. Jahrhundert entwickelten. Das entstammte der institutionenspeisenden Quelle, der anschwellenden Schriftlichkeit. Des weiteren ist der spätmittelalterliche Fürstenstaat durch die Konturierung der ständischen Bewegung bis hin zu einer erst im 16. Jahrhundert sichtbaren landständischen Verfassung gekennzeichnet. Er wird also mitbestimmt durch den genossenschaftlichen Grundzug des späten Mittelalters. Einungen und Adelsgenossenschaften wirken auf das Werden von Verfassung ein. Und damit drittens, besteht das Neue überhaupt im Werden von Verfassung im neuzeitlichen Sinne. Wenn dies alles auch erst rudimentär ausgebildet ist und in kleineren Territorien noch gar nicht in Erscheinung tritt, so beginnt sich doch abzuzeichnen, daß, über die traditionellen land- und lehnrechtlichen Bedingtheiten hinaus, die fürstliche Herrschaft eigene Regeln im Verhältnis zu Vasallen und Untertanen entwickelt. Dazu gehört im materiellen Substrat vor allem die Entwicklung der neuen Form der Steuer, die sich von den hergebrachten Grundrenten und selbst noch von der Form der Bede absetzt.

So diskussionswürdig auch das Abschätzen von Kontinuität und Wandel der Fürstenherrschaft vom hohen zum späten Mittelalter ist, so ist dies noch einfach im Vergleich zu den Problemen, die sich aus der Abgrenzung bzw. aus der Verklammerung der Entwicklung dieser Herrschaft im Übergang vom Spätmittelalter zur frühen Neuzeit ergeben. Diese Epochengrenze ist sowieso durchlässiger als lange in der Forschung angenommen. Das heißt: Man hat sich der Unfertigkeit von Institutionen im Spätmittelalter bewußt zu bleiben.

Trotz allem scheint es gerechtfertigt, von einer spezifisch spätmittelalterlichen Erscheinungsform des Fürstenstaates, der fürstlichen

Herrschaft zu sprechen. Forschungstendenzen zusammenfassend ergeben sich dafür folgende Gründe: Der Wandlungsvorgang der Ministerialität, vereinfacht: das Erblichwerden von Ämtern, die Einschmelzung des Dienstrechtes in das Lehnrecht, entwand der Herrschaft das wichtigste Instrument, das sie im Hochmittelalter geschaffen hatte. Sie stand infolgedessen unter erheblichem Druck sich zu verändern. Als neues Mittel zur Durchsetzung der Gebietsherrschaft werden um 1300 die Ämter gebildet. Die Geschichte der Kommerzialisierung und Mobilisierung von Herrschaftsrechten zeigt, was an entscheidend Neuem hier entstanden ist: Ämter, Pflegen, Gerichte werden versetzt, veräußert. Die Herrschaft gewinnt also, personale Strukturen überwindend, berechenbare Gebiete.

Als Arbeitshypothese: Der Fürstenstaat des 16. Jahrhunderts erbt von seinen Vorläufern eine im 15. Jahrhundert verfestigte territoriale Konsistenz. Nach Jahrhunderten bewegter Territorialgeschichte tritt jetzt weitgehend eine Beruhigungsphase ein (was Grenzstreitigkeiten und territoriale, meist mit den Mitteln der Juristenfehde geführte Auseinandersetzungen nicht ausschließt). Als weiteres Spezifikum fügen wir die Instrumentalisierung der Schrift als Herrschaftsmittel hinzu, und das ging jetzt weit über das Fixieren von Privilegien hinaus. Was wir der Einfachheit halber Bürokratisierung nannten, ist durch folgende Kriterien gekennzeichnet: Ausbau der Kanzlei, Bildung von Obergerichten, von Hofgerichten, Bildung von spezialisierten Hofämtern (in Entlastung, teilweise auch Überwindung des überforderten Hofmeisteramtes), also: Bürokratisierung, Hierarchisierung und Fiskalisierung. Damit wird ansatzweise Herrschaft von der Person des Fürsten gelöst. Und dem sei schließlich die ebenfalls weitgehend dem 15. Jahrhundert angehörige Entwicklung des Ständewesens zugefügt.

Jedoch all dieses Neue wird nicht fertig. Staat als Kulturprodukt ist immer „unfertig" nach Maßgabe der in ihm und auf ihn wirkenden Kräfte von Tradition und Erneuerung. Deshalb sollte nur von Unfertigkeit der noch weitgehend von personal-orientierten Verhältnissen überlagerten Institutionen gesprochen werden. Unfertigkeit der Strukturen charakterisiert den spätmittelalterlichen Fürstenstaat, läßt die Grenze zur Frühen Neuzeit hin offen werden. Das Spezifische läßt sich in der Abgrenzung zum Hochmittelalter und in der Offenheit zur Frühen Neuzeit ausmachen.

Wenn 1414 das letzte Mal das Rechtszeremoniell der Einsetzung des Kärntner Herzog auf dem Fürstenstein bei Karnburg stattgefunden hat, so zeigt sich hierin beispielhaft der Wandel in der Begründung der Herrschaft. Die Zustimmung des „Volkes", der Großen, die Öffentlichkeit der Herrschaftsübernahme, wie sie der Kärntner Feier zugrundelag, hatte sich ebenso überlebt wie – um diesen Vorgang zu verallgemeinern – die Feierlichkeit des Urkundenprotokolls. Versachlichung und Intensivierung von Herrschaft war, wie schon O. HINTZE erkannte (Ges. Abhh. 1,85) die spezifisch neue Tendenz des Spätmittelalters. Gewiß waren Rationalisierung und Versachlichung nicht mit der Konsequenz durchgeführt worden, die diese Begriffe erfordern, aber sie bildeten zumindest die Ziele der Entwicklung [vgl. 102: FRIED, Entwicklung, 309–314; 128: LANDWEHR, Mobilisierung, 500]. P. FRIED hat den Versuch unternommen, diese Entwicklung in einzelne Phasen zu zerlegen und damit das Neue der spätmittelalterlichen Fürstenherrschaft zu definieren [102: Entwicklung, 322]. Er unterscheidet eine „Zeit der Entstehung der Landesherrschaft im 13. Jahrhundert" von einer ihr folgenden Phase eines von der Mitte des 14. zur Mitte des 15. Jahrhunderts reichenden „herrschaftlichen Verdinglichungsprozesses", dem sich dann eine Zeit „fortschreitender Intensivierung und Rationalisierung des Staatsbetriebs" anschließt. Über die chronologische Verbindlichkeit dieses Vorschlags, der von den bayerischen Verhältnissen abgeleitet wurde, wird man wie üblich ebenso streiten können wie über die Terminologie. Dennoch scheint uns dieser Vorschlag zutreffend die Abläufe wiederzugeben; in der ersten Phase bildet sich das Ratsgremium des Fürsten, die Bildung von Ämtern ist die Signatur der zweiten Phase, und der Bürokratisierungsschub, der etwa um die Mitte des 15. Jahrhunderts einsetzt, ist eine in den meisten deutschen Herrschaften unübersehbare Erscheinung.

III. Quellen und Literatur

Abkürzungen:
HRG Handbuch zur deutschen Rechtsgeschichte. Bd. 1-4, hg. von Adalbert Erler und Ekkehard Kaufmann. Berlin 1971–1990.
Im übrigen entsprechen die hier verwendeten Abkürzungen, soweit möglich, denjenigen der Historischen Zeitschrift.

A. Gedruckte Quellen

1. W. ALTMANN/E. BERNHEIM (Hg.), Ausgewählte Urkunden zur Erläuterung der Verfassungsgeschichte Deutschlands im Mittelalter. Berlin ^{5}1920.
2. G. von BELOW (Hg.), Landtagsakten von Jülich und Berg 1400–1610. 2 Bde. Düsseldorf 1895–1907.
3. G. BRINKHUS, Eine bayerische Fürstenspiegelkompilation des 15. Jahrhunderts. Untersuchungen und Textausgabe. München 1978.
4. C. A. H. BURKHARDT (Bearb.), Ernestinische Landtagsakten. Bd. 1. Die Landtage von 1487–1532. Jena 1902.
5. A. DOPSCH, Die landesfürstlichen Urbare Nieder- und Oberösterreichs aus dem 13. und 14. Jahrhundert. Wien/Leipzig 1904.
6. Thomas Ebendorfer, Chronicon Austriae, ed. A. LHOTSKY. (SS rer. Germ. N.S. 13) München 1967.
7. Hans Ebran von Wildenberg, Chronik von den Fürsten aus Bayern, hg. von F. ROTH. München 1905.
8. Des Ritters Ludwigs von Eyb Denkwürdigkeiten brandenburgischer (hohenzollerischer) Fürsten. Hg. von C. HÖFLER. Bayreuth 1849.
9. M. FRISCH-WESTERBURG, Die ältesten Lehnbücher der Grafen von der Mark (1392 und 1393). Münster 1967.
10. E. GRAF/M. DIETHERR, Deutsche Rechtssprichwörter. Nördlingen 1864.
11. W. HERBORN/K.J. MATTHEIER (Bearb.), Die älteste Rechnung des

Herzogtums Jülich. Die Landmeister-Rechnung von 1389/1399. Jülich 1981.

12. E. JOACHIM (Hg.), Das Marienburger Treßlerbuch der Jahre 1399–1409. Königsberg 1896.
13. H. KOLLER (Hg.), Reformation Kaiser Siegmunds. (MGH Staatsschriften des späteren Mittelalters 6) Stuttgart 1964.
14. F. von KRENNER, Baierische Landtags-Handlungen in den Jahren 1429 bis 1513. 18 Bde. (und 6 Suppl. Bde.) München 1803–05.
15. G. VON LERCHENFELD, Die altbaierischen landständischen Freiheitsbriefe mit den Landesfreiheitserklärungen. München 1853.
16. Levold von Northof: Die Chronik der Grafen von der Mark von Levold von Northof, hg. von F. ZSCHAECK. (SS rer. Germ. N.S. 6) München 1929.
17. W. LIPPERT/H. BESCHORNER (Hgg.), Das Lehnbuch Friedrichs des Strengen, Markgraf von Meissen und Landgraf von Thüringen 1349/1350. Leipzig 1903.
18. J. CHR. LÜNIG (Hg.), Das Teutsche Reichsarchiv. [Pars generalis] Leipzig 1710–1722. (Partis generalis Continuatio. 2 Bde. und 2 Fortsetzungsbde. Leipzig 1713–1720).
   –, Das Teutsche Reichsarchiv. Pars specialis. 4 Theile. Leipzig 1711–1714. (Partis specialis Continuatio. Bd. 1 [mit 3 Fortsetzungsbden] Leipzig 1711; Bd. 2 [mit 3 Fortsetzungsbden.] Leipzig 1712; Bd. 3. Leipzig 1713; Bd. 4 (in 2 Teilen mit 2 Fortsetzungsbden. Leipzig 1714).
   –, Spicilegium ecclesiasticum des Teutschen Reichs=Archivs oder Germania Sacra diplomatica. 3 Theile. Leipzig 1716 (Continuatio. 3 Bde. und 1 Fortsetzungsbd. Leipzig 1716–1721.)
   –, Spicilegium seculare des Teutschen Reichs=Archivs. 2 Theile. Leipzig 1719.
   –, Haupt=Register. Leipzig 1722.
19. W. NÄF (Bearb.), Herrschaftsverträge des Spätmittelalters. Bern/Frankfurt a.M. ²1975.
20. W. OHR/E. KOBER (Bearb.), Württembergische Landtagsakten I. Reihe. Bd. 1: 1498–1515. Stuttgart 1913.
21. H. PATZE (Hg.), Quellen zur Entstehung der Landesherrschaft. Göttingen 1970.
22. F. PRIEBATSCH, Politische Correspondenz des Kurfürsten Albrecht Achilles. 3 Bde. Leipzig 1894–1898.
23. P. SANDER / H. SPANGENBERG, Urkunden zur Geschichte der Territorialverfassung. 4 Hefte. Stuttgart 1922–26.

24. H. Schulze, Die Hausgesetze der regierenden deutschen Fürstenhäuser. 3 Bde. Jena 1862–1883.
25. J. Schultze (Hg.), Das Landbuch der Mark Brandenburg von 1375. Berlin 1940.
26. E. von Schwind / A. Dopsch, Ausgewählte Urkunden zur Verfassungsgeschichte der deutsch-österreichischen Erblande im Mittelalter. Innsbruck 1895.
27. B. Seuffert / G. Kogler, Die ältesten steirischen Landtagsakten 1396–1519. 2 Bde. Graz 1953–1958.
28. K.-H. Spiess, Das älteste Lehnsbuch der Pfalzgrafen bei Rhein vom Jahre 1401. Edition und Erläuterungen. Stuttgart 1981.
29. B. Theil, Das älteste Lehenbuch der Markgrafen von Baden (1381). Edition und Untersuchungen. Stuttgart 1974.
30. L. Weinreich (Hg.), Quellen zur Verfassungsgeschichte des römisch-deutschen Reiches im Spätmittelalter (1250–1500). Darmstadt 1983.
31. A. Zauner (Bearb.), Das älteste Tiroler Kanzleiregister 1308–1315. Wien 1967.
32. K. Zeumer (Bearb.), Quellensammlung zur Geschichte der Deutschen Reichsverfassung in Mittelalter und Neuzeit. Tübingen ^{2}1913.

B. Literatur

0. Allgemeine und landesgeschichtlich übergreifende Darstellungen

33. B. Arnold, Princes and territories in medieval Germany. Cambridge University Press 1991.
34. K. S. Bader, Volk, Stamm, Territorium, in 60: Kämpf (Hg.), 243–283.
35. K. S. Bader, Der deutsche Südwesten in seiner territorialstaatlichen Entwicklung. Stuttgart 1950.
36. G. von Below, Der deutsche Staat des Mittelalters. Leipzig 1914 (zit.) 2. Aufl. Leipzig 1925.
37. W. Berges, Die Fürstenspiegel des hohen und späten Mittelalters. Leipzig 1938.
38. Bluntschli's Staatswörterbuch in drei Bänden, bearb. und hg. von Löning. Bd. 2. Zürich 1871.
39. E. Bruckmüller, Sozialgeschichte Österreichs. München 1985.

40. O. BRUNNER, Der Historiker und die Geschichte von Verfassung und Recht. HZ 209 (1969), 1–16.
41. O. BRUNNER, Moderner Verfassungsbegriff und mittelalterliche Verfassungsgeschichte. MIÖG Erg. Bd. 14 (1939), 513–529. Wiederabdruck in: 60: Kämpf (Hg.), 1–19 (zit.).
42. O. BRUNNER, Land und Herrschaft. Grundfragen der territorialen Verfassungsgeschichte Südostdeutschlands im Mittelalter. Brünn/München/Wien 1939. 3. Aufl. ebd. 1943 (zit). 5. Aufl. Wien 1965 (Neudruck Darmstadt 1973).
43. K. CZOK, Charakter und Entwicklung des feudalen deutschen Territorialstaates. ZfG 21 (1973), 925–949.
44. H. FEHR, Vom Fürstenstand in der deutschen Dichtung des Mittelalters, in 94: Verfassungsgeschichte Bd. 1, 151–160.
45. J. FICKER, Vom Reichsfürstenstande. Forschungen zur Geschichte der Reichsverfassung zunächst im 12. und 13. Jahrhundert. Bd. 1 hg. v. P. Puntschart. Innsbruck ²1932; Bd. 2, Teil 1–3 hg. und bearb. von Paul Puntschart. Innsbruck 1861–1923. (Neudruck Aalen 1961).
46. G. FRANZ, Tugenden und Laster der Stände in der didaktischen Literatur des späten Mittelalters. Diss. masch. Bonn 1957.
47. Gegenstand und Begriffe der Verfassungsgeschichtsschreibung. Berlin 1983.
48. O. GIERKE, Das deutsche Genoßenschaftsrecht. 4 Bde. Berlin 1868–1913.
49. M. HAMANN, Das staatliche Werden Mecklenburgs. Köln/Graz 1962.
50. A. HARTLIEB VON WALLTHOR / H. QUIRIN (Hgg.), „Landschaft" als interdisziplinäres Forschungsproblem. Münster 1977.
51. F. HARTUNG, Deutsche Verfassungsgeschichte vom 15. Jahrhundert bis zur Gegenwart. ¹⁰Stuttgart 1973.
52. W. HEINEMEYER (Hg.), Vom Reichsfürstenstande. Köln 1987.
53. Hessen und Thüringen. Von den Anfängen bis zur Reformation. Eine Ausstellung des Landes Hessen. Marburg 1992.
54. O. HINTZE, Staatenbildung und Verfassungsentwicklung. [1902] Wiederabdruck in: O. Hintze, Staat und Verfassung. Hg. von G. OESTREICH, Bd. 1. Göttingen 1962, 34–51.
55. K. HOPPSTÄDTER/H.-W. HERRMANN (Hgg.), Geschichtliche Landeskunde des Saarlandes. Bd. 2. Saarbrücken 1977.
56. W. JANSSEN, Der deutsche Territorialstaat im 14. Jahrhundert. Der Staat 13 (1974), 418–428.

57. W. JANSSEN, Die niederrheinischen Territorien in der zweiten Hälfte des 14. Jahrhunderts. RhVjbll 44 (1980), 47–67.
58. K.G.A. JESERICH / H. POHL / G.-CHR. von UNRUH (Hgg.), Deutsche Verwaltungsgeschichte. Bd. 1. Vom Spätmittelalter bis zum Ende des Reiches. 1983.
59. P. JOHANEK, Weltchronistik und regionale Geschichtsschreibung im Spätmittelalter, in 77: H. Patze (Hg.) Geschichtsschreibung, 287–330.
60. H. KÄMPF (Hg.), Herrschaft und Staat im Mittelalter. Darmstadt 1956.
61. K. KASER, Deutsche Geschichte im Ausgange des Mittelalters (1438–1519). Zweiter Band. Deutsche Geschichte zur Zeit Maximilians I. (1486–1519). Stuttgart und Berlin 1912.
62. F. KEUTGEN, Der deutsche Staat des Mittelalters. Jena 1918.
63. K. KRETSCHMER, Historische Geographie von Mitteleuropa. München und Berlin 1904.
64. K. KROESCHELL, Verfassungsgeschichte und Rechtsgeschichte des Mittelalters, in 47: Gegenstand, 47–77.
65. J. KUNISCH (Hg.), Der dynastische Fürstenstaat. Berlin 1982.
66. K. LAMPRECHT, Deutsches Wirtschaftsleben im Mittelalter. Untersuchungen über die Entwicklung der materiellen Kultur des platten Landes auf Grund der Quellen zunächst des Mosellandes. 3 Bde. Leipzig 1885–86.
67. TH. MAYER, Mittelalterliche Studien. Gesammelte Aufsätze. Lindau/Konstanz 1958.
68. H. MITTEIS, Land und Herrschaft. Bemerkungen zu dem gleichnamigen Buch Otto Brunners. HZ 163 (1941) 255–281, 471–489. Wiederabdruck in 60: Kämpf (Hg.), 20–59 (zit.)
69. H. MITTEIS/H. LIEBERICH, Deutsche Rechtsgeschichte. [16]München 1981.
70. P. MORAW, Politische Sprache und Verfassungsdenken bei ausgewählten Geschichtsschreibern des deutschen 14. Jahrhunderts, in 77: H. Patze (Hg.), Geschichtsschreibung, 695–726.
71. P. MORAW, Herrschaft im Mittelalter, in: Geschichtliche Grundbegriffe 3 (1982), 5–13.
72. P. MORAW, Die kurfürstliche Politik der Pfalzgrafschaft im Spätmittelalter, vornehmlich im späten 14. und im frühen 15. Jahrhundert. JbWLG 9 (1983), 75–97.
73. J. J. MOSER, Neues Teutsches Staatsrecht. 20 Teile. Frankfurt/ Leipzig 1766–1775, bes. Teil 13: Von der Teutschen Reichs-Stände Landen, deren Landständen, Unterthanen, Landes-Frey-

heiten. 1769. Teil 14: Von der Landeshoheit derer Teutschen Reichs-Stände überhaupt. 1773. Teil 16: Von der Landeshoheit im Weltlichen (9 Teile in Einzelausgaben) 1772/73.
74. G. OESTREICH, Strukturprobleme der frühen Neuzeit. Ausgewählte Aufsätze. Berlin 1980.
75. H. PATZE (Hg.), Der deutsche Territorialstaat im 14. Jahrhundert. 2 Bde. Sigmaringen 1970.
76. H. PATZE, Die welfischen Territorien im 14. Jahrhundert, in 75: Ders. (Hg.), Territorialstaat Bd. 2, 7–100.
77. H. PATZE (Hg.), Geschichtsschreibung und Geschichtsbewußtsein im späten Mittelalter. Sigmaringen 1987.
78. H. PRUTZ, Staatengeschichte des Abendlandes im Mittelalter von Karl dem Großen bis auf Maximilian. Bd. 2. Berlin 1887.
79. J. ST. PÜTTER, Beyträge zum Teutschen Staats= und Fürstenrecht. Bd. 1. Göttingen 1777.
80. J. ST. PÜTTER, Anleitung zum deutschen Staatsrecht. 2 Theile, Bayreuth 1791/92.
81. J. ST. PÜTTER, Institutiones iuris publici germanici. Göttingen 1770. ^{6}Göttingen 1802.
82. H. QUARITSCH, Souveränität. Entstehung und Entwicklung des Begriffs in Frankreich und Deutschland vom 13. Jahrhundert bis 1806. Berlin 1986.
83. Quellen zur Steuer-, Bevölkerungs- und Sippengeschichte des Landes Tirol im 13., 14. und 15. Jahrhundert. Festgabe zum 80. Lebensjahre Oswald R e d l i c hs. Innsbruck 1939.
84. P. SANDER, Feudalstaat und bürgerliche Verfassung. Berlin 1906.
85. M. SCHAAB, Geschichte der Kurpfalz. Bd. 1. Mittelalter. Stuttgart/Berlin/Köln/Mainz 1988.
86. H. SCHMIDT, Über die Anwendbarkeit des Begriffes „Geschichtslandschaft", in 50: Hartlieb von Wallthor/Quirin (Hgg.), 25–34.
87. E. SCHUBERT, Albrecht Achilles, Markgraf und Kurfürst von Brandenburg (1414–1486). Fränkische Lebensbilder 4 (1971), 130–172.
88. C. von SCHWERIN, Grundzüge der deutschen Rechtsgeschichte 1934, ^{2}1941 (zit.).
89. V. L. von SECKENDORFF, Deutscher Fürstenstaat. Jena 1737 (Neudruck Aalen 1972).
90. R. SEYBOTH, Die Markgraftümer Ansbach und Kulmbach unter der Regierung Markgraf Friedrichs des Älteren. Göttingen 1985.
91. O. STOLZ, Land und Landesfürst in Bayern und Tirol. Ein Beitrag

zur Geschichte dieser Bezeichnungen und Begriffe in Deutschland. ZBLG 13 (1942), 161–252.
92. O. STOLZ, Geschichte des Landes Tirol. Bd. 1. Innsbruck/ Wien/ München 1955.
93. O. H. STOWASSER, Das Land und der Herzog. Untersuchungen zur bayrisch-österreichischen Verfassungsgeschichte. Berlin 1925.
94. Aus Verfassungs- und Landesgeschichte. Festschrift Theodor Mayer. 2 Bde. Lindau/Konstanz 1954/55.
95. W. WEIZSÄCKER, Volk und Staat im deutschen Rechtssprichwort, in 94: Verfassung, Bd. 1, 305–329.
96. D. WILLOWEIT, Rechtsgrundlagen der Territorialgewalt. Landesobrigkeit, Herrschaftsrechte und Territorium in der Rechtswissenschaft der Neuzeit. Köln/Wien 1975.
97. L. ZIMMERMANN, Der hessische Territorialstaat im Jahrhundert der Reformation. Marburg 1933.

1. Ausbildung der Landesherrschaft, „Territorienbildung"

98. H. AUBIN, Grafschaft, Immunität und Vogtei am Niederrhein. Studien zur Entstehung der Landeshoheit. Bonn 1920. Neudruck unter dem Titel: Die Entstehung der Landeshoheit nach niederrheinischen Quellen. Studien über Grafschaft, Immunität und Vogtei. Bonn 1961 (zit.).
99. A. DOPSCH, Die Landesherrlichkeit in Österreich, in: Ders., Gesammelte Aufsätze. Bd. 2. Wien 1938 (Neudruck Aalen 1968), 224–252.
100. H. E. FEINE, Die Territorienbildung der Habsburger im deutschen Südwesten vornehmlich im späten Mittelalter. ZRG GA 67 (1950), 176–308.
101. P. FRIED, Grafschaft, Vogtei, Grundherrschaft als Grundlagen der wittelsbachischen Landesherrschaft in Bayern. ZbayerLdG 26 (1963), 103–130.
102. P. FRIED, „Modernstaatliche" Entwicklungstendenzen im bayerischen Ständestaat des Spätmittelalters. Ein methodischer Versuch, in 75: Patze (Hg.), Territorialstaat Bd. 2, 301–341.
103. A. GASSER, Entstehung und Ausbildung der Landeshoheit im Gebiete der Schweizerischen Eidgenossenschaft. Ein Beitrag zur Verfassungsgeschichte des deutschen Mittelalters. Aarau und Leipzig 1930.
104. E. von GUTTENBERG, Die Territorienbildung am Obermain. Bamberg 1925.

105. H. H. HOFMANN, Territorienbildung in Franken im 14. Jahrhundert, in 75: Patze (Hg.), Territorialstaat Bd. 2, 255–300.
106. H. H. HOFMANN, Grenzen und Kernräume in Franken, in: G. Franz (Hg.), Grenzbildende Faktoren in der Geschichte. Hannover 1969.
107. H. JÄGER/W. SCHERZER, Territorienbildung, Forsthoheit und Wüstungsbewegung im Waldgebiet westlich von Würzburg. Würzburg 1984.
108. R. KIESS, Die Rolle der Forsten im Aufbau des württembergischen Territoriums bis ins 16. Jahrhundert. Stuttgart 1958.
109. E. KLEBEL, Landeshoheit in und um Regensburg. VerhOPfalz 90 (1940), 5–61.
110. H. W. KLEWITZ, Studien zur territorialen Entwicklung des Bistums Hildesheim. Hildesheim 1932.
111. TH. KNAPP, Zur Geschichte der Landeshoheit. WürttVjhefteLdG 38 (1932), 9–112.
112. R. LAUFNER, Die Ausbildung des Territorialstaates der Kurfürsten von Trier, in 75: Patze (Hg.), Territorialstaat Bd. 2, 127–147.
113. K. LECHNER, Die Bildung des Territoriums und die Durchsetzung der Territorialhoheit im Raum des östlichen Österreich, in 75: Patze (Hg.), Territorialstaat Bd. 2, 389–462.
114. H.-M. MAURER, Die Ausbildung der Territorialgewalt oberschwäbischer Klöster vom 14. bis zum 17. Jahrhundert. BlldtLG 109 (1973), 151–195.
115. TH. MAYER, Die Ausbildung der Grundlagen des modernen deutschen Staates im hohen Mittelalter. HZ 159 (1939), 457–487, ergänzter Wiederabdruck in 60: Kämpf (Hg.), 284–331 (zit.).
116. TH. MAYER, Analekten zum Problem der Entstehung der Landeshoheit. BlldtLG 89 (1952), 87–111.
117. A. MOCK, Die Entstehung der Landeshoheit der Grafen von Wirtemberg. Diss. Freiburg 1927.
118. F. PETRI, Territorienbildung und Territorialstaat des 14. Jahrhunderts im Nordwestraum, in 75: Patze, Territorialstaat Bd. 1, 383–483.
119. J. PRINZ, Das Territorium des Bistums Osnabrück. Hildesheim 1934.
120. F. RÖRIG, Die Entstehung der Landeshoheit des Trierer Erzbischofs zwischen Saar, Mosel und Ruwer und ihr Kampf mit den patrimonialen Gewalten. Trier 1906.
121. M. SCHAAB, Grundzüge und Besonderheiten der südwestdeut-

schen Territorienbildung, in: Bausteine zur geschichtlichen Landeskunde Baden Württembergs. Stuttgart 1979, 129–145.
122. W. SCHLESINGER, Die Entstehung der Landesherrschaft. Untersuchungen vorwiegend nach mitteldeutschen Quellen. Dresden 1941.
123. W. SCHLESINGER, Die Landesherrschaft der Herren von Schönburg. Münster/Köln 1954.
124. R. WENSKUS, Das Ordensland Preußen als Territorialstaat des 14. Jahrhunderts, in 75: Patze (Hg.), Territorialstaat Bd. 1, 347–382.

2. Mobilisierung, Teilungen und Konsolidierung der Landesherrschaft

125. H. BITSCH, Die Verpfändungen der Landgrafen von Hessen während des späten Mittelalters. Göttingen 1974.
126. E. HÄNSCH, Die wettinische Hauptteilung von 1485, und die aus ihr folgenden Streitigkeiten bis 1491. Diss. Leipzig 1909.
127. H. G. KRAUSE, Pfandschaften als verfassungsgeschichtliches Problem. Der Staat 9. (1970), 387–404, 515–532.
128. G. LANDWEHR, Mobilisierung und Konsolidierung der Herrschaftsordnung im 14. Jahrhundert, in 75: Patze (Hg.), Territorialstaat Bd. 2, 484–505.
129. P. MORAW, Die Entfaltung der deutschen Territorien im 14. und 15. Jahrhundert, in 178: Kanzleien Bd. 1 (1984), 61–108.
130. W. NÄF, Frühformen des „modernen Staates" im Spätmittelalter. HZ 171 (1951), 225–243. Wiederabdruck in: Stupor mundi. Zur Geschichte Friedrichs II. von Hohenstaufen. Darmstadt 1966, 244–265.
131. G. OESTREICH, Das persönliche Regiment der deutschen Fürsten am Beginn der Neuzeit. Die Welt als Geschichte 1 (1935), 218–237 und 300–316.
132. G. PISCHKE, Die Landesteilungen der Welfen. Hildesheim 1987.
133. O. POSSE, Die Hausgesetze der Wettiner bis zum Jahre 1486. Leipzig 1889.
134. H. RALL (Hg.), Wittelsbacher Hausverträge des späten Mittelalters. Die haus- und staatsrechtlichen Urkunden der Wittelsbacher von 1310, 1329, 1392/93, 1410 und 1472. München 1987.
135. W. RÖSENER, Landesherrliche Integration und innere Konsolidierung im württembergischen Territorialstaat des ausgehenden Mittelalters, in: F. SEIBT/W. EBERHARD (Hgg.), Europa 1500: Integrationsprozesse im Widerstreit. Stuttgart 1987, 150–174.
136. M. SCHAAB, Die Festigung der pfälzischen Territorialmacht im

14. Jahrhundert, in 75: Patze (Hg.), Territorialstaat Bd. 2, 171–197.
137. W. SCHLESINGER, Zur Geschichte der Landesherrschaft in den Marken Brandenburg und Meißen während des 14. Jahrhunderts, in 75: Patze (Hg.), Territorialstaat Bd. 2, 101–126.
138. H. SCHWARZMEIER, „Von der Fürsten Tailung". Die Entstehung der Unteilbarkeit fürstlicher Territorien und die badischen Teilungen des 15. und 16. Jahrhunderts. BllDtLG 126 (1990), 161–185.
139. K.-H. SPIESS, Erbteilung, dynastische Räson und transpersonale Herrschaftsvorstellung. Die Pfalzgrafen bei Rhein und die Pfalz im späten Mittelalter, in: F. STAAB (Hg.), Die Pfalz. Probleme einer Begriffsgeschichte. Speyer 1990, 159–183.
140. W. STÖRMER, Die innere Konsolidierung der wittelsbachischen Territorialstaaten in Bayern im 15. Jahrhundert, in: SEIBT/EBERHARD (1987, wie 135), 175–194.
141. W. VOGLER (Hg.), Ulrich Rösch. St. Galler Fürstabt und Landesherr. St. Gallen 1987.
142. J. WEITZEL, Die Hausnormen deutscher Dynastien im Rahmen der Entwicklungen von Recht und Gesetz, in 65: Kunisch, Fürstenstaat, 35–48.

3. Institutioneller Ausbau des Fürstentums

3.1 Rat, Verwaltung, zentrale Behörden

143. A. BARTH, Das bischöfliche Beamtentum im Mittelalter, vornehmlich in den Diözesen Halberstadt, Hildesheim, Magdeburg und Merseburg. ZHarzVer 33/2 (1900), 323–428.
144. W. BORNHAK, Geschichte des preußischen Verwaltungsrechts. Bd. 1. Berlin 1884.
145. H. J. COHN, The Government of the Rhine Palatinate in the Fifteenth Century. Oxford 1965.
146. K. E. DEMANDT, Der Personenstaat der Landgrafschaft Hessen im Mittelalter. 2 Teile. Marburg 1981.
147. H. ERMISCH, Eine Hofhaltsrechnung Markgraf Wilhelms I. (1386). NeuesArchSächsG 18 (1897), 1–30.
148. F. GUNDLACH, Die hessischen Zentralbehörden von 1247 bis 1604. 3 Bde. Marburg/Lahn 1930–1932.
149. H. HEIMPEL, Die Vener von Gmünd und Straßburg 1162–1447. 3 Bde. Göttingen 1982.
150. O. HERKERT, Das landesherrliche Beamtentum der Markgrafschaft Baden im Mittelalter. Diss. Freiburg 1910.

151. H. HEROLD, Verwaltungsrecht im Mittelalter, in: Ders., Rechtsgeschichte aus Neigung. Sigmaringen 1988, 179–196.
152. W. JANSSEN, Landesherrliche Verwaltung und landständische Vertretung in den niederrheinischen Territorien 1250–1350. AnnNrh 173 (1971), 85–122.
153. E. KNECHT, Die Verwaltungsorganisation im Territorium Kleve und ihre Reformen unter dem Grafen und späteren Herzog Adolf (1394–1448). Diss. Köln 1958.
154. I. KOTHE, Der fürstliche Rat in Württemberg im 15. und 16. Jahrhundert. Stuttgart 1938.
155. F. von KRONES, Landesfürst, Behörden und Stände des Herzogthums Steier. 1283–1411. Graz 1900.
156. A. MELL, Grundriß der Verfassungs- und Verwaltungsgeschichte des Landes Steiermark. Graz/Wien/Leipzig 1929.
157. H. B. MEYER, Hof- und Zentralverwaltung der Wettiner in der Zeit einheitlicher Herrschaft über die meissnisch-thüringischen Lande 1248–1379. Leipzig 1902.
158. W. PARAVICINI/K.F. WERNER (Ed.), Histoire comparée de l'administration (IVe-XVIIIe siècles). Sigmaringen 1980.
159. W.-D. PENNING, Die weltlichen Zentralbehörden im Erzstift Köln von der ersten Hälfte des 15. bis zum Beginn des 17. Jahrhunderts. Bonn 1977.
160. E. ROSENTHAL, Geschichte des Gerichtswesens und der Verwaltungsorganisation Baierns. Bd. 1. Vom Ende des 12. bis zum Ende des 16. Jahrhunderts. Würzburg 1889.
161. K. H. SCHLEIF, Regierung und Verwaltung des Erzstifts Bremen. Hamburg 1972.
162. U. SCHRECKER, Das landesfürstliche Beamtentum in Anhalt. Breslau 1906.
163. H. SPANGENBERG, Hof- und Zentralverwaltung der Mark Brandenburg im Mittelalter. Leipzig 1908.
164. H. SPANGENBERG, Landesherrliche Verwaltung, Feudalismus und Ständetum in den deutschen Territorien des 13. bis 15. Jahrhunderts. HZ 103 (1909), 473–526.
165. O. STOLZ, Grundriß der österreichischen Verfassungs- und Verwaltungsgeschichte. Innsbruck-Wien 1951.
166. L. TEWES, Ständische Mitsprache und Modernisierung in der kurkölnischen Zentralverwaltung während des 15. Jahrhunderts, in: SEIBT/EBERHARD (1987, wie 135), 195–208.
167. D. WILLOWEIT, Die Entwicklung und Verwaltung der spätmittelalterlichen Landesherrschaft, in 58: Jeserich u. a. (Hgg.), 66–143.

168. F. WINTTERLIN, Geschichte der Behördenorganisation in Württemberg. 2 Bde. Stuttgart 1904–1906.
169. L. ZIMMERMANN, Die Zentralverwaltung Oberhessens unter dem Hofmeister Hans von Dörnberg. (Diss, masch. Marburg 1925) Darmstadt und Marburg 1974.

3.2 Die Kanzlei

170. K. BLASCHKE, Urkundenwesen und Kanzlei der Wettiner bis 1485, in 178: Kanzleien Bd. 1 (1984), 193–202.
171. CHR. von BRANDENSTEIN, Urkundenwesen und Kanzlei, Rat und Regierungssystem des Pfälzer Kurfürsten Ludwig III. (1410–1436), Göttingen 1983.
172. P. CLASSEN (Hg.), Recht und Schrift im Mittelalter. Sigmaringen 1977.
173. K. DÜLFER, Urkunden, Akten und Schreiben in Mittelalter und Neuzeit. Studien zum Formproblem. AZ 53 (1957), 11–53.
174. R. GOLDFRIEDRICH, Die Geschäftsbücher der kursächsischen Kanzlei im 15. Jahrhundert. Diss. phil. Leipzig 1930.
175. R. HEUBERGER, Das Urkunden- und Kanzleiwesen der Grafen von Tirol, Herzöge von Kärnten, aus dem Hause Görz. MIÖG Erg.-Bd. 9 (1915) 51–177, 265–392.
176. S. HOFMANN, Urkundenwesen, Kanzlei und Regierungssystem der Herzöge von Bayern und Pfalzgrafen bei Rhein von 1180 bzw. 1214 bis 1255 bzw. 1294. Kallmünz 1967.
177. W. JANSSEN, Die Kanzlei der Erzbischöfe von Köln im Spätmittelalter, in 178: Kanzleien Bd. 1 (1984), 147–169.
178. Landesherrliche Kanzleien im Spätmittelalter. Hg. von G. SILAGI. 2 Bde. München 1984.
179. B. KRUSCH, Die Entwicklung der Herzogl. Braunschweigischen Centralbehörden, Canzlei, Hofgericht und Consistorium bis zum Jahre 1584. ZHVNdsachs 1893, 201–315; 1894, 39–179.
180. H.-G. LANGER, Urkundensprache und Urkundenformeln in Kurtrier um die Mitte des 14. Jahrhunderts. Teil 1. AfD 16 (1970), 350–505, Teil 2. AfD 17 (1971), 348–436.
181. H. LIEBERICH, Klerus und Laienwelt in der Kanzlei der baierischen Herzöge des 15. Jahrhunderts. ZBLG 29 (1966), 239–258.
182. G. MEHRING, Beiträge zur Geschichte der Kanzlei der Grafen von Wirtemberg. WürttVjhefte NF 25 (1916), 325–364.
183. H. PATZE, Neue Typen des Geschäftsschriftgutes im 14. Jahrhundert, in 75: Ders., Bd. 1, 9 ff.

184. E. Pitz, Schrift- und Aktenwesen der städtischen Verwaltung im Spätmittelalter
185. H. Rall, Urkundenwesen, Kanzlei und Rat der Wittelsbacher Pfalzgrafen bei Rhein und Herzoge von Bayern (1180/1214–1436/1438), in: Grundwissenschaften und Geschichte. Festschrift für Peter Acht. Kallmünz 1976, 274–294.
186. H. Rall, Die Kanzlei der Wittelsbacher im Spätmittelalter, in 178: Kanzleien 1 (1984), 109–126.
187. I.H. Ringel, Studien zum Personal der Kanzlei des Mainzer Erzbischofs Dietrich von Erbach (1434–1459). Mainz 1980.
188. P. Richter, Die kurtrierische Kanzlei im Spätmittelalter. Leipzig 1911.
189. W.-R. Schleidgen, Die Kanzlei der Grafen und Herzöge von Kleve im 14. und 15. Jahrhundert, in 178: Kanzleien 1 (1984), 171–192.
190. A. Schütz, Zu den Anfängen der Akten- und Registerführungen am bayerischen Herzogshof, in 178: Kanzleien 1, 127–137.
191. A. Sprinkart, Kanzlei, Rat und Urkundenwesen der Pfalzgrafen bei Rhein und Herzöge von Bayern 1294 bis 1314 (1317). Köln-Wien 1986.
192. W. Stelzer, Zur Kanzlei der Herzöge von Österreich aus dem Hause Habsburg (1282–1365), in 178: Kanzleien Bd. 1 (1984), 297–313.
193. J. Wild, Die Fürstenkanzlei des Mittelalters. Anfänge weltlicher und gerichtlicher Zentralverwaltung in Bayern. Ausstellung. München 1983.

3.3 Lokalverwaltung: Burgen und Ämter

194. W.-R. Berns, Burgenpolitik und Herrschaft des Erzbischofs Balduin von Trier. Sigmaringen 1980.
195. K. E. Demandt, Bemerkungen über die hessische oberste Amtmannschaft im Mittelalter. HessJbLG 4 (1954), 278–285.
196. W. Grube, Stadt und Amt in Altwürttemberg, in: E. Maschke/J. Sydow (Hgg.), Stadt und Umland. Stuttgart 1974, 20–28.
197. W. Grube, Vogteien, Ämter, Landkreise in Baden-Württemberg. Bd. 1. Geschichtliche Grundlagen. Stuttgart 1975.
198. A. Gündel, Vogtei Groitzsch und Geleitsamt Pegau von der Mitte des XIV. bis zum Ausgang des XV. Jahrhunderts. Ein Beitrag zur Geschichte der sächsischen Ämterverwaltung. Diss. Leipzig 1910.

199. S. Hiereth, Die bayerische Gerichts- und Verwaltungsorganisation vom 13. bis 19. Jahrhundert. München 1950.
200. F. Hillebrand, Das Öffnungsrecht bei Burgen, seine Anfänge und seine Entwicklung in den Territorien des 13.–16. Jahrhunderts mit besonderer Berücksichtigung Württembergs. Diss. Tübingen 1967.
201. R. Kunze, Burgenpolitik und Burgenbau der Grafen von Katzenelnbogen bis zum Ausgang des 14. Jh., Marksburg über Braubach/Rhein 1969.
202. I. Liebeherr, Der Besitz des Mainzer Domkapitels im Spätmittelalter. Mainz 1971.
203. H.-M. Maurer, Die landesherrliche Burg in Württemberg im 15. und 16. Jahrhundert. Stuttgart 1958.
204. E. Orth, Amtsrechnungen als Quelle spätmittelalterlicher Territorial- und Wirtschaftsgeschichte. HessJbLG 29 (1979), 36–62.
205. V. Pauls, Die holsteinischen Ämter und der Amtmann im 15. Jahrhundert. Diss. Kiel 1908.
206. R. Sprandel, Die territorialen Ämter des Fürstentums Würzburg im Spätmittelalter. JbfränkLF 37 (1977), 45–64.
207. L. Tewes, Die Amts- und Pfandpolitik der Erzbischöfe von Köln im Spätmittelalter (1306–1463). Köln 1987.
208. F. Uhlhorn, Die territorialgeschichtliche Funktion der Burg. Versuch einer kartographischen Darstellung. BlldtLG 103 (1967), 9–31.
209. O. Volk, Die Rechnungen der mainzischen Verwaltung in Oberlahnstein im Spätmittelalter. Wiesbaden 1990.
210. U. Wolter, Amt und Officium in mittelalterlichen Quellen vom 13. bis 15. Jahrhundert. ZRG (KA) 105 (1988), 246–280.

3.4 Finanzen und Steuern

211. E. Bamberger, Die Finanzverwaltung in den deutschen Territorien des Mittelalters. (1200–1500). ZStaatswiss 77 (1922/23) 1923, 168–255.
212. G. Droege, Die finanziellen Grundlagen des Territorialstaates in West- und Ostdeutschland an der Wende vom Mittelalter zur Neuzeit. VSWG 53 (1966), 145–161.
213. G. Droege, Die kurkölnischen Rheinzölle im Mittelalter. AnnalHistVerNdrhein 168/69 (1967), 21–47.
214. G. Droege, Die Ausbildung der mittelalterlichen territorialen Finanzverwaltung, in 75: Patze (Hg.), Territorialstaat Bd. 1, 325–345.

215. A. EICHSTAEDT, Der Zöllner und seine Arbeitsweise im Mittelalter. Frankfurt am Main/Bern 1981.
216. V. ERNST, Die direkten Staatssteuern in der Grafschaft Wirtemberg. WürttJbbStatistikLkde Jg. 1904. Erstes Heft (1905), 55–90 und Zweites Heft (1905), 78–119. (Zit. Ernst I bzw. II).
217. P. FRIED, Zur Geschichte der Steuern in Bayern. ZBLG 27 (1964), 570–599.
218. W. HESS, Das rheinische Münzwesen im 14. Jahrhundert und die Entstehung des kurrheinischen Münzvereins, in 75: Patze (Hg.), Territorialstaat Bd. 1, 257–324.
219. B. KIRCHGÄSSNER, Die Auswirkungen des Rheinischen Münzvereins im Gegenspiel von Reich und Territorium Südwestdeutschlands und der angrenzenden Eidgenossenschaft, in 75: Patze (Hg.), Territorialstaat Bd. 1, 225–256.
220. A. KOTELMANN, Die Finanzen des Kurfürsten Albrecht Achilles. ZPreußGLdkde 3 (1866), 1–26, 95–105, 283–309, 417–449.
221. TH. MAYER, Beiträge zur Geschichte der tirolischen Finanzverwaltung im späten Mittelalter. ForschMittGTirolsVorarlbergs 16/17 (1919/20), 110–168.
222. F. von MENSI, Geschichte der direkten Steuern in Steiermark. 3 Bde. Graz 1910–1936.
223. J. METZEN, Die ordentlichen direkten Staatssteuern des Mittelalters im Fürstentum Münster. ZVaterlGAltertumsKde 53 (1885), 1–95.
224. V. PRESS, Finanzielle Grundlagen territorialer Verwaltung um 1500 (14.–17. Jahrhundert, in: G. DILCHER (Red.), Die Verwaltung und ihre Ressourcen. Berlin 1991, 1–29.
225. E. von OEFELE, Rechnungsbuch des oberen Vicedomamtes Herzog Ludwigs des Strengen 1291–1294. OberbayerArchiv 26 (1865/66), 272–344.
226. W. REICHERT, Finanzpolitik und Landesherrschaft. Zur Entwicklung der Grafschaft Katzenelnbogen vom 12. bis zum 14. Jahrhundert. Marburg 1985.
227. G. RICHTER, Lagerbücher- oder Urbarlehre. Stuttgart 1979.
228. J. RIEDMANN, Die Rechnungsbücher der Tiroler Landesfürsten, in 178: Kanzleien 1, 315–323.
229. H. SCHRAMM, Johann von Mergenthal, 1. sächsischer Landrentmeister 1469/78. Diss. Leipzig 1933.
230. O. STOLZ, Geschichte des Zollwesens, Verkehrs und Handels in Tirol und Vorarlberg von den Anfängen bis ins XX. Jahrhundert. Innsbruck 1953.

231. O. STOLZ, Der geschichtliche Inhalt der Rechnungsbücher der Tiroler Landesfürsten von 1288–1350. Innsbruck 1957.
232. B. STREICH, Vom Liber computacionum zum Küchenbuch. Das Residenzenproblem im Spiegel der wettinischen Rechnungen, in 255: Johanek (Hg.), 121–146.
233. W.-H. STRUCK, Aus den Anfängen der territorialen Finanzverwaltung. Ein Rechnungsfragment der Herren von Bolanden um 1258/62. AZ 70 (1974), 1–21.
234. W. ZIEGLER, Studien zum Staatshaushalt Bayerns in der zweiten Hälfte des 15. Jahrhunderts. München 1981.

3.5 Gerichtsbarkeit und Gesetzgebung

235. B. DIESTELKAMP, Einige Betrachtungen zur Geschichte des Gesetzes in vorkonstitutioneller Zeit. ZHF 10 (1983), 385–420.
236. W. EBEL, Geschichte der Gesetzgebung in Deutschland. ²Göttingen 1958.
237. H. HIRSCH, Die hohe Gerichtsbarkeit im deutschen Mittelalter. Reichenberg 1922. ²Darmstadt 1958.
238. E. ISENMANN, Die deutsche Stadt im Spätmittelalter. Stuttgart 1988.
239. W. JANSSEN, „...na gesetze unser lande...". Zur territorialen Gesetzgebung im späten Mittelalter, in: Gesetzgebung als Faktor der Staatsentwicklung. Berlin 1984, 7–40.
240. H. KNAPP, Die Zenten des Hochstiftes Würzburg. 2 Bde. Berlin 1907.
241. R. KRETZSCHMAR, Gesetzgebung in der Waldburgischen Grafschaft Friedberg-Scheer im 16. Jahrhundert. ZHohenzollerG 23 (1987), 9–52.
242. K. KROESCHELL, Rechtsaufzeichnung und Rechtswirklichkeit: Das Beispiel des Sachsenspiegels, in 172: Classen (1977), 349–380.
243. H. LIEBERICH, Zur Feudalisierung der Gerichtsbarkeit in Bayern. ZRG GA 71 (1954), 243–338.
244. A. LIEBERICH, Die Anfänge der Polizeigesetzgebung des Herzogtums Baiern. Festschrift Max Spindler. München 1969, 307–378.
245. TH. LINDNER, Die Veme. Paderborn 1888. (Neuausgabe [mit einer Einleitung von Wilhelm Janssen]: Paderborn 1989).
246. A. LUSCHIN VON EBENGREUTH, Geschichte des älteren Gerichtswesens in Österreich. 1879.
247. W. MÜLLER, Landsatzung und Landmandat der Fürstabtei St. Gallen. St. Gallen 1970.

248. G. RICHTER, Die Ernestinischen Landesordnungen und ihre Vorläufer von 1446 und 1482. Köln/Graz 1964.
249. H. SCHÖNINGH, Der Einfluß der Gerichtsherrschaft auf die Gestaltung der ländlichen Verhältnisse in den niederrheinischen Territorien Jülich und Köln im 14. und 15. Jahrhundert. AnnHistVerNdrhein 79 (1905), 28–137.
250. U. WEISS, Die Gerichtsverfassung in Oberhessen bis zum Ende des 16. Jahrhunderts. Marburg 1978.
251. D. WILLOWEIT, Gebot und Verbot im Spätmittelalter – Vornehmlich nach südhessischen und mainfränkischen Weistümern. HessJbLG 30 (1980), 94–130.
252. A. WOLF, Die Gesetzgebung der entstehenden Territorialstaaten, in: H. COING (Hg.), Handbuch der Quellen und Literatur der neueren europäischen Privatrechtsgeschichte. Erster Band: Mittelalter (1100–1500), München 1973, 517–801.

3.6 Abschluß des inneren Ausbaus: Residenzbildung

253. K.-H. AHRENS, Residenz und Herrschaft. Studien zu Herrschaftsorganisation, Herrschaftspraxis und Residenzbildung der Markgrafen von Brandenburg im späten Mittelalter. Frankfurt/Bern/New York/Paris 1990.
254. W. JANSSEN, Ein niederrheinischer Fürstenhof um die Mitte des 14. Jahrhunderts. RhVjbll 34 (1970), 219–246.
255. P. JOHANEK (Hg.), Vorträge und Forschungen zur Residenzenfrage. Sigmaringen 1990.
256. H. KOLLER, Die Residenz im Mittelalter. JbGOberdtReichsstädte 12/13 (1966/67), 9–39.
257. K. NEITMANN, Was ist eine Residenz? Methodische Überlegungen zur Erforschung der spätmittelalterlichen Residenzbildung, in 255: Johanek (Hg.), 11–14.
258. DERS., Die Landesordnungen des Deutschen Ordens in Preußen im Spannungsfeld zwischen Landesherrschaft und Ständen, in: H. Boockmann (Hg.), Die Anfänge der ständischen Vertretung in Preußen und seinen Nachbarländern. München 1992.
259. H. PATZE/G. STREICH, Die landesherrlichen Residenzen im spätmittelalterlichen Reich, BlldtLG 118 (1982), 205–220.
260. H. PATZE, Die Bildung der landesherrlichen Residenzen im Reich während des 14. Jahrhunderts, in: W. RAUSCH (Hg.), Stadt und Stadtherr im 14. Jahrhundert. Linz 1972, 1–54.
261. W. RÖSENER, Hofämter an mittelalterlichen Fürstenhöfen, DA 45 (1989), 485–550.

262. G. Schapper, Die Hofordnung von 1470 und die Verwaltung am Berliner Hofe zur Zeit Kurfürst Albrechts. Diss. Berlin 1912.
263. G. Seeliger, Das deutsche Hofmeisteramt im späteren Mittelalter. Innsbruck 1885.
264. B. Streich, Zwischen Reiseherrschaft und Residenzbildung: Der wettinische Hof im späten Mittelalter. Köln/Wien 1989.

4. Personale Strukturen fürstlicher Herrschaft

4.1 Das „landesherrliche Kirchenregiment"

265. P.-M. Hahn, Kirchenschutz und Landesherrschaft in der Mark Brandenburg im späten 15. und frühen 16. Jahrhundert. JbGMOD 28 (1979), 179–220.
266. W. Heinemeyer, Territorium und Kirche in Hessen vor der Reformation. HessJbLG 6 (1956), 138–163.
267. P. Mikat, Bemerkungen zum Verhältnis von Kirchengut und Staatsgewalt am Vorabend der Reformation. ZRG KA 98 (1981), 264–309.
268. P. Johanek, Die Karolina, in: H. Patze (Hg.), Kaiser Karl IV. Neustadt/Aisch 1978, 797–832.
269. J. Naendrup-Reimann, Territorien und Kirche im 14. Jahrhundert, in 75: H. Patze (Hg.) 1, 117–174.
270. B. Poschmann, Bistümer und Deutscher Orden in Preußen 1243–1525. ZGAltertumskdeErmland 30 (1962), 227–356 (= Diss. Münster 1960).
271. K. Schreiner, Altwürttembergische Klöster im Spannungsfeld landesherrlicher Territorialpolitik. BlldtLG 109 (1973), 196–245.
272. J. Sieglerschmidt, Territorialstaat und Kirchenregiment. Studien zur Rechtsdogmatik des Kirchenpatronatsrechts im 15. und 16. Jahrhundert. Köln/Wien 1987.
273. D. Stievermann, Landesherrschaft und Klosterwesen im spätmittelalterlichen Württemberg. Sigmaringen 1989.

4.2 Das Lehnrecht und seine Veränderungen

274. B. Diestelkamp, Lehnrecht und spätmittelalterliche Territorien, in 75: Patze (Hg.), Territorialstaat Bd. 1, 65–96.
275. G. Droege, Lehnrecht und Landrecht am Niederrhein und das Problem der Territorialbildung im 12. und 13. Jahrhundert. Festschrift Franz Steinbach. Bonn 1960, 278–307.
276. G. Droege, Landrecht und Lehnrecht im hohen Mittelalter. Bonn 1969.

277. E. KLEBEL, Territorialstaat und Lehen. VortrrForsch 5 (1960) 195–228.
278. W. LIPPERT, Die deutschen Lehnbücher. Beitrag zum Registerwesen und Lehnrecht des Mittelalters. Leipzig 1903.
279. K.-H. SPIESS, Lehnsrecht, Lehnspolitik und Lehnsverwaltung der Pfalzgrafen bei Rhein im Spätmittelalter. Wiesbaden 1978.
280. K.-H. SPIESS, Familie und Verwandtschaft im deutschen Hochadel des Spätmittelalters. Stuttgart 1993.
281. O. HERDING, De jure feudali. DVjschrLitWissGeistesG 28 (1954), 287–323.
282. G. THEUERKAUF, Land und Lehnswesen vom 14. bis zum 16. Jahrhundert. Ein Beitrag zur Verfassung des Hochstifts Münster und zum nordwestdeutschen Lehnrecht. Köln/Graz 1961.

4.3 Die Landstände

283. W. J. ALBERTS, Zur Entstehung der Stände in den weltlichen Territorien am Niederrhein. Festschrift F. Steinbach. Bonn 1960, 333–349.
284. P. BLICKLE, Landschaften im Alten Reich. München 1973.
285. W. P. BLOKMANS, A Topology of Representative Institutions in Late Medieval Europe. JMedH 4 (1978), 189–215.
286. K. BOSL, Stände und Territorialstaat in Bayern im 14. Jahrhundert, in 75: Patze (Hg.), Territorialstaat Bd. 2, 343–368.
287. K. BOSL, Die Geschichte der Repräsentation in Bayern. Landständische Bewegung, Landständische Verfassung, Landesausschuß und altständische Gesellschaft. München 1974.
288. K. BOSL (Hg.), Der moderne Parlamentarismus und seine Grundlagen in der ständischen Repräsentation. Berlin 1977.
289. A. BRUNNER, Die Vorarlberger Landstände von ihren Anfängen bis zum Beginn des 16. Jahrhunderts. Innsbruck 1929.
290. O. BRUNNER, Die Freiheitsrechte in der altständischen Gesellschaft, in 94: Verfassung Bd. 1 (1954), 293–303.
291. H. M. CAM/ANTONIO MARONGIU/GÜNTHER STÖKL, Recent Works and Present Views on the Origins and Development of Representative Assemblies, in: Relazioni del X Congreso di Scienze Storiche. Vol. 1. Firenze 1955, 1–101.
292. F. A. CAMPE, Die Lehre von den Landständen nach gemeinem deutschen Staatsrechte. 2. völlig umgearbeitete Aufl. Lemgo/Detmold 1864.
293. G. DIEPOLDER, Oberbayerische und niederbayerische Adelsherr-

schaften im wittelsbachischen Territorialstaat des 13. bis 15. Jahrhunderts. ZBLG 26 (1962), 33–70.

294. E. ENGEL, Frühe ständische Aktivitäten des Städtebürgertums im Reich und in den Territorien bis zur Mitte des 14. Jahrhunderts, in 327: Töpfer (Hg.), Ständestaat. Berlin 1980, 13–58.

295. R. FOLZ, Les Assemblées d'États dans les Principautés Allemandes. (Fin XIIIe – début XVIe siécles). SchweizBeitrrAllgG 20 (1962/63), 167–187. Übersetzung von E. Schindel unter dem Titel: Die Ständeversammlungen in den deutschen Fürstentümern (Vom Ende des 13. bis zum Beginn des 16. Jahrhunderts), in 317: Rausch (Hg.) Bd. 2 (1974), 181–210.

296. W. GRUBE, Der Stuttgarter Landtag 1457–1957. Stuttgart 1957.

297. F. HARTUNG, Herrschaftsverträge und ständischer Dualismus in deutschen Territorien. SchweizBeitrrAllgG 10 (1952), 163–177. Wiederabdruck in 317: Rausch (Hg.) Bd. 2 (1974), 28–46 (zit.).

298. C. HEGEL, Geschichte der meklenburgischen Landstände bis zum Jahr 1555. Rostock 1856.

299. H. HELBIG, Der wettinische Ständestaat. Köln/Wien ²1980.

300. H. HELBIG, Fürsten und Landstände im Westen des Reiches im Übergang vom Mittelalter zur Neuzeit. RhVjbll 29 (1964), 32–72. Wiederabdruck in 317: Rausch (Hg.) Bd. 2, 123–180.

301. H. HOFMANN, Repräsentation. Studien zur Wort- und Begriffsgeschichte von der Antike bis ins 19. Jahrhundert. Berlin 1974.

302. Herrschaftsstruktur und Ständebildung. Beiträge zur Typologie der österreichischen Länder aus ihren mittelalterlichen Gründungen. 3 Bde. München 1973.

303. K.-H. KIRCHHOFF, Ständeversammlung und erste Landtage im Stift Münster 1212–1278 und der Landtagsplatz auf dem Laerbrock, in: Ders., Forschungen zur Geschichte von Stadt und Stift Münster. Warendorf 1988, 207–234.

304. K. KÖHLE, Landesherr und Landstände in der Oberpfalz von 1400–1583. München 1969.

305. H. G. KOENIGSBERGER, Dominium regale or dominium politicum et regale? Monarchies and Parliaments in Early Modern Europe, in 288: Bosl (Hg.), 43–68.

306. U. LANGE, Der ständestaatliche Dualismus – Bemerkungen zu einem Problem der deutschen Verfassungsgeschichte. BlldtLG 117 (1981), 311–334.

307. H. LIEBERICH, Landherren und Landleute. Zur politischen Führungsschicht Baierns im Spätmittelalter. München 1964.

308. M. MITTERAUER, Grundlagen politischer Berechtigung im mittel-

alterlichen Ständewesen, in: Ders., Grundtypen alteuropäischer Sozialformen. Stuttgart-Bad Cannstadt 1979, 194–215.
309. G. MÜLLER, Zur Geschichte des Wortes Landschaft, in 50: Hartlieb von Wallthor/Quirin (Hgg.), 4–12.
310. W. NÄF, Herrschaftsverträge und Lehre vom Herrschaftsvertrag. SchweizerBeitrAllgG 7 (1949), 26–52. Wiederabdruck in 317: Rausch (Hg.) Bd. 1 (1980), 212–245 (zit).
311. W. NEUMANN, Der Kärntner Adel, in: H. Rössler (Hg.), Deutscher Adel 1430–1555. Bd. 2. 1965, 39–47.
312. G. OESTREICH, Ständetum und Staatsbildung in Deutschland. Der Staat 6 (1967) 61–73. Wiederabdruck in 317: Rausch (Hg.) Bd. 2 (1974), 47–62.
313. G. OESTREICH, Zur Vorgeschichte des Parlamentarismus: Ständische Verfassung, Landständische Verfassung und Landschaftliche Verfassung, in 74: Ders. Strukturprobleme, 253–271.
314. I.-M. PETERS, Der Ripener Vertrag und die Ausbildung der landständischen Verfassung in Schleswig-Holstein. BlldtLG 109 (1973), 305–349.
315. F. QUARTHAL, Landstände und landständisches Steuerwesen in Schwäbisch-Österreich. Stuttgart 1980.
316. F. RACHFAHL, Waren die Landstände eine Landesvertretung? JbGesetzgebung, Verwaltung und Volkswirtschaft 40 (1916), 1141–1180 [= Heft 3, 55–94]
317. H. RAUSCH (Hg.), Die geschichtlichen Grundlagen der modernen Volksvertretung. Bd. 1: Allgemeine Fragen und europäischer Überblick. Darmstadt 1980. Bd. 2: Reichsstände und Landstände. Darmstadt 1974.
318. A. V. REDEN-DOHNA, Landständische Verfassungen, in: HRG 2 (1978), 1578–1585.
319. F. REICHERT, Landesherrschaft, Adel und Vogtei. Zur Vorgeschichte des spätmittelalterlichen Ständestaates im Herzogtum Österreich. Köln/Wien 1985.
320. M. REINBOLD, Die Lüneburger Sate. Hildesheim 1987.
321. L. ROCKINGER, Einleitung, in 15: Lerchenfeld, 1–350.
322. W. SCHIEFER, Der Repräsentantencharakter der deutschen Landstände. WestdtZs 32 (1913), 261–335.
323. R. SCHULZE, Die Landstände der Grafschaft Mark bis zum Jahre 1510. Heidelberg 1907.
324. H. SPANGENBERG, Vom Lehnstaat zum Ständestaat. Ein Beitrag zur Entstehung der landständischen Verfassung. München/Berlin 1912 (Neudruck 1964).

325. O. Stolz, Die Landstandschaft der Bauern in Tirol. HistVjschr 28 (1933/34), 699–736.
326. F. Tezner, Technik und Geist des ständisch-monarchischen Staatsrechts. Breslau 1901.
327. B. Töpfer (Hg.), Städte und Ständestaat. Berlin 1980.
328. A. Wallnöfer, Die Bauern in der Tiroler „Landschaft" vor 1500. Politische Aktivität der Gerichte und deren Repräsentanten auf den Landtagen. Diss. masch. Innsbruck 1984.
329. F. W. Unger, Geschichte der deutschen Landstände. 2 Bde. Hannover 1844.

5. Königtum und Fürstenherrschaft

330. H. Angermeier, Königtum und Landfriede im deutschen Spätmittelalter. 1966.
331. G. Engelbert, Die Erhebungen in den Reichsfürstenstand bis zum Ausgang des Mittelalters. Diss. masch. Marburg 1948.
332. H. Helbig, Königtum und Ständeversammlung in Deutschland am Ende des Mittelalters. Standen en Landen 24 (1962), 65–92. Wiederabdruck in 317: Rausch Bd. 2 (1974), 94–122.
333. K.-F. Krieger, Die Lehnshoheit der deutschen Könige im Spätmittelalter (ca. 1200–1437). Aalen 1979.
334. K.-F. Krieger, Fürstliche Standesvorrechte im Spätmittelalter. BlldtLdG 122 (1986), 91–116.
335. K. Mommsen, Reichsideologie und territorialstaatliches Bewußtsein. Betrachtungen zur Staatlichkeit südwestdeutscher Territorien. Konstanzer Arbeitskreis für mittelalterliche Geschichte. Protokoll Nr. 177 vom 4. Nov. 1972. (Hektographiertes Typoskript).
336. P. Moraw, Zur Verfassungsposition der Freien Städte zwischen König und Reich, besonders im 15. Jahrhundert, in: Res publica. Bürgerschaft in Stadt und Staat. Berlin 1988, 11–39.
337. P. Moraw, Fürstentum, Königtum und „Reichsreform" im deutschen Spätmittelalter. BlldtLG 122 (1986), 117–136.
338. P. Schmid, Der Gemeine Pfennig von 1495. Vorgeschichte und Entstehung, verfassungsgeschichtliche, politische und finanzielle Bedeutung. Göttingen 1989.
339. E. Schubert, König und Reich. Göttingen 1979.
340. R. Stauber, Herzog Georg von Bayern-Landshut und seine Reichspolitik. Kallmüz 1993.

Register

Orts-, Personen-, Sachregister

Aachen 70
Adel 8, 17f., 20, 44, 49, 52, 99f., 106
Adolf v. Nassau, König 19
– I., Hzg. v. Kleve 26
Akten 30
Albrecht II., König 83
– Achilles 14, 25, 33, 36, 38f., 47, 91, 94
– III. Ehzg. v. Österreich 20, 22, 26
Altmark 63, 79, 94
Amt (Ämter) 15–19, 21, 33–35, 42, 46f., 58, 64, 66, 68, 72f., 78, 106–108
Amtmann 15, 17–19, 22, 31, 36, 74
Andreas II. v. Ungarn 99
Archiv 79f.
Augsburg 9, 61
–, Btm. 64

Baden, Markgraftum 23, 26
Balduin v. Trier 29f., 72, 79, 81
Balduineen 29f., 71
Baldus de Ubaldis 52
Bamberg 9
–, Btm. 5, 39, 92
Bambergensis 90
Bartholomaeus Anglicus 1
Bartolus v. Sassoferrato 82
Basel 9
Bauern 20f., 23, 42, 47, 68, 85, 92
Bauernkrieg 100
Bayern 1–3, 12, 17f., 23f., 26f., 29, 32, 34, 36, 39, 42, 44, 46, 60–62, 64, 67, 75, 83f., 87f., 90, 93, 100f., 108
– Ingolstadt, Hzgtm. 24
– Landshut, Hzgtm. 24, 36
– München, Hzgtm. 24
– Straubing, Hzgtm. 24
Bede 4, 45–47, 66, 94
Belgien 1

Bentheim, Grafschaft 4
Berchtesgaden 59
Berg, Grafschaft 10, 24, 34, 42
Bergbau 11
Berlin 78f.
Bischofsstadt 7, 9, 43
Bischofswahl 7f.
Bismarck v. (Familie) 63
Böhmen 1, 35, 61
Bönnigheim 11
Bote, Hermen 61
Brabant 1, 26, 99
Brandenburg, Btm. 39
–, Markgraftum 4, 14, 19, 27, 31f., 35, 39, 46, 63, 66, 72, 74, 78f., 94, 101
Braunschweig 22, 43
–, St. Blasius 22
Braunschweig-Lüneburg, Hzgtm. 20, 23, 27, 31–33, 39, 43, 46f., 74 ▸
Calenberg, Göttingen, Grubenhagen
Brüssel 36
Burgen 31, 73, 79, 102
Burghausen 34, 79
Burgmannschaft 16
Burgund 1, 36

Calenberg, Hzgtm. 34, 46–48
Celle, Großvogtei 34
Chemnitzer Teilung 23, 64, 71
Christoph I., Mgf.v.Baden 23
Chronistik 60f., 75, 84f.
Chur, Btm. 92
Cilli, Gfn v. 10f.
Cölln (Berlin-) 79

Dänemark 44
„deutsche Lande" 1f.
Deutscher Orden 4f., 35, 39, 90
„Deutschland" 1

Diepholz, Herrschaft 4
Dienstbrief 16f., 27, 31
Dispositio Achillea 25
Dithmarschen 14, 92
Döffingen, Schlacht v. 75
Domkapitel 6–9, 30, 39, 43
Dorfgericht 69, 72, 91
Dörnberg, Hans v. 28

Ebendorfer, Thomas 83
Eberhard II., Herzog v. Württemberg 86
– II., Graf v. Württemberg 21, 26, 75, 81
Eberstein, Wolf v. 81
Ebran v. Wildenberg, Hans 61, 84
Edelfreie 10, 94, 105
Eduard III., Kg. v. England 35
Eichsfeld 5
Eichstätt, Btm. 7
Eidgenossenschaft 59
Einbeck 4
Elisabeth von Görlitz 20
Elsaß 1, 21
Eppstein, Herren von 65
Erbfolge (Erbrecht) 16, 20f., 71
Erbfolgekrieg (-streit)
–, Bayerischer 12
–, Geldrischer 43
–, Klevischer 43
–, Lüneburger 43
–, Luxemburger 20
–, Straubinger 24
Erbhuldigung 73, 86
Erfurt 89
Ermland, Btm. 39
Eyb, Ludwig v. 84

Fehde 13, 37, 81
Flandern 1
Forsten 14, 33f.
Franken 1–3, 10, 39, 65f., 102
Freie Stadt 9, 43, 74
Freising, Btm. 39
Friedrich
– II., Kaiser 105
– III., Kaiser 25, 40, 47, 79
– I., Kf. v. Brandenburg 79
– d. Ä., Hzg. v. Braunschweig-Lüneburg 33
– (Turbulentus), Hzg. v. Calenberg 47
– d. Siegreiche, Kf. v. d. Pfalz 37f.

– (der Weise), Kf. v. Sachsen 87
Friesland 1, 13f., 55, 101
Fulda, Abtei 43
Fürstenspiegel 36, 82–85
Fürstenstand 6, 10f., 28, 44f., 51, 104
Gardelegen 4
Gebot 15, 70
Geld(wesen) 18, 34, 88, 102
Geldern 1, 10, 34
Gelehrte Räte 28f., 32, 77, 88
Gemeindeverfassung 65f.
Gemeiner Nutz 76, 83
Gemeiner Pfennig 13, 43
„generalia placita" 93f.
Georg (v. Baden), Bf. v. Metz 37
Gera, Herren v. 3
Gerichtsbarkeit 15–18, 38f., 62, 64–70, 72, 85–89, 91
– geistliche 39f.
Gesetzgebung 76, 82, 86, 89, 92, 97
Gesindeordnung 90f. 96
Gobelinus Person 5
Gogericht 17, 64
Goldene Bulle (1356) 25, 75
Görz, Gfn. v. 12
Göttingen (Hzgtm.) 36
Grafen 3, 10–12, 94, 105
Grenze 5f., 12, 17, 107
Grubenhagen, Hzgtm. 4
Grundherrschaft 18, 34, 45f., 49, 52, 59, 62,-66, 73, 75, 86
Gutsherrschaft 93

Habsburg 2, 12, 22f., 25, 35, 64, 100f.
Hadeln 92
Halberstadt 9
–, Btm. 40
Hanse 74, 102
Hausverträge 25
Havelberg, Btm. 2, 39
Heerfolge 15, 18
Heidelberg 70
–, Amt 18
Heimburg, Gregor 28
Heinrich (d. Reiche, Hzg. v. Bayern 36
– (d. Erlauchte) Mgf. v. Meißen 29
Hemmingstedt, Schlacht v. 14
Henneberg, Grafen v. 3, 10f.
Hennegau 101
Herrschaftsvertrag 8, 98f.

Herzogstitel 10
Hessen 1f., 11, 18, 23, 28, 31f., 34, 37, 40, 60, 63, 65, 90 ▸ Niederhessen, Oberhessen
Hildesheim (Btm.) 22
Historische Kartographie 4f., 53f.
Historische Rechtsschule 52f., 57, 69, 104
Hochgericht 68, 70, 90
Hochstifte 6–9, 43
Höchstätt, Landgericht 70
Hofämter 19, 35, 107
Hofgericht 10, 31, 68–70, 87
Hofhaltung 19, 33f., 36f., 77
Hofordnung 79
Hohenlohe, Gfn. v. 10
Holland 1, 101
Holstein 26, 39, 44, 48
Holzschuher (Familie) 20
Huldigung ▸ Erbhuldigung
Hussitensteuer 2

Ingelheimer Oberhof 70

Jagd 33, 37, 40, 78
Jena 89
Jever, Herrschaft 14
Johann I., Markgraf v. Brandenburg 23
Joyeuse Entrée 26, 99
Jülich, Hzgtm. 1, 10, 24, 33f., 37, 42, 46, 48

Kalkar 70
Kammer 35, 37
Kammin, Btm. 39
Kanzlei 29–33, 71, 76, 84, 87f., 105, 107
Kanzleisprache 30f.
Kanzler 31f., 44, 87
Karl IV., Kaiser 19, 40, 78
–, Mgf. v. Baden 37
Kärnten 1, 5, 12, 59, 101
–, Herzogseinsetzung 107f.
Karolina 40
Kastner 18f.
Katzenelnbogen, Gfn. v. 10f., 14
Kirchenreform 40
Kleve 70
Kleve, Grafschaft 10, 24, 26, 28, 30, 34, 42, 63, 71, 90f.
Köln 2, 9, 43, 74
–, Ebtm. 16, 29–31, 34, 39, 43

Königtum 12f., 28, 75, 89, 103f.
Konstanz 9
Konziliarismus 95
Kopfsteuer 46
Kopiare 29, 79
Krain 12, 61
Küchenmeister 78, 85
Kulm, Btm. 39
Kulmer Handfeste 88
Kurfürsten 102
Kurien 42f.
Kurpräzipuum 25
Kurrheinischer Reichskreis 2

Land (und Leute) 2, 58–61, 69, 96f.
Landbuch der Mark 19, 64
Landenberg-Greifensee, Herrschaft 20
„Landeshoheit" 51, 55–57
Landesordnungen 76, 88–92, 97
Landesteilungen 4, 11, 22–26, 63f., 71, 89
Landfriede 69, 102
Landgericht 67f.
Landrat, preußischer 48
Landrecht 69, 76, 88
Landschaft 42, 96
Landshut 79
Landshuter Fürstenhochzeit 36
Landstände 5, 26, 36f., 41–49, 66, 79, 86, 90, 92–100, 105f.
Latein 30f., 85
Lauf a.d. Pegnitz 12
Lebus 4
–, Btm. 39
Lehnbücher 71
Lehnwesen 16, 31f., 37, 40f., 53, 71f., 85, 93, 95, 102–107
Leipzig 89
Leopold III., Erzhzg. (1379) 20, 22, 26
Levold v. Northof 27, 83f.
Lienz (im Pustertal) 12
Lingen, Herrschaft 4
Lippe, Herrschaft 4
Lobith 36
Lothringen 1, 18
Löwenstein, Grafschaft 11
Lübeck 34, 76
–, Btm. 2
Lüneburg 43
Lüneburger Sate 99

Ludwig der Bayer, Kaiser 23f., 101
- (d. Bärtige), Hzg. v. Bayern-Ingolstadt 24
- I., Lgf. v. Hessen 88
- III., Kurfürst v.d.Pfalz 6, 30, 83
Luther, Martin 5
Luxemburg, Grafschaft 10, 20

Magdeburg, Ebtm. 40
Magdeburger Schöffenstuhl 70
Magna Charta 99
Mainz 9, 74
-, Kftm. 5, 31, 39f., 43, 63
Mair, Martin 28
Mansfeld, Gfn. v. 11
Marburg 80
-, Amt 34
Mark, Grafschaft 24, 26f., 42, 83f.
Maß und Gewicht 14f., 88f.
Maximilian I., König 23, 41
Mecklenburg 4, 10, 26, 39, 55, 95
Meissen, Markgraftum 1f., 29, 46, 61, 64
-, Btm. 39
-, Amt (Burg) 17, 22
Mergenthaler, Johann 35
Merseburg, Btm. 39
Metz, Btm. 37
Minden, Btm. 4
Ministeriale 16, 73, 107
Mittelbehörden 17f.
München 79
Münster, Btm. 47f., 72, 85
Münzrecht ▸ Geldwesen
Münzvereine 102
Murrhardt 11
Mutschierung 23

Nassau, Gfn. v. 10
Naumburg, Btm. 39
Nebenland 5
Neumark 94
Neustadt an der Haardt, Amt 18
Nibelungenlied 85
Niederbayern 23f., 43f., 62, 79
Niedergericht 68, 70
Niederhessen 23, 30, 32
Niederösterreich 60
Niederrhein 2, 10, 24, 39, 55, 60, 62, 65, 70–72
Niedersächsischer Reichskreis 2
Notare 29
Nürnberg 12f., 75f.

-, Burggraftum 10, 39, 75, 91
Nyenhuis, Heinrich 28

Oberbayern 23f., 29, 31, 43f., 46, 48f.
Oberhessen 23, 20, 32, 63
Oberhöfe 70
Oberlahnstein 63
Oberösterreich 60
Oberpfalz 5, 18, 90
Obrigkeit 56, 86
Offizialat 39f.
Oldenburg, Gfn. v. 4
Osnabrück 43
-, Btm. 43, 64
Osterode 4
Österreich 2f., 25, 27, 32, 35, 42, 46, 60–62, 67, 94, 101
Ostfriesland, Grafschaft 14, 92
Otto (Cocles), Hzg. v. Braunschweig-Göttingen 36f.
- II., Mgf. v. Brandenburg 23
- von Freising 13

Paderborn, Btm. 4, 99
Papier 30, 64
Papsttum 7, 9, 38
Passau 9
Patronatsrecht 40f.
Pegau, Amt 36
Peyn, Kanzler 32
Pfahlbürger 75
Pfalzgrafschaft bei Rhein 2, 5, 11, 18, 25, 31f., 34, 39, 46–48, 70, 101
Pfarreien 40f., 55, 85
Philips van Leyden 81–83, 89
Plauen, Vögte v. 3
Polizei 18, 76f., 91
Pomesanien, Btm. 39
Pommern 4, 39, 46
Pößneck, Schöffenhof 70
Pragmatische Sanktion von Deggendorf 24
Primogenitur 24, 25f.

Rainald II. v. Geldern 35f.
Rapperswil, Gfn. v. 20
Rat (Räte) 1, 27–29, 31, 35, 44, 78, 84, 87f., 105, 108 → Gelehrte Räte
Rat, städtischer 74
Rätien 1
Ravensberg, Grafschaft 4, 24
Rechnungswesen 34f., 37, 48, 76–78

Reformatio Sigismundi 85
Register 30, 33
Reichs-
– fürstengesetze Friedrichs II. 93f., 105
– fürsten, geistliche 2f., 6–10, 20, 31, 39f., 106
– hofgericht 103
– kammergericht 103
– kreise 2f., 88, 102
– lehen 25, 103
– matrikel 44f., 74, 103
– polizeiordnung 91
– ritterschaft 13, 19, 42
– städte 12f., 69, 73, 75, 102
– steuer 45
– tag 2, 12, 45, 74, 86
Reineke Fuchs 85
Reinheitsgebot, bayerisches 91
Reiseherrschaft 30, 36f., 77–79
Rentenmarkt 20
Repräsentation 82, 92, 95f.
Residenz(bildung) 6, 8f., 32, 77–80
Reuß, Herren v. 3
Revolutionär vom Oberrhein 8
Rieneck, Gfn. v. 10
Ripener Vertrag 26, 44, 95, 100
Ritterschaft 26, 41f., 95 ▸ Reichsritterschaft
Rolevinck, Werner 60f.
römisches Recht 52, 89
Rothe, Johannes 61, 85
Rothenburg o.T. 12
Rottweil 12
Rudolf v. Habsburg, Kg. 69
– IV., Ehzg. 82
Ruppiner Land 94

Sachsen 1f., 4, 61, 74, 91
– (Kftm.) 28, 32, 35, 49, 86, 88, 90–92
Sachsenspiegel 25, 69
Samland, Btm. 39
Sankt Gallen 75
–, Abtei 21
Savoyen 10
Schleinitz, Hugold v. 28
Schleitz, Herren v. 3
Schlesien 48
Schleswig, Btm. 39
Schleswig, Hzgtm. 26, 44
Schwaben 1–3, 10, 13, 61, 70, 75, 86, 102

Schwabenspiegel 69
Schwäbisch Gmünd 12
Schwäbisch Hall 12
Schwarzenberg, Johann v. 90
Schwerin, Btm. 39
Seckenheim, Schlacht v. 37
Seeland 1, 101
Seifried Helbling 61
Seußlitz, Franziskanerkl. 29
Siegel 28f., 31, 33, 87
Siegfried (v. Westerburg), Ebf. v. Köln 29
Sigismund, Kaiser 1
–, Hzg. v. Sachsen (Elekt v. Würzburg) 24
Sitten, Btm. 92
Slawen 1, 17, 61
Soltau, Schlacht v. 32
Speyer 9
–, Btm. 39
Sponheim, Lorette v. 81
Staatsgedanke 81–84
Stadt 21, 26, 35, 40, 42f., 73–79, 86, 89, 102, 105
Stadtrechte 79
Städtekriege 75
Steiermark 18, 55, 64, 98, 101
Steuer 4, 9, 15, 18, 21, 35, 40, 42, 44–49, 66, 73–75, 77, 85f., 92f., 96, 98
Steuerfreiheit 49
Straßburg 9, 12, 74, 76
Straubing 79
Stuttgart 70
Suchenwirt, Peter 25
„superioritas territorialis" 51, 55

Tangermünde 78
Tecklenburg, Gfn. v. 4
Teltow 79, 94
„terra" 54f., 60, 84
„territorium" 52f.
„territorium non clausum" 6
Thorn 5
Thüringen 1–3, 10, 16, 18f., 35, 40, 61
Tirol 35, 42, 47, 60, 64, 85, 92f., 101
Toggenburg, Gfn. v. 20f.
Torgau 89
Totteilung 22
Trier 74
–, Ebtm. 31, 68, 70, 74
Tübingen 70
Tübinger Vertrag 49, 99

Uckermark 94
Ulm 12
Ulrich (Rösch), Abt v. St. Gallen 21
–, Gf. v. Württemberg 26, 38, 75
Ungeld 46, 73, 76
Unteilbarkeit → Primogenitur
Untertan 84–87
Universitäten 28, 82, 88f., 95
Urbare 41, 46, 62–64, 66, 71
Urkunden 29–31

Veme 69
Verpfändungen 7, 16, 19f., 22, 46, 107
Vorarlberg 92

Wahlkapitulation 8
Wasserburg 88
Weistümer 65
Welfen 22, 25, 100
Wertheim, Gfn. v. 65
Wesel 70
Weserraum 3f.

Westfalen 1f., 17, 60f.
Westfälischer Friede 53, 55
Wetterau 1
Wettiner 3f., 16, 22–24, 39f., 46, 60, 74, 79
Wettinische Hauptteilung (1485) 23
Wetzlar 60
Widerstandsrecht 82
Wilhelm, Hzg. v. Jülich 24, 36
Wittelsbach (Haus) 100f.
Witwenresidenz 79
Worms 9, 39, 76
Wortzins 74
Wursten 92
Württemberg 10, 18f., 21, 25–27, 31f., 41f., 47, 49, 66, 70, 75, 89
Würzburg 9
–, Btm. 9, 39f., 92

Zenten 66, 68
Ziegenhain, Gfn. v. 36
Zölle 36, 62f.
Zürich 20

Autorenregister

Ahrens, K.-H. 70, 78
Angermeier, H. 69
Arnold, K. 65
Aubin, H. 51, 65, 80

Bader, K.S. 56f., 94
Bamberger, E. 66
Below, G.v. 54, 59, 62, 76f., 95, 104
Berges, W. 81–83, 89
Berns, R. 72
Birken, A. 54, 64
Blickle, P. 62, 90, 92, 98
Blokmans, W.P. 96, 99
Bosl, K. 94. 96
Brandenstein, Chr. v. 83, 86
Brinkhus 84
Bruckmüller, E. 92
Brunner, O. 53f., 56–62, 69, 82, 95f., 98

Campe, F.A. 96
Czok, K. 56, 80

Diestelkamp, B. 71f.
Dopsch, A. 59
Droege, G. 54, 63, 72
Droysen, G. 53
Dülfer, K. 82
Dungern, O.v. 105

Ebel, W. 89
Eberhard, W. 83
Eder, I. 65
Eichhorn, H. 102
Engel, E. 74
Ernst, V. 66

Fehr, H. 69, 85
Ficker, J. 6, 104f.
Folz, R. 93, 96, 98
Franz, G. 84
Fried, P. 62, 64f., 67f. 83, 86, 97, 108
Fritze, K. 74

Gasser, A. 56, 62, 67, 80, 92
Gierke, O. 55, 76, 80, 82, 96
Goez, W. 94
Gundlach, F. 80

Haller, C.L. v. 61 f.
Hamann, M. 95
Hartmann, P.C. 94
Hartung, F. 52, 95, 98 f.
Hegel, C. 94
Helbig, H. 66, 74 f., 94, 97
Herrmann, H.W. 82
Hess, W. 102
Hintze, O. 42, 48, 53, 97 f., 108
Hirsch, H. 67 f.
Hoffmann, H. 95
Hofmann, H.H. 58
Isenmann, E. 73 f.
Janssen, W. 24, 54 f., 65, 72, 77, 88, 90 f., 97, 102
Johanek, P. 85, 91
Kaser, K. 54, 75, 78, 88, 98
Keutgen, F. 56, 59, 80, 98, 105
Kirchgässner, B. 102
Kirchhoff, K.H. 94
Knapp, Th. 65
Knebel, E. 101
Knichen, A. 52
Köhle, K. 90
Koller, H. 85
Kothe, I. 70, 79
Krause, H. 89
Kretschmer, K. 54
Krieger, K.F. 71 f., 103, 105
Kroeschell, K. 57, 59
Krones, F. v., 105
Krusch, B. 87

Lamprecht, K. 53, 62
Landau, G. 52
Landwehr, G. 71, 105, 108
Lange, U. 97 f.
Lechner, K. 62, 64, 68, 71 f.
Lindner, Th. 53 f.
Lippert, W. 71

Matheus, M. 74
Maurer, H.-M. 86
Mayer, Th. 57 f., 98, 104 f.
Mell, A. 55, 94, 98
Merker, O. 64
Merzbacher, F. 56

Mitteis, H. 52, 56, 59, 62, 67, 93, 98, 105
Moraw, P. 5 f., 51 f., 73, 100, 102 f.

Näf, W. 87, 98 f.
Neitmann, K. 77–79, 90
Nikolay-Panter, M. 55

Oestreich, G. 81, 88, 97,

Patze, H. 61, 63, 74, 76–78, 85, 94, 102
Penning, W.D. 87
Peters, I.M. 99 f.
Petri, F. 54, 64, 71, 93
Prinz, J. 101
Prutz, H. 53
Puntschart, P. 104
Pütter, J.St. 96

Quaritsch, H. 55„86

Rachfahl, F. 93, 95, 98
Rall, H. 101
Ranke, L.v. 53
Reichert, F. 58, 72, 80, 94
Richter, G. 86, 88–90
Ringel, I.H. 87
Rörig, F. 68
Rösener, W. 75
Rosenthal, E. 79
Roth, F. 84

Sander, P. 57, 59, 76, 93
Schaab, M. 65 f., 70, 86, 105
Scheler, D. 83
Schiefer, W. 95
Schleidgen, W.R. 71
Schleif, K.H. 87
Schlesinger, W. 17, 57, 60, 63, 71 f., 97, 104 f.
Schmidt, H. 55
Schmidt-Wiegand, R. 69
Schmitt, S. 66
Schnur, R. 81
Schubert, E. 89, 91 f., 103
Sellert, W. 56
Seckendorff, V.L. v. 55
Seyboth, R. 64
Spangenberg, H. 56, 74, 76, 78 f., 93, 95, 98
Spieß, K.H. 71 f., 101.
Stauber, R. 100

Stolz, O. 54, 56, 60, 65, 69, 72, 80, 83, 85, 90, 93, 96 f.
Stölzel, A. 89
Störmer, W. 79
Streich, B. 78 f.

Tewes, L. 60
Tezner, F. 95
Theuerkauf, G. 71 f., 85
Treitschke, H.v. 53
Trusen, W. 89

Uhlhorn, F. 57
Unger, F.W. 93

Vierhaus, R. 98
Vock, W.E. 64
Volk, O. 63

Weiss, U. 68
Weizsäcker, W. 82
Wenskus, R. 54, 58
Wild, J. 64
Willoweit, D. 51 f., 65, 86, 90 f., 105

Ziegler 62, 68, 88
Zimmermann, F. 65
Zimmermann, L. 63, 88, 90

Enzyklopädie deutscher Geschichte
Themen und Autoren

Mittelalter

Agrarwirtschaft, Agrarverfassung und ländliche Gesellschaft im Mittelalter   Gesellschaft
(Werner Rösener) 1992. EdG 13
Adel, Rittertum und Ministerialität im Mittelalter (Werner Hechberger) 2004.
EdG 72
Die Stadt im Mittelalter (Frank Hirschmann)
Die Armen im Mittelalter (Otto Gerhard Oexle)
Frauen- und Geschlechtergeschichte des Mittelalters (Hedwig Röckelein)
Die Juden im mittelalterlichen Reich (Michael Toch) 2. Aufl. 2003. EdG 44

Wirtschaftlicher Wandel und Wirtschaftspolitik im Mittelalter   Wirtschaft
(Michael Rothmann)

Wissen als soziales System im Frühen und Hochmittelalter (Johannes Fried)   Kultur, Alltag,
Die geistige Kultur im späteren Mittelalter (Johannes Helmrath)   Mentalitäten
Die ritterlich-höfische Kultur des Mittelalters (Werner Paravicini)
2. Aufl. 1999. EdG 32

Die mittelalterliche Kirche (Michael Borgolte) 2. Aufl. 2004. EdG 17   Religion und
Mönchtum und religiöse Bewegungen im Mittelalter (Gert Melville)   Kirche
Grundformen der Frömmigkeit im Mittelalter (Arnold Angenendt) 2. Aufl.
2004. EdG 68

Die Germanen (Walter Pohl) 2. Aufl. 2004. EDG 57   Politik, Staat,
Die Slawen in der deutschen Geschichte des Mittelalters (Thomas Wünsch)   Verfassung
Das römische Erbe und das Merowingerreich (Reinhold Kaiser)
3., überarb. u. erw. Aufl. 2004. EdG 26
Das Karolingerreich (Klaus Zechiel-Eckes)
Die Entstehung des Deutschen Reiches (Joachim Ehlers) 2. Aufl. 1998. EdG 31
Königtum und Königsherrschaft im 10. und 11. Jahrhundert (Egon Boshof)
2. Aufl. 1997. EdG 27
Der Investiturstreit (Wilfried Hartmann) 2. Aufl. 1996. EdG 21
König und Fürsten, Kaiser und Papst nach dem Wormser Konkordat
(Bernhard Schimmelpfennig) 1996. EdG 37
Deutschland und seine Nachbarn 1200–1500 (Dieter Berg) 1996. EdG 40
Die kirchliche Krise des Spätmittelalters (Heribert Müller)
König, Reich und Reichsreform im Spätmittelalter (Karl-Friedrich Krieger)
2. Aufl. 2005. EdG 14
Fürstliche Herrschaft und Territorien im späten Mittelalter (Ernst Schubert)
2. Aufl. 2006. EdG 35

Frühe Neuzeit

Bevölkerungsgeschichte und historische Demographie 1500–1800   Gesellschaft
(Christian Pfister) 1994. EdG 28
Umweltgeschichte der Frühen Neuzeit (Reinhold Reith)

Bauern zwischen Bauernkrieg und Dreißigjährigem Krieg (André Holenstein) 1996. EdG 38
Bauern 1648–1806 (Werner Troßbach) 1992. EdG 19
Adel in der Frühen Neuzeit (Rudolf Endres) 1993. EdG 18
Der Fürstenhof in der Frühen Neuzeit (Rainer A. Müller) 2. Aufl. 2004. EdG 33
Die Stadt in der Frühen Neuzeit (Heinz Schilling) 2. Aufl. 2004. EdG 24
Armut, Unterschichten, Randgruppen in der Frühen Neuzeit (Wolfgang von Hippel) 1995. EdG 34
Unruhen in der ständischen Gesellschaft 1300–1800 (Peter Blickle) 1988. EdG 1
Frauen- und Geschlechtergeschichte 1500–1800 (Heide Wunder)
Die Juden in Deutschland vom 16. bis zum Ende des 18. Jahrhunderts (J. Friedrich Battenberg) 2001. EdG 60

Wirtschaft
Die deutsche Wirtschaft im 16. Jahrhundert (Franz Mathis) 1992. EdG 11
Die Entwicklung der Wirtschaft im Zeitalter des Merkantilismus 1620–1800 (Rainer Gömmel) 1998. EdG 46
Landwirtschaft in der Frühen Neuzeit (Walter Achilles) 1991. EdG 10
Gewerbe in der Frühen Neuzeit (Wilfried Reininghaus) 1990. EdG 3
Kommunikation, Handel, Geld und Banken in der Frühen Neuzeit (Michael North) 2000. EdG 59

Kultur, Alltag, Mentalitäten
Renaissance und Humanismus (Ulrich Muhlack)
Medien in der Frühen Neuzeit (Stephan Füssel)
Bildung und Wissenschaft vom 15. bis zum 17. Jahrhundert (Notker Hammerstein) 2003. EdG 64
Bildung und Wissenschaft in der Frühen Neuzeit 1650–1800 (Anton Schindling) 2. Aufl. 1999. EdG 30
Die Aufklärung (Winfried Müller) 2002. EdG 61
Lebenswelt und Kultur des Bürgertums in der Frühen Neuzeit (Bernd Roeck) 1991. EdG 9
Lebenswelt und Kultur der unterständischen Schichten in der Frühen Neuzeit (Robert von Friedeburg) 2002. EdG 62

Religion und Kirche
Die Reformation. Voraussetzungen und Durchsetzung (Olaf Mörke) 2005. EdG 74
Konfessionalisierung im 16. Jahrhundert (Heinrich Richard Schmidt) 1992. EdG 12
Kirche, Staat und Gesellschaft im 17. und 18. Jahrhundert (Michael Maurer) 1999. EdG 51
Religiöse Bewegungen in der Frühen Neuzeit (Hans-Jürgen Goertz) 1993. EdG 20

Politik, Staat und Verfassung
Das Reich in der Frühen Neuzeit (Helmut Neuhaus) 2. Aufl. 2003. EdG 42
Landesherrschaft, Territorien und Staat in der Frühen Neuzeit (Joachim Bahlcke)
Die Landständische Verfassung (Kersten Krüger) 2003. EdG 67
Vom aufgeklärten Reformstaat zum bürokratischen Staatsabsolutismus (Walter Demel) 1993. EdG 23
Militärgeschichte des späten Mittelalters und der Frühen Neuzeit (Bernhard Kroener)

Staatensystem, internationale Beziehungen
Das Reich im Kampf um die Hegemonie in Europa 1521–1648 (Alfred Kohler) 1990. EdG 6
Altes Reich und europäische Staatenwelt 1648–1806 (Heinz Duchhardt) 1990. EdG 4

19. und 20. Jahrhundert

Bevölkerungsgeschichte und Historische Demographie 1800–2000 (Josef   Gesellschaft
Ehmer) 2004. EdG 71
Migrationen im 19. und 20. Jahrhundert (Jochen Oltmer)
Umweltgeschichte des 19. und 20. Jahrhunderts (Frank Uekötter)
Adel im 19. und 20. Jahrhundert (Heinz Reif) 1999. EdG 55
**Geschichte der Familie im 19. und 20. Jahrhundert (Andreas Gestrich)
1998. EdG 50**
Urbanisierung im 19. und 20. Jahrhundert (Klaus Tenfelde)
**Von der ständischen zur bürgerlichen Gesellschaft (Lothar Gall)
1993. EdG 25**
Die Angestellten seit dem 19. Jahrhundert (Günter Schulz) 2000. EdG 54
**Die Arbeiterschaft im 19. und 20. Jahrhundert (Gerhard Schildt)
1996. EdG 36**
Frauen- und Geschlechtergeschichte im 19. und 20. Jahrhundert
(Karen Hagemann)
**Die Juden in Deutschland 1780–1918 (Shulamit Volkov) 2. Aufl. 2000.
EdG 16**
**Die Juden in Deutschland 1914–1945 (Moshe Zimmermann) 1997.
EdG 43**

Die Industrielle Revolution in Deutschland (Hans-Werner Hahn)   Wirtschaft
2. Aufl. 2005. EdG 49
**Die deutsche Wirtschaft im 20. Jahrhundert (Wilfried Feldenkirchen)
1998. EdG 47**
Agrarwirtschaft und ländliche Gesellschaft im 19. Jahrhundert (Stefan Brakensiek)
**Agrarwirtschaft und ländliche Gesellschaft im 20. Jahrhundert (Ulrich Kluge)
2005. EdG 73**
**Gewerbe und Industrie im 19. und 20. Jahrhundert (Toni Pierenkemper)
1994. EdG 29**
Handel und Verkehr im 19. Jahrhundert (Karl Heinrich Kaufhold)
**Handel und Verkehr im 20. Jahrhundert (Christopher Kopper) 2002.
EdG 63**
**Banken und Versicherungen im 19. und 20. Jahrhundert (Eckhard Wandel)
1998. EdG 45**
Technik und Wirtschaft im 19. und 20. Jahrhundert (Christian Kleinschmidt)
Unternehmensgeschichte im 19. und 20. Jahrhundert (Werner Plumpe)
Staat und Wirtschaft im 19. Jahrhundert (Rudolf Boch) 2004. EdG 70
**Staat und Wirtschaft im 20. Jahrhundert (Gerold Ambrosius) 1990.
EdG 7**

Kultur, Bildung und Wissenschaft im 19. Jahrhundert (Hans-Christof Kraus)   Kultur, Alltag und
Kultur, Bildung und Wissenschaft im 20. Jahrhundert (Frank-Lothar Kroll)   Mentalitäten
2003. EdG 65
**Lebenswelt und Kultur des Bürgertums im 19. und 20. Jahrhundert
(Andreas Schulz) 2005. EdG 75**
**Lebenswelt und Kultur der unterbürgerlichen Schichten im 19. und
20. Jahrhundert (Wolfgang Kaschuba) 1990. EdG 5**

Formen der Frömmigkeit in einer sich säkularisierenden Gesellschaft (Karl Egon   Religion und
Lönne)   Kirche
**Kirche, Politik und Gesellschaft im 19. Jahrhundert (Gerhard Besier)
1998. EdG 48**

	Kirche, Politik und Gesellschaft im 20. Jahrhundert (Gerhard Besier) 2000. EdG 56
Politik, Staat, Verfassung	Der Deutsche Bund 1815–1866 (Jürgen Müller) 2006. EdG 78
	Verfassungsstaat und Nationsbildung 1815–1871 (Elisabeth Fehrenbach) 1992. EdG 22
	Politik im deutschen Kaiserreich (Hans-Peter Ullmann) 2. Aufl. 2005. EdG 52
	Die Weimarer Republik. Politik und Gesellschaft (Andreas Wirsching) 2000. EdG 58
	Nationalsozialistische Herrschaft (Ulrich von Hehl) 2. Auflage 2001. EdG 39
	Die Bundesrepublik Deutschland. Verfassung, Parlament und Parteien (Adolf M. Birke) 1996. EdG 41
	Militär, Staat und Gesellschaft im 19. Jahrhundert (Ralf Pröve) 2006. EDG 77
	Militär, Staat und Gesellschaft im 20. Jahrhundert (Bernhard R. Kroener)
	Die Sozialgeschichte der Bundesrepublik Deutschland (Axel Schildt)
	Die Sozialgeschichte der DDR (Arnd Bauerkämper) 2005. EDG 76
	Die Innenpolitik der DDR (Günther Heydemann) 2003. EdG 66
Staatensystem, internationale Beziehungen	Die deutsche Frage und das europäische Staatensystem 1815–1871 (Anselm Doering-Manteuffel) 2. Aufl. 2001. EdG 15
	Deutsche Außenpolitik 1871–1918 (Klaus Hildebrand) 2. Aufl. 1994. EdG 2
	Die Außenpolitik der Weimarer Republik (Gottfried Niedhart) 1999. EdG 53
	Die Außenpolitik des Dritten Reiches (Marie-Luise Recker) 1990. EdG 8
	Die Außenpolitik der BRD (Ulrich Lappenküper)
	Die Außenpolitik der DDR (Joachim Scholtyseck) 2003. EDG 69

Hervorgehobene Titel sind bereits erschienen.

Stand: (Februar 2006)

www.ingramcontent.com/pod-product-compliance
Lightning Source LLC
Chambersburg PA
CBHW020413230426
43664CB00009B/1271